Peter Meier-Hüsing

Nazis in Tibet

Peter Meier-Hüsing

Nazis in Tibet

Das Rätsel um die
SS-Expedition Ernst Schäfer

THEISS

Die Deutsche Nationalbibliothek verzeichnet diese Publikation
in der Deutschen Nationalbibliographie;
detaillierte bibliographische Daten sind im Internet über
http://www.dnb.de abrufbar.

Der Theiss Verlag ist ein Imprint der WBG.

Die Herausgabe des Werkes wurde durch
die Vereinsmitglieder der WBG ermöglicht.
Lektorat: Nicole Janke, Neuhausen a. d. Fildern
Gestaltung & Satz: Janß GmbH, Pfungstadt
Einbandgestaltung: Harald Braun, Berlin
Einbandabbildung: Die Expeditionsgruppe mit dem Potala/Lhasa im Hintergrund,
von links nach rechts: (stehend) Rabden Khazi, Kaiser Bahadur Thapa, Schäfer;
(sitzend) Krause, Geer, Wienert, Beger. © Bundesarchiv
Gedruckt auf säurefreiem und alterungsbeständigem Papier
Printed in Germany

Besuchen Sie uns im Internet: www.wbg-wissenverbindet.de

ISBN 978-3-8062-3438-1

Elektronisch sind folgende Ausgaben erhältlich:
eBook (PDF): 978-3-8062-3533-3
eBook (epub): 978-3-8062-3534-0

Inhalt

Vorwort

Das Onlinemagazin *Science Daily* musste selbst zugeben, dass die Geschichte, die man da im September 2012 veröffentlichte, sehr nach einem Plot aus einem Indiana-Jones-Film klang. Wissenschaftler des Instituts für Planetologie der Universität Stuttgart, so war zu lesen, hatten herausgefunden, dass eine antike Buddhastatue aus einem Stück Meteoritgestein gemeißelt worden war – das belegten Materialanalysen. Danach handelte es sich um eine äußerst seltene Eisen-Nickel-Legierung namens Ataxit, kurzum um ein Fragment des sog. „Chinga-Meteoriten", der vor etwa 15 000 Jahren über der Grenzregion zwischen Sibirien und der Mongolei niedergegangen war. Die „Iron Man" genannte Statue wog rund 10 Kilogramm, maß 24 Zentimeter Höhe und trug eine auffällige Swastika-Gravur auf der Brust. Das Stück wurde von den Stuttgarter Wissenschaftlern als eine buddhistische Gottheit identifiziert, möglicherweise aus der frühtibetischen Bön-Kultur stammend.

Über einen Privatsammler wäre man an das wertvolle Stück gelangt, das mit der Tibet-Expedition von Ernst Schäfer 1938/39 nach Deutschland gekommen sei. Da rauschte es umgehend im Blätterwald. „Nazis fanden in Tibet einzigartige Statue aus Meteorit" titelte eine Nachrichtenagentur, die *Süddeutsche* meinte fast ehrfürchtig „Eine Gottheit aus dem All", und auch die sonst so nüchterne *Neue Zürcher Zeitung* war ergriffen: „Ein Buddha, der vom Himmel fiel". In dieser hübschen Geschichte zwischen Exotik und Geheimnis ging es natürlich erst einmal unter, dass sich Buddhismus- und Tibetexperten rund um den Erdball angesichts dieser Meldungen schon bald die Haare rauften und auf diverse Ungereimtheiten bei der spektakulären Entdeckung hinwiesen.

Nicht nur Ort und Zeitpunkt der Statuen-Herstellung erschienen äußerst zweifelhaft, ebenso die Ikonographie und ihre historische Zuordnung. Vor allem tauchen in keiner der penibel von der Schäfer-Expedition geführten Listen über die von ihr gesammelten ethnologischen Stücke eine solche oder auch nur entfernt vergleichbare Statuen auf. Die Masse der noch existierenden Stücke aus der Schäfer-Sammlung liegt heute im Magazin des Münchner *Museum Fünf Kontinente* (dem ehemaligen Völkerkundemuseum). Dort sagte man:

> „Buddhafiguren und vor allem Thangkas konnte man in jenen Tagen gar nicht erwerben, da geweihte Gegenstände damals zumindest im zentralen Tibet gar nicht verkauft wurden. Daher befinden sich in der Sammlung Schäfer auch nur unfertige Statuen, die von Schmieden erworben wurden, um den Herstellungsprozess zu dokumentieren. Die hier befindlichen Statuen sind nicht mit geweihten Gegenständen gefüllt und mit einer Grundplatte verschlossen, d. h., sie wurden nicht zum Leben erweckt und sind damit magisch unwirksam und für den Kult nicht verwendbar."

Die Meteorit-Statue ist aller Wahrscheinlichkeit nach im 20. Jahrhundert hergestellt worden, eher in Europa als in Asien, „für den allgemeinen Antiquitätenhandel oder den Markt der Nazi-Memorabilien", so das Urteil des Buddhismusexperten Bruno Richtsfeld.

Wahr blieb an der ganzen Geschichte allein das Material, nämlich das seltene Meteoritgestein Ataxit. Und der Versuch der etwas bedröppelten Stuttgarter Wissenschaftler, zu erklären, dass sie ja auch keine Kulturhistoriker seien und eigentlich ja auch nur genau das, nämlich die Herkunft des „Iron Man" aus dem himmlischen Material, hätten belegen wollen. „Beim Barte des Nazi-Buddha" kommentierte süffisant *Spiegel-online* den wissenschaftlichen Patzer.

Wie und warum auch immer der „Nazi-Buddha" hergestellt wurde, bleibt ungewiss. Doch die breite Aufregung, die die vermeintlich spektakuläre Fundgeschichte auslöste, belegt nur, was die *NZZ* konstatierte: „Bis heute ist die Schäfer-Expedition geheimnisumwittert." Diese Nazi-Buddha-Episode zeigt eindrücklich die noch immer ungebrochene Faszination der Schäfer-Unternehmung nach Tibet unter dem Banner der SS, fast 80 Jahre nach ihrem Start. Nazis und Tibet – nicht nur eine Reizwortkombination für Hollywood-Streifen, sondern auch für abstruse Spekulationen oder auch kleine wissenschaftliche Fehltritte.

Manche meinen, es wäre um eine okkulte Mission gegangen, andere sagen, es war eine rein wissenschaftliche Unternehmung, und schließlich könnte es sich auch noch um einen geheimen politischen Auftrag der SS gehandelt haben. Nichts davon ist wahr, aber auch nichts falsch, denn die Tibet-Expedition von Ernst Schäfer in den Jahren 1938/39 war eine besondere Gemengelage, in der sich Spuren und Belege für alle diese Behauptungen wiederfinden lassen. Das soll auf den folgenden Seiten berichtet werden, bis hin zu der nicht minder eigenartigen Wirkungsgeschichte dieser ominösen Expedition in der Nachkriegszeit.

Gleichzeitig ist dieser Bericht auch eine biographische Skizze über die Abgründe großen Ehrgeizes und Opportunismus als Überlebensprinzip in den Zeiten einer radikalen Diktatur. Die Tibet-Expedition mag einst den Wünschen und Träumen des jungen Zoologen Ernst Schäfer entsprungen sein, doch von Beginn an bereitete die SS dafür die Bühne, und Heinrich Himmler führte die ideologische Regie. Ernst Schäfer war in diesem Spiel eher Getriebener als Akteur. Bevor wir seinen Wegen folgen, begeben wir uns deshalb auf eine kurze ideengeschichtliche Spurensuche, wie es eigentlich zu der Tibetfaszination eines Reichsführers SS Heinrich Himmler kommen konnte.

Heinrich Himmler bei einer Kranzniederlegung in der Krypta des Quedlinburger Doms zu Ehren des dort einst bestatteten Königs Heinrich I., den Himmler als germanisch-antichristliche Führerpersönlichkeit verehrte (1. Juli 1938).

1

Arier-Tümelei

Heinrich Himmlers esoterische Obsessionen

Was trieb Heinrich Himmler und andere nationalsozialistische Ideologen, im Zuge ihrer arisch-germanischen Manie, den Blick nach Tibet zu richten? Die Suche nach winterhartem Getreide und widerstandsfähigen Pferderassen für die Kriegsökonomie? Der Versuch, diplomatische Beziehungen zur Lhasa-Theokratie im Hinterland des britischen Feindes zu etablieren? Oder die Hoffnung, rassische Relikte einer vermuteten arischen Urgeschichte im Hochland Tibets aufzuspüren?

Indizien und Belege gibt es für alle diese Bezüge. Aber insbesondere der letzte Zusammenhang verdient eine genauere Betrachtung, denn hier konzentriert sich wie in einem Brennglas der bizarre Versuch des Reichsführers SS, der verhassten „jüdisch-freimaurerischen" Wissenschaft und Geistesgeschichte eine „arisch-germanische Wissenschaft" entgegenzustellen.

Es ist schon viel Kluges über die Quellen von Rassismus, Arier-Mythos und ähnlichen ideologischen Konstrukten geschrieben worden. Dieses Kapitel kann und soll das nicht ersetzen, aber wir möchten in dieser Einleitung einen besonderen Zusammenhang der abendländischen Geistesgeschichte skizzieren, der erklären hilft, warum ein Rassist und Antisemit wie Heinrich Himmler ein so bemerkenswertes Interesse an Tibet entwickelte. Es geht dabei um das Konstrukt „Tibet" in der abendländischen Geistesgeschichte und Esoterik, die schließlich in die Ideologien des politischen Rassismus mündete.

Jahrhunderte beherrschte im Abendland der biblische Schöpfungsmythos die allgemeine Vorstellung von der Erschaffung der Erde und der Lebewesen, einschließlich des Menschen. Ein historisches Werden, ein evolutionärer Wandel, womöglich ein Prozess der biologischen Höher-/Weiterentwicklung lag außerhalb des Möglichen, ja des Vorstellbaren, roch zumindest nach Häresie. So, wie es ist, war es seit Menschengedenken, eine singuläre Schöpfung, die keine Veränderung kannte. Kirchliches Dogma.

Doch dann, im Zeitalter der Entdeckungen und des beginnenden europäischen Kolonialismus, nahmen Berichte über fremde, bislang unbekannte Völker, Stämme und Reiche zu und ließen die Frage nach der Einheit bzw. Einmaligkeit des göttlichen Schöpfungsaktes laut Altem Testament immer drängender werden. „Weiße", „Schwarze", „Gelbe" und andere Menschenkinder, waren das alle Kinder Gottes? Adams legitime Nachfahren? Oder gab es Unterschiede? Womöglich Abweichungen, Verirrungen, Hierarchien? Bald war der Gedanke verschiedener Menschenrassen geboren.

Die Erfindung des Ariers als Kulturbringer

Der Drang zur Klassifizierung der Gattung *Homo sapiens* wuchs während der europäischen Aufklärung, da man es offensichtlich auch im Reich der Tiere mit höheren und niederen Kreaturen zu tun hatte. Carl von Linné veröffentlichte 1735 sein Grundlagenwerk zur biologischen Klassifikation. Der Mensch war dort eingefügt, aber noch nicht in unterschiedliche Rassen geteilt. Die Fortsetzung einer solchen zoologischen Systematik unter den Menschen erschien bald nur zu logisch und zwingend. Der Göttinger Anthropologe Johann-Friedrich Blumenbach sprach 1775 in Anlehnung an Linné als Erster von den „fünf großen Rassen" und prägte auf lange Zeit die entsprechende Terminologie. Er tappte dabei aber auch gleich in die Falle der Bewertung, hier etwa durch Ästhetisierung der weißen Rasse:

> „Dieser Variante habe ich den Namen des Kaukasus-Gebirges gegeben, weil in dessen Nachbarschaft die schönste Menschenrasse lebt ... und

wenn es möglich ist, die Wiege der Menschheit zu bestimmen, dann sprechen alle physiologischen Gründe für die Annahme, daß sie dort gestanden ist ... die Haut der Georgier ist weiß ... aber sie entartet leicht zu einer schwärzlichen Farbe."[1]

Fast zeitgleich verfasste der mindestens so einflussreiche Immanuel Kant seine Anthropologie, bezog die Rasse auf die „Zusammensetzung des Blutes" und formulierte dabei Gedanken, die bald in einen politischen Rassismus münden sollten: „So viel ist wohl mit Wahrscheinlichkeit zu urtheilen: daß die Vermischung der Stämme, welche nach und nach die Charaktere auslöscht, dem Menschengeschlecht, alles vorgeblichen Philanthropismus ungeachtet nicht zuträglich sei."[2] Einer der wenigen Denker der Aufklärung, der sich diesen Konzepten entgegenstellte, war übrigens Alexander von Humboldt, der gegen die „unerfreuliche Annahme von höheren und niederen Menschenrassen" argumentierte – aber in der Minderheit blieb. Ähnliche Gedanken wie bei Blumenbach und Kant wurden parallel auch in England und Frankreich formuliert.

Diese vorherrschende Rassentheorie sollte bald zu einer bewertenden Klassifizierung der Menschengruppen anhand ihrer äußeren Merkmale führen. Äußere Merkmale waren dabei nicht nur körperliche wie etwa die Hautfarbe, sondern auch das geographische Verbreitungsgebiet oder die Herkunft/Abstammung. Entscheidend bleibt, dass alle Klassifizierungssysteme immer hierarchisierende, wertende Urteile fällten über eben höherstehende und minderwertige Rassen.

Zu diesem sich entwickelnden anthropologischen Rassismus gesellte sich dann bald das Konzept der „Arier", welches allerdings aus einer anderen geistesgeschichtlichen Quelle sprudelte. Seitdem der indische Subkontinent zum britischen Empire gehörte, beschäftigten sich abendländische Intellektuelle verstärkt mit indischer Geistesgeschichte. Es dauerte nicht mehr lange, bis Philologen auf frappierende Ähnlichkeiten des altindischen Sanskrit mit Idiomen in Europa stießen. Die naheliegenden Schlussfolgerungen muteten revolutionär an: Wenn neue und alte europäische Sprachen sich aus den gleichen Quellen herzuleiten schienen wie das Sanskrit, musste man auch von einer Verwandtschaft der sie sprechenden Völker ausgehen. Germanen, Kelten, Italiker, Angelsachsen – keine Nachfahren der alttestamentarischen Sippen, sondern Verwandte der Völker, die an den Südhängen des Himalaya die Grundlagen der indischen Hochkultur und der Religionen des Hinduismus und Buddhismus legten?

Dieses Szenario erschütterte alte Gewissheiten des Abendlandes. Und keiner formulierte diese neuen Gedanken so zwingend wie der deutsche Philosoph und Philologe Friedrich Schlegel: „Alles, absolut alles kommt aus Indien ... So finden wir den Gedanken nicht zu ungeheuer, daß die größten Nationen von einem Stamme ausgegangen; daß sie Kolonien eines Volkes, wo nicht unmittelbar, so doch mittelbar indische Kolonien seien."[3] Und wer war nun dieses mysteriöse Volk aus dem fernen Indien? Da sprach ein englischer Gelehrter bald von „Indoeuropäern", ein deutscher von „Indogermanen", aber Schlegel selbst brachte dann den Begriff „Arier" auf. Er setzte sich durch und begann seine sehr eigene Karriere.

Auch andere Denker und Autoren ergriff der Gedanke, nicht zwischen Ägypten und Jerusalem lägen die Ursprünge von Religion und Wissenschaft, sondern vielmehr in der Frühzeit Indiens. Voltaire schrieb: „Ich bin überzeugt, daß alles von den Ufern des Ganges herkommt: Astronomie, Astrologie, Seelenwanderung usw." Und Johann Gottfried Herder postulierte: „Der feste Mittelpunkt des größten Weltteils, das Urgebirge Asiens, hat dem Menschengeschlecht den ersten Wohnplatz bereitet." Funde von versteinertem Meeresgetier in großen Höhen ließen Spekulationen über die große Sintflut aufleben und fragen: Sollte man dann nicht die Ursprünge der Menschheit auf den höchsten Gebirgen suchen? Immanuel Kant wagte sich dabei so weit vor zu behaupten, dass in Tibet als höchstgelegenem Land der Erde die Ursprünge der Menschheit zu suchen wären, „der Urplatz der Künste und Wissenschaften". „Es ist dieses das höchste Land, wurde wahrscheinlich auch früher als irgendein anderes bewohnt und mag sogar der Stammsitz aller Kultur und Wissenschaft sein." *Meyers Conversations Lexikon* von 1853 wusste ebenfalls: „Von Tibet und den benachbarten Ländern, als dem eigentlichen Hochasien, soll nach

Annahme mehrerer Geschichtsforscher das Menschengeschlecht ausgegangen sein."

In den Diskussionen der folgenden Jahrzehnte wanderte die angenommene Urheimat der besagten Arier je nach wissenschaftlichem Standpunkt oder politischen Opportunitäten zwischen Nordindien, den weiten Steppen Südrusslands bis hin nach Skandinavien und in die norddeutsche Tiefebene. Aber der verbreitete Konsens lautete: Die weißen Völker besitzen eine gemeinsame Urheimat und Ursprache, sind Angehörige einer Rasse, und die wiederum ist gleichzeitig Träger einer überlegenen Kultur, der „arischen". Der Weg zum Herrenrasse-Anspruch war nicht mehr weit.

Esoterik inspririert die Rassisten

Doch noch eine dritte Quelle ist für die endgültige geistige Gemengelage bis 1933 relevant. Die esoterische Dimension, und zwar vor allem die der Theosophie, einer Art esoterischem Rassismus, der sich Ende des 19. Jahrhunderts herausbildete. Dort verbindet sich der Arier-Mythos dauerhaft mit Tibet. Die Theosophie ist sicherlich die einflussreichste abendländische esoterische Lehre der vergangenen 150 Jahre, die diverse weitere Schulen/Traditionen beeinflusst hat. Ihre maßgebliche Gestalt und Gründerin ist die Deutsch-Russin Helena Petrovna Blavatsky (1831–1891, geborene Hahn-von Rottenstein). Blavatsky, Tochter eines zaristischen Offiziers, erlebte verschiedene Formen psychischer Ausnahmezustände, die sie selbst zu der Auffassung führten, medial veranlagt zu sein sowie Astralreisen und Levitationen zu beherrschen. Nach der offiziellen Biographie soll Blavatsky Mitte des 19. Jahrhunderts einige Jahre in Südtibet in der Nähe des Klosters Tashi Lunpo gelebt haben, wo sie von mehreren „Meistern" in die wichtigsten „Geheimlehren" eingeführt wurde, um sie im Westen zu verbreiten und zu lehren.

Nachweislich hat Blavatsky, oder HPB, wie sie oft genannt wird, in Nordindien gelebt, vielleicht auch zeitweise in Ladakh, hat aber wohl nie einen Schritt nach Tibet hineingesetzt. So diffus ihre Beschreibungen des Landes, so nebulös und nichttibetisch sind die

Figuren ihrer „Meister“ Koot-Homi (auch Kut Humi) und Morya, denen sie ihr Wissen verdankt. Ihr vierbändiges Hauptwerk „Die Geheimlehre“ erschien 1888. Es war ein Kommentar zum geheimen Buch „Dzyan“, das Blavatsky in einem Kloster im Himalaya gesehen haben will, verfasst in der sonst unbekannten Sprache „Senzar“. Aber niemand außer HPB hat wohl je dieses Buch gesehen oder von der in ihm verfassten Sprache gehört, und mit dem realen Tibet oder tibetischem Buddhismus hat das alles herzlich wenig zu tun.

Trotz alledem, Blavatsky beherrschte virtuos die Verquickung diverser Schriften aus Religion und Philosophie, um daraus ihre ganz eigene esoterische Weltsicht wortreich zu kompilieren, denn die Geheimlehre sollte nichts weniger als den Ursprung und Aufbau der Welt und der Rassen erklären. Diese von HPB „Kosmogenesis“ und „Anthropogenesis“ genannten Entwürfe sollten Generationen von Esoterikern stark beeinflussen. Für die Theosophen war dies eine Lehre jenseits von Religion und Naturwissenschaft.

Die „Anthropogenesis“ beschreibt die Entwicklung der Menschheit über sieben Stufen, die sich über einen Zeitraum von vielen Millionen Jahren erstreckten. Dabei erleben die Menschen einen Abstieg aus rein astralem Sein ins Materielle, dem dann wieder eine neue Art Vergeistigung folgt.

Die sieben Entwicklungsstufen der Menschheit nennen die Theosophen „Wurzelrassen“, deren Epoche jeweils von sieben Unterrassen gebildet wird, wobei jede Wurzelrassen-Ära von der folgenden durch gewaltige Katastrophen getrennt wird. Und jeder Wurzelrassen-Zyklus ist in sich wiederum von Aufstieg und folgender Degeneration der betreffenden Rasse geprägt.

Auf die erste körperlose und unsterbliche Wurzelrasse folgte eine zweite auf dem lange untergegangenen Kontinent Hyperborea in der Region des heutigen Nordpols, dann folgten die Wesen der dritten Wurzelrasse auf dem ebenfalls längst versunkenen Kontinent Lemuria. Wegen der Entdeckung der sexuellen Fortpflanzung erlebten die Lemurier einen „Sündenfall“. Wenige Überlebende siedelten auf einer Insel Shambhala[4] in der Region der heutigen Wüste Gobi und später dann auf dem Kontinent Atlantis. Die riesenhaften und medialen Atlanter seien dann aber auch über mehrere irdische

(Natur-)Katastrophen degeneriert (davon berichten die Sintflut-Sage und Platons Atlantis-Bericht) und wurden von der fünften Wurzelrasse abgelöst.

Diese, die Arier, bildeten sich in Shambhala und dann in Nordasien. Aktuell herrscht die fünfte Unterrasse, das sind die indischen bzw. die europäischen Arier (Blavatsky zählt interessanterweise die Juden auch zu dieser fünften Unterrasse). Abgelöst werden sie bald von der nächsten rassischen Entwicklungsstufe, die sich nach Blavatsky in Nordamerika anbahnt. Alle anderen Rassen, Asiaten, Afrikaner, Eskimos usw. sind Überbleibsel der Epochen von Lemuria und Atlantis und deshalb zum Aussterben verurteilt.

Zwei weitere Wurzelrassen stehen noch bevor, wobei die Wiederkehr eines Messias bzw. Buddhas Maitreya zu erwarten sei. Dieses esoterische Evolutionsmodell ist für die Theosophie-Gläubigen ein notwendiges karmisches Geschehen, ein Ausdruck göttlichen Willens, und darf nicht etwa mit menschlich-politischen Bestrebungen vermengt werden. Trotzdem ist unzweifelhaft, dass dieses Modell eines esoterischen Rassismus ideologische Munition für antisemitische, völkisch-okkulte und arisch-rassistische Kreise bot – und sie wurde begierig genutzt.

So schillernd die Figur der Helena Petrovna Blavatsky ist, so bemerkenswert ist auch die Geschichte ihrer Epigonen und der Theosophical Society inklusive diverser Fraktionierungen. In dem uns hier interessierenden Kontext sollte es mit diesem Schlaglicht auf die theosophische Evolutionsidee reichen, um den roten Faden hin zum völkischen und esoterischen Rassismus im Deutschland der 1930er-Jahre wiederaufzunehmen.

In den letzten Jahrzehnten des 19. Jahrhunderts war es in Europa nun verbreitete Ansicht, dass man es mit höher- oder minderwertigen menschlichen Rassen zu tun habe, aber die Krone der Schöpfung eben die weiße, die kaukasische Rasse sei. Es erschienen diverse Publikationen und Pamphlete zu diesem anthropologischen Rassismus, von Naturwissenschaftlern oder Philosophen, und das gleichermaßen in Frankreich wie in England oder Deutschland. Der nächste logische Schritt war nun, aus der biologisch gegebenen Ungleichheit der Menschen auch politische Konzepte abzuleiten, sei es das Verbot der „Vermischung des Blutes“, um rassische Degeneration zu verhindern, bis hin zur radikalsten Form des Rassismus im NS-Staat: der physischen Vernichtung „minderwertiger Rassenelemente“.

Einer der wichtigen ideologischen Stichwortgeber war der französische Adlige Arthur de Gobineau (1816–1882), der seinen „Versuch über die Ungleichheit der Menschenrassen“ veröffentlichte, als Frau Blavatsky sich angeblich noch von geheimen Meistern in Tibet unterweisen ließ. Seine Warnungen vor der Vermischung der Rassen bzw. des Blutes beeinflussten direkt die Rassenlehre der Nationalsozialisten.

Allerdings war Gobineau noch ein expliziter Antisemitismus völlig fremd. Das ergänzte dann der gebürtige Engländer, aber in Deutsch schreibende Houston Stewart Chamberlain, den Gobineau sehr inspiriert hatte. Dessen Werk „Grundlagen des neunzehnten Jahrhunderts“ (1899) wurde zum Klassiker des radikalen antisemitischen Rassismus, vor allem in Deutschland. Der spätere Schwiegersohn Richard Wagners wurde zum direkten ideologischen Wegbereiter des nationalsozialistischen völkischen Rassismus und lernte den von ihm bewunderten NSDAP-Chef Adolf Hitler noch persönlich kennen, bevor er 1927 starb.

So radikal das Denken von Gobineau und Chamberlain und ihrer Epigonen auch gewesen sein mag, von Esoterik, geschweige denn Asien- oder Tibetbezügen war hier nichts zu finden. Das besorgten dann seit Beginn des 20. Jahrhunderts die Wiener Ariosophen und ihre Anhänger. Zwischen Wien und Berlin sprossen mittlerweile diverse völkische, germanophile, antisemitische Gruppen und Zirkel aus dem rassistischen Humus, vieles changierte zwischen obskur bis bizarr, oft waren es kleine, kurzlebige Gruppen. Die ideologischen Übergänge hin zu den Naturalisten, Vegetariern oder Lebensreformern waren fließend, aber in allen Facetten Ausdruck einer gesteigerten Sinnsuche in Zeiten radikalen politischen und sozialen Umbruchs. Sehr einflussreich und prägend waren in dieser Strömung die beiden ariosophischen Propagandisten Lanz von Liebenfels und Guido von List. Deren rassistische Gedankengebäude waren ausdrücklich von Blavatsky und der Theosophie inspiriert, und ihr

System wurde auch als eine „germanisierte Theosophie“ bezeichnet (Goodrick-Clarke).[5]

Beide Männer waren von früh an schwärmerisch-spirituell veranlagt, von List war erst Freimaurer, von Liebenfels Zisterzienser, und beide hatten sich den Adelszusatz eigenhändig zugeschrieben. Der 25 Jahre ältere von List entdeckte für sich immer stärker das Germanentum, imaginiert als vergessene und unterdrückte glorreiche Frühzeit der arischen Rasse, und glaubte, mit der Wiederentdeckung einer heidnisch-germanischen Religion („Wotansreligion“), der Runen-Magie und Mythologie den Niedergang der Germanen aufhalten zu können. Von List gründete dafür den Hohen Armanenorden, ein kleiner Zirkel eingeweihter Ario-Germanen. Von List war nicht nur befreundet mit dem jüngeren von Liebenfels, sondern hat ihn natürlich auch beeinflusst.

Auch der gründete einen esoterischen Orden als arische Elite, den Ordo Novo Templi (ONT), oder Neutempler-Orden, der natürlich nur Männern offenstand. Auch wenn manche NS-Ideologen später über die völkischen Schwärmer eher lächelten, so lieferten diese Ariosophen doch für viele ein geistiges Koordinatensystem und waren Wegbereiter für eine okkulte Grundierung der NS-Ideologie und des quasi-religiösen Männer-Ordens der SS. Bemerkenswert ist, das diese doch bizarr wirkenden Glaubenswelten in der besseren Wiener Gesellschaft auf viele offene Ohren stießen und sich einige Honoratioren unter den Anhängern der Ariosophen wiederfinden – etwa der Wiener Bürgermeister Karl Lueger –, ein Beleg, wo der vorherrschende Zeitgeist wehte.

Beide Ariosophen strebten vor allem nach einer Wiederbelebung, einer Renaissance der als golden imaginierten germanischen Frühzeit, edel, erdverbunden, feudal und kämpferisch. Also musste die Ariosophie natürlich antikirchlich, antifeministisch, antidemokratisch und vor allem antisemitisch sein. Aber dieses schwärmerisch-spirituelle Gebräu verband sich schnell mit Forderungen nach einer radikalen rassistischen Politik und Eugenik: Zuchtprogramme, Kastrationen, Sterilisationen, Deportationen bis hin zur physischen Vernichtung waren alles Maßnahmen, die bei den Ariosophen als probate Mittel der Rassenreinhaltung propagiert wurden.

Hitler und Himmler hatten Schriften der Ariosophen gelesen, Hitler in seiner Wiener Zeit etwa die *Ostara*-Hefte, die von Liebenfels herausgab. Folgerichtig apostrophierte sich dieser eine Zeit lang selbst als „der Mann, der Hitler die Ideen gab". Und es finden sich hier nicht nur die Ideen, die dann bald in Rassegesetzen und Eugenik ihren realen Niederschlag fanden, sondern auch Vorlagen für einen arischen Elite-Orden, der dann in der SS Gestalt annahm.

Die Ideen der Ariosophen fallen überall im Deutschen Reich auf fruchtbaren Boden. In München etwa formt Rudolf von Sebottendorff (noch ein selbst verliehener Adelstitel, geboren war er 1875 als Rudolf Glauer) aus der örtlichen Sektion des „Germanenordens" die „Thule-Gesellschaft".[6] Von Sebottendorff/Glauer soll durch Reisen in die Türkei mit islamischer Mystik, aber auch Theosophie und Freimaurerei bekannt geworden sein. Der regelmäßig im Münchner Hotel *Vier Jahreszeiten* tagende völkische Klub ergeht sich in ariosophischen Schwärmereien und antisemitischen Hetztiraden.

Aber als die Münchner Räterepublik im November 1918 unter dem jüdischen Sozialisten Kurt Eisner proklamiert wird, planen bewaffnete Thule-Mitglieder als „Kampfbund Thule" den aktiven Staatsstreich mit. Der Mörder Eisners, Graf von Arco auf Valley, war zeitweise Mitglied der Thule-Gruppe. Auch später prominente Nazis wie Rudolf Hess, Alfred Rosenberg oder Hans Frank gehören zu den Thule-Mitgliedern, Adolf Hitler spricht dort als Gastredner. Und der 18-jährige Himmler war Mitglied im von Sebottendorff gegründeten Freikorps Oberland.

Die Thule-Gesellschaft spielt für unsere Spurensuche aber hier insofern eine wichtige Rolle, als sie vor allem von einigen Autoren der Nachkriegszeit, die über mögliche okkulte Wurzeln des Nationalsozialismus schrieben und spekulierten, völlig zu Unrecht zu einer quasi geheimen, magischen Machtzentrale der frühen NS-Bewegung hochstilisiert wurde. Eine besondere Rolle wird dabei dem Münchner Geopolitiker Karl Haushofer angedichtet, der nicht nur enge Beziehungen zu Tibet gepflegt, sondern auch tibetische Kolonien im NS-Deutschland betreut haben soll. Und weiterhin soll der Professor sogar die theosophischen Mysterien rund um das Buch Dzyan in die Thule-Gesellschaft eingeführt haben. Haushofer, dessen Assistent übrigens Thule-Mitglied Rudolf Hess war, pflegte zwar gute Beziehungen nach Japan, hegte große Sympathien für das NS-System und war auch als geopolitischer Berater für die Nationalsozialisten tätig, aber allen esoterischen/theosophischen Spekulationen gegenüber abgeneigt.

Die Thule-Eingeweihten hätten demnach auch an die theosophische Überlieferung geglaubt, dass einst „Ur-Arier" durch eine Katastrophe aus dem Land der heutigen Wüste Gobi vertrieben wurden und dann in Richtung Tibet respektive Nordeuropa ausgewandert seien. Haushofer hätte immer wieder darauf hingewiesen, Zentralasien und Tibet als „Herzregion der Welt" wieder zu erobern und eben diese dann zu beherrschen. Diese theosophisch-tibetischen Bezüge der Thule-Gruppe hätten dann mehr oder weniger direkt zu der Schäfer-Expedition von 1938 geführt.

Diese Verbindungen sind reine Hirngespinste. Aber so phantastisch und irreal diese Verquickungen auch sind, ihr Problem ist, dass sie zählebig für real gehalten werden. Doch dazu mehr im letzten Kapitel. Historisch gesichert ist, dass die Thule-Leute sich germanisch-okkulten Schwärmereien ebenso verschrieben hatten wie radikaler rassistischer Politik. „Thule" war eher eine großbürgerliche Kampforganisation für Rassismus und Antisemitismus als ein esoterischer Orden. Ideologisch wie personell war die Gruppe um Sebottendorff sicher eine direkte Keimzelle der NSDAP. So ist es etwa kein Mythos, dass der völkische Dichter Dietrich Eckart Thule-Mitglied war, ein Mentor Adolf Hitlers, der ihm dann auch „Mein Kampf" widmete.

Die nächste (okkulte) Zutat zur Nazi-Tibet-Connection stammt aus der Feder eines polnischen Schriftstellers und Reisenden, Ferdinand Ossendowski (Jg. 1876). Der gelernte Naturwissenschaftler, der viele Jahre in asiatischen Ländern gelebt und gearbeitet hatte, veröffentlichte 1921 auf Englisch einen Erlebnisbericht, der schnell zum Bestseller avancierte und 1924 als „Tiere, Menschen und Götter" in Deutschland erschien und sich hier ebenfalls bestens verkaufte. Ossendowski, bislang nicht durch theosophische Spekulationen aufgefallen, erweiterte den Mythos um die Ur-Arier der fünften Wurzelrasse und ihrer Heimat Shambhala in Asien um den nicht minder mythologischen Ort eines unterirdischen Königreiches namens Agarthi (auch mal Agarttha oder Asgharta)[7]. Dieses immense Reich, verborgen unter den Bergketten des Himalaya, bewahrt die größten geistigen Geheimnisse und das gesamte Wissen der Menschheit. Dank dieser Kräfte, und regiert von einem weisen „König der Welt", beeinflusst Agarthi unbemerkt die Geschicke der „oberen Welt". So schreibt Ossendowski in „Tiere, Menschen und Götter":

> „Auf meiner Reise durch Mittelasien hörte ich zum ersten Mal von dem ‚Mysterium der Mysterien'. Ich kann ihm keinen anderen Namen geben ... Dieses Königreich ist Agarthi. Es erstreckt sich über alle unterirdischen Gänge der Welt. Ich hörte, wie ein gelehriger Lama aus China dem Bogdo Khan erzählte, daß die unterirdischen Höhlen von Amerika von der ehemaligen Bevölkerung dieses Kontinents bewohnt seien. Alle unterirdischen Völker und unter der Erde befindlichen Räume werden von Herrschern regiert, die dem König der Welt untertan sind. Darin liegt nichts allzu Wunderbares. Sie wissen ja, daß es früher in den beiden größten Ozeanen des Ostens und Westens zwei Kontinente gegeben hat, die unter der Wasseroberfläche verschwanden [Blavatskys ‚Kosmogenesis' s. o.!]. Deren Bevölkerung gehört jetzt zu dem unterirdischen Königreich ... Die Hauptstadt von Agarthi ist von Städten umgeben, die von Hohenpriestern und Männern der Wissenschaft bewohnt sind. Sie erinnern einen an Lhasa, wo der Palast des Dalai Lama, der Potala, die Spitze eines Berges darstellt, der mit Klöstern und Tempeln bedeckt ist. Der Thron des Königs der Welt ist von Millionen inkarnierter Götter umringt ..."[8]

Viele (Okkult-)Autoren plagiierten in der Folge Ossendowski oder führten seine Erzählungen im festen Glauben an ihren Wahrheitsgehalt fort. Und auch in Heinrich Himmlers berühmter Leseliste taucht Ossendowskis Bestseller auf, mit der Bemerkung versehen, das Buch berichte „von den ganz großen Mysterien und Geheimnissen der Mongolei." Doch es sollte okkulten Nachkriegsautoren vorbehalten bleiben, aus Agarthi/Shambhala die Zentren geheimer Weltbünde zu konstruieren, die in unversöhnlichem Krieg miteinander liegen.

Himmlers okkultes Weltbild

Zwei weitere esoterische Einflüsse auf das Himmler'sche Tibet/ Asien-Konstrukt müssen abschließend noch erwähnt werden, da sie sowohl die konkrete Politik Himmlers beeinflussten wie auch erklären helfen, warum er sich so nachhaltig zum Mentor des jungen Zoologen Ernst Schäfer und dessen Plänen für eine Tibet-Expedition machte.

Dabei handelt es sich zum einen um die sogenannte „Welteislehre" (auch kurz WEL oder „Glacial-Kosmogonie"), eine im Vergleich zu Blavatskys Theosophie nicht minder phantastische und völlig unwissenschaftliche Kosmologie, die heute zwar fast völlig vergessen ist, aber in der NS-Zeit in der deutschen Bevölkerung wie unter den Eliten des Staates eine große Anhängerschaft besaß.[9] Heinrich Himmler war bekannt als ausgewiesener Anhänger der Welteislehre.

Begründer der WEL war der Wiener Ingenieur Hanns Hörbiger (1860–1931). Der auf Kälte- und Wärmetechnik spezialisierte Hörbiger formulierte 1913 erstmals in Buchform seine umfangreiche „Glacial-Kosmogonie". Im Kern geht es dabei um die Weltentstehung aus dem ewigen Kampf zwischen Eis und Feuer. In diesem dualistischen Weltbild spiegeln sich noch die naturphilosophischen Debatten des Abendlandes über Feuer oder Wasser als Ursprung aller Dinge wider. Die WEL war laut Hörbiger das Ergebnis einer Eingebung, einer Intuition. Versuch einer Kurzfassung: Das All besteht aus Eis- oder Heißgestirnen. Vor mehreren Millionen Jahren existierte im Sternbild Taube eine Riesensonne mit der dreißigmillionenfachen Masse unseres Zentralgestirns. Ein kleinerer, aber ebenfalls noch riesiger Eiskörper kollidiert mit der Megasonne und wird verschlungen. Nach einigen Tausend Jahren kommt es zu einer gewaltigen Explosion, bei der enorme Mengen an Eis, Glut und umgeformter Schlackenmaterie weit in den Weltraum geschleudert werden. Aus „Eislingen" und „Glutlingen" und umgebender Wasserdampfhülle formen sich alsbald unser Sonnensystem und die umkreisenden Planeten. Kleinere Körper stürzen in die Sonne oder werden von den größeren Planeten angezogen und verschmelzen mit ihnen. Auch die Erde hat in der Vergangenheit bereits drei kleine Planeten als Monde eingefangen, die letztlich dann auf die Erde stürzten. So wird es irgendwann auch mit dem Mars geschehen. Die Milchstraße wird in der WEL als eine Ansammlung von Eiskörpern betrachtet, die im Sonnenlicht reflektieren, und daneben existiert auch eine „Glutmilchstraße", die durch den Eisring rötlich hindurchschimmert. Beide Objekte sind Bestandteile des Sonnensystems.

Diese Kosmogonie negierte komplett jeden gesicherten Wissensstand von Astronomie und Physik. Die WEL war keine Frage von Beobachtung oder Überprüfung, sie war vor allem eine Glaubensfrage. Und obwohl es sogar eine Reihe NS-freundlicher Naturwissenschaftler gab, die gegen diese „Volksverdummung" opponierte, setzte sich Hörbigers bizarre Welteislehre bis zu einem gewissen Grad in NS-Deutschland durch.

Es gab eine schnell wachsende Schar begeisterter WEL-Anhänger in Deutschland, Vereine zur Förderung der WEL wurden gegründet, populärwissenschaftliche Bücher rund um Hörbigers Kosmogonie wurden publiziert und blendend verkauft, und es entstand eine enorme publizistische Tätigkeit pro Welteislehre. Im Kern ging es darum, im vorherrschenden Zeitgeist der Germanenverehrung und des Antisemitismus eine „deutsche Physik" der als „jüdischen Physik" empfundenen universitären Naturwissenschaft entgegenzusetzen. Der pathetische Appell eines Hörbiger-Jüngers macht das sehr deutlich:

> „... denn diese Lehre [gemeint ist die ‚jüdische Physik' eines Albert Einstein, d. V.] ist nichts anderes als der in die Form von Berechnungen eingekleidete, unüberbietbare Höhepunkt der geistigen Verirrung und wahnwitzigen Verneinung alles über dem Stoffe Stehenden, Geistigen und letzten Endes Göttlichen in der Welt."[10]

Und was hat das mit unserem Thema Tibet zu tun? In Himmlers Weltverständnis eine Menge. Dreimal war bereits nach Hörbigers System ein Mond von der Erde eingefangen worden und auf sie niedergestürzt. Mit diesen Phasen der Annäherung und Zerstörung erklärte Hörbiger elegant auch das menschliche Mythenrepertoire von weltweit verbreiteten Geschichten über Sintfluten oder Riesen. Diese „Mondeinbrüche“ verursachten größte Naturkatastrophen, Erdbeben, Fluten, Vulkanausbrüche usw. Und natürlich konnten – wenn überhaupt – nur Lebewesen diese Apokalypsen überstehen, die in den höchstgelegenen Erdregionen lebten, etwa den Anden oder Tibet. Hierhin hatten sich die letzten Atlantis-Bewohner gerettet, hier müsste man ihre Spuren finden – wenn man denn danach suchte. Dieses Szenario verträgt sich wiederum ausgezeichnet mit Blavatskys Wurzelrassen-Evolution.

Deshalb gründete Himmlers Wissenschafts-Organisation „Ahnenerbe“ eine eigene Abteilung zur Erforschung der Glacial-Kosmogonie, deshalb plante das „Ahnenerbe“ Expeditionen zum rund 4000 Meter hoch gelegenen Titicacasee und den dortigen Ruinen von Tiahuanaco und deswegen wollte Himmler Ernst Schäfer einen Welteislehre-Experten wie Edmund Kiss mit auf den Weg nach Tibet geben, der bereits in den Anden geforscht hatte.

Und zu guter Letzt hatte Universalgenie Hörbiger durch seine Glacial-Kosmogonie auch noch den Ursprung des Menschen erklärt. Denn der stamme natürlich nicht, wie Darwin meinte, vom Affen ab wie andere niedere Rassen, sondern sei eine Himmelsgeburt, als Protoplasma in Eisstücken auf die Erde hinabgestürzt, „göttliches Sperma, welches Allvater Kosmos in den Schoß unserer Allmutter gesenkt hat, um jene Erstgeburt des irdischen Lebens zu zeugen, aus welchem später zielstrebig der Mensch entwickelt wurde“. Die Forschung zur Welteislehre im „Ahnenerbe“ wurde unter dem Etikett der Wetterkunde versteckt. In einem Papier dieser Abteilung von 1936 heißt es

> „... daß Hanns Hörbigers Welteislehre in ihrer grundsätzlichen Gestaltung das geistige Geschenk eines Genies ist, das von hohem Wert für die ganze Menschheit in praktischer und weltanschaulicher Hinsicht ist, für uns Deutsche als ein echt arisches Gedankengut aber von ganz besonderer Bedeutung ist.“[11]

Alles den Deutschen Fremdartige, fälschlich Übergestülpte wollte Himmler eliminieren, vom fremdrassigen Blut bis hin zur falschen, weil jüdisch-materialistischen (Natur)Wissenschaft, und ersetzen durch „arteigenes“, (indo)germanisches. Das ist der rote Faden in Himmlers ideologischem Bestreben und Kern seines magischen Weltbildes.

Und so erfuhr ebenfalls 1936 der ehrgeizige Forscher Ernst Schäfer bei seinem ersten Privatissimum mit dem SS-Chef von dessen tiefem Glauben an eine mythische Wahrheit über den Ursprung der Welt, der himmlischen Abkunft der Arier und ihrer Auserwähltheit und der Minderwertigkeit aller anderen Lebewesen – und war nachhaltig verstört angesichts dieser bizarr-magischen Glaubenswelt.

Aber der mit Sicherheit einflussreichste Berater Himmlers in Sachen arischer Esoterik war ohne Zweifel Karl Maria Wiligut (1866–1946). Der ehemalige Oberst der österreichisch-ungarischen Armee war aber gleichzeitig in der Runde völkischer Esoteriker der größte Scharlatan, „dessen Tätigkeit ans Betrügerische grenzte“ (Michael Kater).[12] Nach seiner Pensionierung bewegte sich der gebürtige Wiener in den 1920er-Jahren in antisemitischen und ariosophischen Kreisen Österreichs, so im Ordo Novi Templi des Lanz von Liebenfels. Wiligut behauptete, er besäße hellseherische Fähigkeiten, eine sogenannte „Erberinnerung“, die ihn in die Lage versetze, in die früheste Ära der Ur-Germanen zu blicken. Weiterhin behauptete er, letzter Abkömmling eines uralten Königsgeschlechts zu sein, der Uiligotis der Asa-Uana-Sippe.

Der nach eigenem Bekenntnis in der Runenmagie und Heraldik kundige Ex-Oberst datierte die Ursprünge seiner Erberinnerung auf eine Zeit um 280 000 v. Chr. zurück, eine Zeit, in der die Erde von Riesen, Zwergen und anderen mythischen Wesen bevölkert wurde. Seine Mission war die Wiederbelebung der alten „irministischen Religion“. Himmler, der Wiligut 1933 auf einer Tagung der Nordischen Gesellschaft kennengelernt hatte, glaubt an Wiligut und seine seherischen Fähigkeiten und will ihn in Zukunft als Quelle für das Wissen über die Vergangenheit der Arier nutzen.

Der SS-Chef beförderte Wiligut sofort zum SS-Hauptsturmführer, gab ihm den Ordensnamen Weisthor (also „weiser Thor“) und machte ihn zum Leiter des Archivs im Rasse- und Siedlungshauptamt – später war er dort für „Sonderaufgaben“ zuständig. Wiligut/

Weisthor stieg noch bis zum SS-Brigadeführer auf (quasi unterster Generalsrang) und bekam ein Büro beim Persönlichen Stab Reichsführer SS in unmittelbarer Nähe Himmlers. Privat residierte er in einer Dahlemer Villa und wurde von einem Chauffeur täglich in die SS-Zentrale in der Prinz-Albrecht-Straße gefahren – alles klare Indizien, welche besondere Vertrauensstellung Wiligut/Weisthor bei Heinrich Himmler genoss. Wiligut/Weisthor hinterließ einige sichtbare Spuren in der SS-Historie. Einmal entwickelt er für Himmler SS-eigene Rituale, etwa Heiratszeremonien oder heidnische Jahresfeste. Er gestaltet auch den berühmten Totenkopfring der SS, das symbolisch-sichtbare Zeichen der Ordenszugehörigkeit und unverbrüchlicher Treue zur SS.

Und schließlich inspirierte Weisthor Himmler bei seiner Suche nach einer passenden Ordensburg für die SS und deren Ausgestaltung. In Himmlers geliebtem Landstrich Ost-Westfalen, der Region von Arminius und Widukind und nicht weit vom angenommenen Standort der Irminsul an den Externsteinen, wurde man fündig: die Wewelsburg. Die aus dem 12. Jahrhundert stammende Dreiecksburg über dem Tal der Alme wollte Himmler zu einer SS-Ordensburg ausbauen, in der die Spitzen seines Adels-/Krieger-Ordens sich geistig rüsten und schulen sollten. Es ist hier nicht der Ort, die komplexe Geschichte der Wewelsburg als SS-Standort nachzuzeichnen, nur wichtig ist, dass Wiligut/Weisthor an der Gestaltung und Planung der Burg als SS-Kultstätte beteiligt war – zur Mystifizierung der Wewelsburg im Rahmen der Nazi-Tibet-Connection in der Nachkriegszeit s. Kapitel 9.

Wiligut/Weisthor produzierte in den sechs Jahren seiner SS-Zugehörigkeit einige Papiere für den Reichsführer SS über religiöse Fragen, den „Irminismus“ oder Erkenntnisse aus seiner „Erberinnerung“. Vieles davon klingt wirr – ein Text über den „Herrn der Welt“ beginnt mit dem verballhornten tibetischen Mantra „O mani batme hum“! – und ist es wohl auch, anderes ist dafür erhellend: So listet Weisthor programmatisch Schritte zur „Herstellung des Urglaubens“ auf, die „seitens des Staates nötig sind“, als da u. a. wären: „Auflösung aller männlichen und weiblichen Klöster ... Beschlagnahme aller Kirchenvermögen ohne Unterschied ... Unschädlichmachung von Geistlichen aller Grade mit der dem Staat zur Verfügung stehenden Mittel ..." Also nicht weniger als ein Kreuzzug gegen die etablierten christlichen Kirchen.

Und Himmler vermerkt handschriftlich am 17. Juni 1936 „gelesen" auf einem Weisthor-Exzerpt über die Menschheitsentwicklung. Da heißt es eingangs: „Die irdische Menschheit ... zerfällt in sieben Epochen, von welchen vier als vollendet, die fünfte die gegenwärtige Menschheit und die sechste und siebente die noch kommenden Menschenalter bilden." Das ist die theosophische Anthropogenesis der fünf Wurzelrassen in Reinform! Und weiter: „Jeder dieser bisher abgelaufenen vier Entwicklungsepochen wurde nach der mündlichen Geheimlehre durch eine ungeheure Erdkatastrophe herbeigeführt, durch die die Vereinigung unserer Erde mit einem von dieser angezogenen Gestirne beendet wurde." Und das wiederum ist original Hörbigers Glacial-Kosmogonie. Weisthor verquickt Theosophie, WEL mit seinem „Erberinnern" über die germanische Urzeit: „... und die Erde pendelte aus und die Asa-Uana-Kinder wanderten aus auf Atta-lant (!) und schrieben ihre Geschichte und gaben selbe den Wissenden in Wahrung, auf dass es nicht vergessen werde ..."[13] Und Tibet bzw. Lhasa adelte der „Rasputin Himmlers", wie manche Zeitgenossen ihn nannten, mit einer geomantischen Berechnung, die den Nordpol, Wien und die tibetische Hauptstadt in eine besondere spirituelle Beziehung zueinander setzte. Außerdem hatte der Oberst früher schon mehrmals davon fabuliert, einst in einem Lama-Kloster eine Initiation erlebt zu haben und sozusagen mit dem Dach der Welt geistig in Verbindung zu stehen.

Himmler war beglückt. Im gleichen Sommer 1936 bestand er darauf, dass sein Schützling Ernst Schäfer bei Wiligut/Weisthor vorsprechen sollte, für die geistige Vorbereitung auf seine Expedition nach Tibet. Wiligut fiel dann 1939 bei Himmler in Ungnade, da er ihm einen Aufenthalt in einer Salzburger Nervenheilanstalt von 1924 bis 1927 verschwiegen hatte, wegen „paraphrener Psychose". Es ging um Größenwahnsinn, Gewalttätigkeiten und exzentrisches Verhalten, wobei seine Ex-Ehefrau wohl stark an der Einweisung und seiner Entmündigung beteiligt war. Außerdem wuchs die Kritik anderer SS-Führer an Wiliguts Wissen und seinem zunehmenden Alkoholismus. Wiligut trat im August 1939 aus der SS aus, Himmler soll Weisthors SS-Insignien Ring, Dolch und Schwert noch in seinem Safe verwahrt haben.

In all diesen Erklärungsmodellen über Ursprung von Erde und Mensch, von Blavatskys „Wurzelrassen" bis zu Wiliguts „Erberinnern" spielt Tibet eine durchgehende Rolle als fiktiver Hort und Heimat von Atlantis-Überlebenden und Ur-Ariern. Allerdings ein Tibet als pure Fiktion abendländischer Krypto-Geschichte und Esoterik. All diese Ingredienzen werden wir in der Wirkungsgeschichte der NS-Ära und der Schäfer-Expedition nach 1945 wiederfinden.

Himmlers (okkultes) Weltbild speiste sich hauptsächlich aus drei Quellen: dem Arier-Mythos der deutschen Romantik, der theosophischen Rassenlehre und der Welteislehre, das Ganze angereichert mit dem zeittypischen Antisemitismus und ausgeprägter Christenfeindlichkeit.

Der Holocaust-Architekt, der penible Buchhalter des Grauens, es ist die gleiche Person, die die Welteislehre propagierte, die sich als Reinkarnation Heinrich I. betrachtete, der Gralssucher und Ordensgründer, der Kräutergärten in KZs und biologisch-dynamische Landwirtschaft förderte, astrologischen Konstellationen Glauben schenkte und okkulten Theorien anhing. Irrationalität, Banalität und Grausamkeit mischen sich in dieser Figur auf eine bis heute verstörende Weise. Oder wie es Himmler-Biograph Peter Longerich zusammenfasste:

> „Zentral für Himmlers Weltbild war die Wiederherstellung einer entchristlichten, germanischen Lebenswelt, die mit Hilfe des Atlantis- und des Tibet-Mythos mit längst versunkenen Hochkulturen und via Welteislehre/Astrologie mit der Geschichte des Kosmos verbunden werden sollte. So wie Himmler vermeinte, mit Hilfe seines Beraters Weisthor unmittelbar in die Welt der germanischen Vorfahren eindringen zu können, so glaubte er, sich im eigenen Blutstrom ‚wiederverkörpern' zu können – sein Weltbild hatte also durchaus eine Ewigkeitsperspektive."[14]

Ernst Schäfer auf seiner ersten Expedition mit Brooke Dolan in Westchina

2

Jugendjahre

Das Leben als Jagd

Nach eigenem Bekunden legte Ernst Schäfer bereits in jüngsten Jahren sein Spielzeuggewehr auf flüchtende Ratten im elterlichen Kartoffelkeller an, stapelte bald in seinem Zimmer Terrarien und Aquarien und begann mit Vererbungsexperimenten an Hausmäusen, denen er die Schwänze kupierte, um zu schauen, ob diese Manipulation sich in den folgenden Generationen wieder zeigen würde. Schäfers Natur- und Tierliebe war von Beginn an mehr als ein betrachtendes Forschen, es war vor allem ein Jagen.

Ernst Schäfer, geboren am 14. März 1910, wuchs im thüringischen Waltershausen auf. Sein Vater Albert besaß dort eine leitende Stellung bei den „Gummiwerken Titan B. Pollack“, und der gelernte Kaufmann erhoffte sich auch von seinem zweitgeborenen Sohn (von vieren mit Margarethe, geb. Imdahl) ein Studium der Handelswissenschaften. Doch Ernst Schäfer träumte allenfalls von einer Laufbahn als Nordpolfahrer und durchstreifte lieber mit Freunden den nahe gelegenen Thüringer Wald.

Die vernachlässigte Schullaufbahn versuchten die Eltern nun mit einer Versetzung in das Pädagogium Heidelberg zu korrigieren. Allerdings wurde Ernst Schäfers größte Leidenschaft dort im Internat eher befördert als unterdrückt: Der Schuldirektor wählte sich den 15-Jährigen als Gehilfen zur Bocksjagd im Odenwald aus und prüfte ihn mit Nacht-Wachen, bis er schließlich selbst die Büchse führen durfte. Und Schäfer war ein wissbegieriger Adept des Waidhandwerks. Die Jagdleidenschaft, ja Besessenheit, blieb eine bestimmende Konstante in seinem Leben. Noch bei seinem einzigen Fernsehauftritt im Nachkriegsdeutschland, in einer frühen *Terra-X*-Sendung des ZDF von 1988, sitzt der „Tibet-Experte“ im waidmannsgrünen Outfit vor einer trophäengeschmückten Wohnzimmerwand. Da war der langjährige Autor für Fachblätter wie *Wild und Hund* oder *Die Pirsch* 79 Jahre alt.

Es muss ungefähr zur Zeit seines Eintritts in die Heidelberger Privatschule Mitte der 1920er-Jahre gewesen sein, als es am heimischen Esstisch zu einer prägenden Begegnung für Ernst Schäfer kam. Ein Geschäftsfreund seines Vaters, ein Direktor des I.G. Farbenwerkes nahe Merseburg, kam zu Besuch – die I.G. Farben forschte zu jener Zeit intensiv an Ersatzstoffen für Naturkautschuk, bald als „Buna“ bekannt. Man plauderte dabei auch über die neueste Tibet-Expedition des im Deutschen Reich seit seiner Antarktisfahrt 1911/12 äußerst populären Geophysikers und Forschungsreisenden Wilhelm Filchner, dessen Unternehmungen die I.G. Farben finanziell unterstützte. Der 48-jährige Filchner befand sich mitten in den Vorbereitungen zu seiner zweiten Expedition nach Tibet. Der junge Schäfer lauschte gebannt, denn auch für ihn stand „Tibet“ für Geheimnis und Abenteuer. Filchner plante, über weite Strecken bislang unbekanntes Terrain im tibetischen Hochland zu kartographieren und mit erdmagnetischen Messungen zu erfassen. Er wollte „das europäisch-westasiatische Netz erdmagnetischer Stationen an das chinesische und dies wiederum an das indische anschließen“.[15] Dies bedeutete, riesige, fast unbewohnte Areale zu bereisen und mehrere Tausend Kilometer auf Yaks, Kamelen und Pferderücken zurückzulegen, in politisch teilweise äußerst unsicheren Regionen. Das Unternehmen gelang, allerdings unter großen Mühen, dauerte über drei Jahre, und zwischenzeitlich wurde Filchner bereits totgesagt.

Die Geschichten von Forschungsfahrten in entlegene Weltregionen samt bestandenen Abenteuern, erlittenen Entbehrungen, geheimnisvoller Exotik und schlussendlich errungenem Forscherruhm – dieses Gemisch reizte schon viele pubertäre Phantasien zu großen Geistesflügen. Ernst Schäfer war da keine Ausnahme. Doch sollte er schon wenige Jahre später seine Träume verwirklichen können – wenn auch zu einem hohen Preis.

Eine unverhoffte Gelegenheit

Nach bestandenem Abitur schrieb sich Schäfer 1929 an der Universität Göttingen ein und studierte vornehmlich Zoologie und Botanik, daneben auch Geographie und Geologie. Einer seiner Professoren war der Ornithologe Hugo Weigold, ein Pionier des Naturschutzes, Gründer der Vogelwarte Helgoland und seit 1924 Direktor der Naturkundeabteilung des Provinzialmuseums Hannover. Dort jobbte Ernst Schäfer während der Semesterferien. Und – das war das Entscheidende – erfuhr von Weigold, dass der bereits als junger Mann das tibetisch-chinesische Grenzgebiet bereist hatte, als Mitglied der Expedition von Walther Stötzner. Dieser war eigentlich Architekt, hatte sich aber als Autodidakt der Geographie und Völkerkunde verschrieben und wurde mit mehreren Forschungsreisen nach Asien bekannt.

1911 begleitete Hugo Weigold Stötzner in Bergregionen der westchinesischen Provinz Sichuan. Neben Weigold als Vogelkundler nahmen an der Fahrt noch ein Geodät, ein Entomologe, ein Botaniker, ein Geograf und ein Ethnologe teil. In diesem interdisziplinären Unternehmen von 1911 liegt der Kern des später von Schäfer immer wieder vorgetragenen Anspruchs eines neuen, ganzheitlichen bzw. „holistischen" Forschungsansatzes für Expeditionen – eine angeblich bislang vernachlässigte und erstmals von ihm 1938/39 verwirklichte Methode der Feldforschung.

Ornithologe Weigold entdeckt und klassifiziert während dieser Exkursion dutzende neuer Vogelarten, doch den angehenden Zoologen Schäfer fasziniert eine andere Geschichte ganz besonders, denn die Stötzner-Mannschaft ist unterwegs im unwegsamen Gebiet des sagenumwobenen Bambusbären. Eines Tages bringt ein lokaler Jäger drei Felle ins Lager der Expedition, um sie zu verkaufen.

> „Unsere Freude kannte keine Grenzen, denn es gibt kein zweites Säugetier von gleicher Seltenheit. Noch nie hat ihn eines Europäers Auge lebend gesehen. Es gibt keine weitere Gegend auf der großen Erde, wo das sagenumwobene Tier noch zu finden wäre. Nur in diesen welten-

fernen, ungangbaren, einsamen Hochalpen lebt er noch als Überbleibsel aus vorgeschichtlicher Zeit. Einige wenige Gebirgsstöcke und an diesen der doppelt mannshohe undurchdringliche Bambuswald an den steilen Hängen, in welchem der alles mordende Mensch ihn nicht verfolgen kann, ist seit Jahrtausenden sein allerletztes Asyl geworden."[16]

So schreibt Weigold begeistert. Wenige Tage später ist es seiner Gruppe noch vergönnt, als erste Weiße zwei lebende Bambusbären zu erblicken, *Alluropoda melanoleuca*, den heute als Großen Panda bekannten schwarz/weiß gezeichneten Bären, der zum weltweiten Symbol des Arten- und Naturschutzes mutierte. Als Hugo Weigold seinem Studenten Schäfer von dem „Fabeltier" in Chinas Hochgebirgswäldern erzählt, hatte der Wettlauf der weißen Großwildjäger auf das exotische Objekt ihrer Begierde längst eingesetzt. Und 1928, Ernst Schäfer büffelt noch für sein Abitur, erlegen zwei Amerikaner den ersten Panda in freier Wildbahn.

Die erfolgreichen Jäger waren Theodore und Kermit Roosevelt, älteste Söhne des US-Präsidenten Theodor „Teddy" Roosevelt. Die beiden waren unterwegs im Auftrag des berühmten Field Museum of Natural History in Chicago. Der Erfolg der Brüder weckte Begehrlichkeiten. Zum Beispiel bei der ebenfalls renommierten Academy of Natural Sciences in Philadelphia. Als zeitweiliger Kurator arbeitete dort der aus einer wohlhabenden Industriellenfamilie stammende Brooke Dolan II. Das Zoologie-Studium in Princeton und Harvard empfand der zur Exzentrik neigende Dolan als wenig befriedigend. Ähnlich wie Schäfer sehnte er sich jenseits von Labor und Hörsaal nach Jagdabenteuern und Forschungsreisen.

Dolan war finanziell unabhängig und bot der Academy eine von ihm organisierte und bezahlte Expedition in das Panda-Gebiet Westchinas an. Man wurde sich schnell einig, und Dolan kontaktierte den als erfahrenen Zoologen und Gebietskenner bekannten Hugo Weigold in Hannover. Der wiederum empfahl den ehrgeizigen Studenten und exzellenten Schützen Schäfer als weiteren Begleiter. Zwei Seelenverwandte begegneten sich, der nur zwei Jahre ältere Dolan nannte Schäfer fortan „Junge", umgekehrt redete der den Amerikaner mit „Brooky" an. Dolan verpflichtete noch den

Kameramann Otto Gnieser und den Ethnologen Gordon T. Bowles für die Expedition, die am 13. Januar 1931 Berlin mit der Transsibirischen Eisenbahn Richtung Osten verließ. Über Moskau und Sibirien erreichte die fünfköpfige Gruppe nach zwei Wochen Peking. Dann ging es über Shanghai mit einem Dampfer den Jangtsekiang hinauf nach Westen.

In der Provinzstadt Tatsienlu (heute Kangding), seit langer Zeit wichtiger Grenzort zwischen Tibet und China – obwohl Peking wie Lhasa Tausende Kilometer entfernt sind –, trennen sich ihre Wege. Ethnologe Bowles erkundet die Völkermischung der Grenzregion unterstützt vom Kameramann Gnieser, während die drei Zoologen weiter nach Westen ziehen, ins Pandagebirge, Vorland der tibetischen Hochebene, und in Gebiete, in denen auf ihre Unabhängigkeit bedachte regionale Machthaber und Stammesfürsten das Sagen haben. Bald ist Schäfer auf der Jagd. Woche um Woche durchpirscht er mithilfe einheimischer Führer die unwegsamen, meist dicht bewaldeten Berghänge, erlegt Groß- und Kleinwild, Goral, Serau, Takin, aber auch Murmeltiere, Füchse, Hasen, Hirsche, Bären, Wildschweine, Dachse und Wölfe. Dann, Mitte Mai 1931, kampiert er mit seinem Führer seit Tagen im Bambusdickicht. Pandarevier. Doch die scheuen Bären entgehen immer wieder ihren Verfolgern, die Hatz wird ermüdend, der launische Schäfer ist gereizt. Doch kurz vor Abbruch der Pirsch entdecken sie einen arglos Bambus schmausenden Panda.

„Jetzt geht es um alles ... Entfernung 400 Meter, näheres Anpirschen sinnlos ... also handeln und vor allem die Nerven behalten. So reiße ich mich zusammen und suche nach einer Auflage ... und warte bis der Rumpf des Bären frei im Zielfernrohr erscheint. Der Todesstachel sucht und fasst, längst habe ich die Büchse eingestochen, leise, ganz leise, Atem angehalten. Peng – dröhnend werfen die Wände das Echo zurück. Der Bär fällt, fängt sich wieder, hängt frei über dem Abgrund. Raus nun, was der Büchsenlauf aushalten kann, denn ein verwundeter Bär ist ein für uns verlorener Bär. Nur der tote ist unser. Und so jage ich schießend und immer wieder repetierend noch sechs weitere Kugeln hinüber, steintot fällt der Bär. Glutheiß ist die Büchse, wild schlägt das Herz, aber dann löst sich die Spannung ...“[17]

Ernst Schäfer 1931 auf seiner ersten Expedition gemeinsam mit Brooke Dolan in Westchina. Er hält den von ihm erlegten Pandabären im Arm und einen Tragopan, eine Fasanenart.

Für Ernst Schäfer legt der Jäger im entscheidenden Moment alle zivilisatorische Überprägung ab, wird ganz Instinkt, gleich seinem tierischen Opfer, verschmilzt mit ihm. Über diese tödliche Jagdmagie fabuliert er weitschweifig und mit einer persönlichen Intensität, dass es wie eine nagende Sucht klingt. Auf einem Foto in Schäfers Reisebereicht sieht man den bärtigen Jäger sitzen, er umfasst den Hals des toten Panda wie im Schwitzkastengriff, blickt ihm in die erloschenen Augen, in der anderen Hand hält er einen toten Fasan.

Der 21-jährige Großwildjäger glaubte jedenfalls nun, die „Feuerprobe" seiner Forscherlaufbahn bestanden zu haben. Ein Hauptziel der Expedition war mit dem erlegten Pandabären jedenfalls erreicht, nach neun Monaten verlassen sie China und reisen heimwärts. Neben dem Panda bringt die Expedition mehrere Hundert Säugetierfelle und rund 900 Vogelbälger mit. Schäfer und Weigold reisen nun über Burma nach Indien, die anderen Teilnehmer nehmen den Weg über den Hafen von Shanghai. Am 13. Januar 1932 betreten Weigold und Schäfer indisches Territorium. Dank großzügiger Spenden wurde in Philadelphia eine habitat group aus den Pandabären und dem tibetischen Takin im Museum aufgestellt. Aber für Ernst Schäfer war eines nach dieser Reise absolut sicher: Tibet, an dessen äußerster Grenze er gerade mal kurz gekratzt hatte, wurde zum Sehnsuchtsland schlechthin, Projektionsfläche seiner Fluchtphantasien, Männertraum von nomadischer Freiheit und heroischer Einsamkeit.

Schäfers früher Drang in die Wildnis war vor allem gespeist aus einem gerüttelt Maß an Zivilisationsüberdruss, ja wenn nicht gar -ekel. Wie schreibt er am Ende seines Berichts über die erste Expedition: „Ich biege um eine jähe Felsenecke, wo eine große Orchidee blüht – und dann traue ich meinen Augen nicht mehr – da steht ein Auto! Selten habe ich gehaßt, aber dieses Automobil hasse ich mehr als alles andere auf Erden. Wie gelähmt lehne ich in den weichen Polstern, mir ist es wie eine Entführung ... vorbei das Nirvana, der Urwald, der nur den Kampf kennt. Aber nicht den Haß!"

Zumindest die regionale Presse wird aufmerksam auf den jungen Zoologie-Studenten und seine Tibetfahrt. Das *Hannoversche Tageblatt* vereinnahmt kurzerhand alle Teilnehmer zu Einheimischen und titelt „Hannoveraner forschen in Tibet – Zwischen Dschungel und Hochgebirge – Von Chinesischen Banden bedroht!"

Erste Weichenstellungen

Im Frühjahr 1932 zurück am heimischen Schreibtisch in Göttingen, musste sich der Forscher Schäfer nun wieder den Niederungen des Zoologie-Studiums widmen – profan und eintönig. Notwendig ist ein baldiger Studienabschluss, dann eine Promotion. Bald zählte er Tausende Rehhaare, spaltete, maß und analysierte sie. War das Zoologie? Jedenfalls nicht seine. „Sklavenarbeit" nannte er es abschätzig. Etwas Abwechslung verschafft ihm die Niederschrift seiner China- und Tibeterlebnisse. Schäfers erstes Buch „Berge, Buddhas und Bären" erscheint im Herbst 1933. Weitschweifige Jagderlebnisse füllen die meisten Seiten, doch die Exotik ferner Weltregionen reicht aus, um gute Verkaufszahlen zu erzielen. Schäfers Name wird bekannt, er hält erste Vorträge. Als Widmung setzt er seinem Werk voran:

> „Gewidmet sei das Buch meinen Kameraden und jedem echten deutschen Jungen, in dem alte Wanderlust und Tatendrang noch wach sind. Mögen sie ihre Fittiche entfalten, um uns Kolonien, Weltgeltung und den ‚Platz an der Sonne' wieder zu sichern."

Das ist ein neuer Zungenschlag, heroisch, martialisch. Es ist der Stil der Zeit, und Ernst Schäfer geht von Beginn an mit. Während er noch auf Pandas pirschte und sich durch den indischen Dschungel schlug, hat sich Deutschland tiefgehend gewandelt. Das erste demokratische Experiment auf deutschem Boden ist gescheitert. Die Weimarer Republik – im um sich greifenden Wahn, ein starker Mann werde es besser richten als Parlamente und Parteien – ist untergegangen. Adolf Hitler und die NSDAP sind seit neun Monaten an der Macht, als Ernst Schäfers Buch erscheint. Und am 1. November 1933 tritt der 23-jährige Student Ernst Schäfer als Anwärter der 51. SS-Standarte Göttingen in Heinrich Himmlers Schutzstaffel ein.

Drei Monate später wird er SS-Mann, das ist der unterste Dienstgrad. Amerikanischen Ermittlern gegenüber wird er später behaupten, nur Anwärter gewesen zu sein, nicht Mitglied, alle Studenten seien eben „angehalten gewesen, SA- oder SS-Mitglied zu werden". Das machte man halt damals so, wenn man etwas werden wollte. Knapp drei Jahre werden noch vergehen, bis der Reichsführer SS den SS-Mann und Tibetforscher Schäfer zu sich rufen wird – um ihm ein unwiderstehliches Angebot zu machen. In diesem Herbst 1933 hatte Heinrich Himmler als Chef der Politischen Polizei in Bayern das erste Lager für internierte Regimegegner eingerichtet und es in die Verantwortung seiner SS gelegt – Dachau. Das Lager wird zum Vorbild und zur Blaupause für das System der Konzentrationslager im NS-Staat.

Ernst Schäfer erhielt dagegen am 18. Januar 1934 eine unerwartete Überraschung: Ein Telegramm von Brooky: „Plane für die Academy of Natural Sciences Philadelphia neue, große Tibetexpedition. Machst du mit?" Das Unternehmen sollte dieses Mal weiter in das eigentliche Tibet vordringen, genauer gesagt auf die tibetische Hochebene, die östliche Chang Tang, in das Quellgebiet des Jangtsekiang. Weiße Ausländer hatten diese Region bislang noch nicht bereist. Dolan war vor allem interessiert, die damals fast unbekannte Tierwelt der Hochebene genauer zu erforschen, den wilden Yak, den tibetischen Braunbären, die Tibetgazelle (Tschiru), den Kiang oder das Blauschaf. Zwei Jahre sollte die Erkundung dauern, aber die politischen Rahmenbedingungen waren alles andere als ermutigend: Der chinesische Bürgerkrieg zwischen den Kommunisten und der nationalchinesischen Regierung der Kuomintang in Nanking hatte sich verschärft, viele Landesteile litten unter den Kämpfen, und zusätzlich hatte das Kaiserreich Japan die Mandschurei besetzt und drohte, weitere Teile chinesischen Territoriums zu okkupieren.

Nicht nur Schäfers Professoren rieten ihm dringend davon ab, seine wissenschaftliche Laufbahn ein weiteres Mal zu unterbrechen für eine wissenschaftlich mehr als zweifelhafte und außerdem äußerst riskante Unternehmung, auch Eltern und Freunde baten Schäfer, Abstand von einer Expedition mit Brooky zu nehmen – der hatte nämlich in der amerikanischen Boulevardpresse gerade für negative Schlagzeilen mit Alkoholexzessen und anschließenden erheblichen Sachbeschädigungen gesorgt. Vielleicht war dieses unstandesgemäße Verhalten mit ein Grund für seinen Wunsch nach zügigem Aufbruch in den Fernen Osten. Wie beim ersten Mal war Dolan der alleinige Finanzier der Expedition und die Academy in Philadelphia Nutznießer möglicher naturwissenschaftlicher Ergebnisse.

Doch Schäfers Drang, in das osttibetische Hochplateau vorzustoßen, überwog sämtliche Warnungen und Ratschläge. Er sagte

Dolan zu, kümmerte sich um wissenschaftliche Instrumente und die Präparationsausrüstung sowie um Waffen und Munition. Und er schrieb einen Brief. Denn Ernst Schäfer besaß ein untrügliches Gespür dafür, welche Klaviatur er wann bei wem anzuschlagen hatte. So bat er einerseits bei der Kulturabteilung des Auswärtigen Amtes um Hilfe durch die deutsche Auslandsvertretung in China und andererseits ersuchte der frischgebackene SS-Mann die Führung der Schutzstaffel in Berlin um Protektion.

Obwohl es sich um eine amerikanisch finanzierte und geleitete Expedition handelte, sah man in der SS-Führung den positiven Imageeffekt überwiegen, wenn einer der ihren an solch einer Unternehmung teilnahm. Prompt formulierte die Göttinger SS-Standarte ein Empfehlungsschreiben an das Auswärtige Amt:

> „Schäfers größtes Ziel ist es, nicht nur der deutschen Wissenschaft als Forscher zu nützen, sondern dem neuen Deutschland in allen Staaten, die er auf dieser zweijährigen Reise besucht, durch Einsatz in Wort und Tat zu dienen. Er bittet um das Einverständnis der obersten SS-Führung und um das Wohlwollen und die Unterstützung der Regierung für diese und seine späteren Forschungen."[18]

Der Köder war ausgeworfen, man sollte wieder von ihm hören.

Zurück ins „Sehnsuchtsland"

Am 5. April 1934 verließ Schäfer Deutschland mit Ziel Shanghai und traf dort mit Brooky und dessen Frau Emily zusammen. Dolan hatte neben Schäfer noch den landes- und sprachkundigen amerikanischen Missionar Marion Duncan für die Expedition verpflichtet. Mitte Juli schiffte man sich auf dem Fluss-Dampfer *Ichang* Richtung Westen ein. Schäfer notiert in bekannter Diktion

> „... auch wir lebten in Shanghai in Saus und Braus, doch in unsrem Innern hatte etwas anderes gewühlt: Der Drang nach Wildnis und unbändiger Freiheit, nach großem Erleben, wie es nur die Einsamkeit dem Forscher offenbaren kann."[19]

Von allem bekam er in den folgenden 18 Monaten reichlich. Die Expedition plagten Krankheiten, finanzielle Engpässe, Raubüberfälle und machtbewusste Warlords. Schließlich brach das Team auseinander, als Brooke Dolan im abgelegenen Städtchen Jyekundo aufbrach, um Geld und Unterstützung aus der Provinzhauptstadt Sining zu holen. Schäfer blieb über mehrere Monate unter widrigen Bedingungen völlig auf sich und seine Fähigkeiten gestellt. Trotzdem gelang es ihm, mit seiner kleinen einheimischen Mannschaft bis weit in unbekannte Gebiete der Chang Tang vorzudringen und das Quellgebiet des Jangtsekiang zu erkunden. Überflüssig zu erwähnen, dass er auch hier auf die seltenen Großtiere der Chang Tang, den wilden Yak und den Tibetbär, ausgiebig seine Büchse richtete.

Schäfer entdeckte bei dieser Exkursion eine bislang der Zoologie unbekannte Spielart des Blauschafs. Lange war in der Fachwelt umstritten, ob es sich bei der isoliert lebenden Population um eine eigenständige Unterart handelte. Erst 1978 wurde das Zwergblauschaf dann als solche anerkannt und erhielt in Anerkennung ihres Entdeckers die taxonomische Bezeichnung *Pseudovis nayur schaeferi.* 350 Säugetierexemplare, daneben Kleinfunde wie Schädel und Gehörn, und 2500 Vogelbälger sowie 2500 Mollusken befanden sich schließlich in den Expeditionskisten, die zurück nach Philadelphia verschifft wurden. Wissenschaftlich betrachtet war das Unternehmen damit ein Erfolg.

Als Schäfer bei seiner Rückkehr nach Jyekundo feststellen musste, dass keine Hilfe eingetroffen war – weder Geld noch Lebensmittel – und von seinem Bruder im Geiste und Freund Brooke Dolan jede Spur fehlte außer einigen monatealten Briefen, fühlte er sich verletzt und betrogen. Aber es gelang ihm letztendlich doch, sich samt dem Expeditionsgepäck Richtung Shanghai einzuschiffen. Dolan, der nach seiner gescheiterten Mission nach Sining krank wurde und dann weiter nach Shanghai reiste, da er keinen anderen Ausweg sah, reist nun Schäfer entgegen. Bei ihrer Begegnung nahe des Städtchens Dochen droht Schäfer mit einem Benzinkanister in der Hand, das Expeditionsgut zu verbrennen, sollte sich Dolan nicht umgehend entschuldigen. Der hadert, argumentiert, erklärt sich:

„… wenn ich zurückgekehrt wäre, wäre ich nur eine Belastung für dich gewesen. Ich war doch immer nur das Aushängeschild, und ich wußte doch, dass du es auch alleine schaffen würdest!"

Er bietet Schäfer an, ein Drittel der Sammlung an ihn abzutreten, und lädt ihn ein, mit nach Philadelphia zu seiner Familie zu reisen. Man verträgt sich zwar mit einem Handschlag, beschließt, die Expedition gemeinsam zu Ende zu bringen, aber der entstandene Riss in ihrer Freundschaft wird sich nicht mehr schließen lassen. Dolans Beweggründe, ihn allein in Jyekundo zurückzulassen, konnte Schäfer zeitlebens nicht nachvollziehen. Noch Jahrzehnte später schreibt er von seinem tiefen Misstrauen gegen das „Yankeetum", das sich damals bei ihm unauslöschlich festgesetzt hat.[20]

Nicht nur der in Deutschland jetzt herrschende radikale Nationalismus, sondern auch diese bittere Enttäuschung durch seinen amerikanischen Freund bringen Schäfer dazu, jetzt immer häufiger von seinem Plan einer „rein deutschen Tibet-Expedition" zu sprechen. Schäfer schreibt über die „2. Brooke Dolan Expedition" einen zweibändigen Reisebericht „Unbekanntes Tibet" und „Dach der Welt". Im Vorwort lässt Schäfer keinen Zweifel mehr darüber aufkommen, welche Prioritäten er nun setzt:

> „Mit der allgemeinen Erhebung durch die nationale Revolution in Deutschland erlebt unsere Forschung nicht nur als reine Wissenschaft neuen Aufschwung, sondern sie wird auch in neue Bahnen gelenkt: neben der Pflege wichtiger Wissensziele gilt es, die Wissenschaft zur Trägerin kernigen deutschen Mannestums zu machen. So wollen wir Forscher nicht nur Verkünder objektiver Wissenschaft, sondern selbstbewußte Soldaten des deutschen Geistes sein."[21]

Anfang November 1935 erreichte Ernst Schäfer samt der mehrere Tonnen umfassenden Expeditionsausbeute wieder Shanghai. Nach 18 Monaten in der westchinesischen Bergwildnis, unter freiem Himmel und unter primitivsten Bedingungen überforderten ihn Enge, Lautstärke und Brutalität der kosmopolitischen Millionenmetropole. Schäfer war schnell eine Attraktion, wurde in der deutschen und britischen Kolonie herumgereicht, ein gern gesehener Partygast und Vortragsredner. Er selbst war sich über seine nächsten Schritte noch nicht recht im Klaren. Welche Möglichkeiten würden sich ihm in Deutschland bieten? Im „neuen Deutschland" der NS-Diktatur, der er sich ja bereits willig angenähert hatte. Fast zwei Jahre hatte er nun keinen deutschen Boden mehr betreten, nichts von den jüngsten politischen Entwicklungen dort selbst erfahren.

In diesen Tagen lud ihn der deutsche Generalkonsul in Shanghai, Oberst Hermann Kriebel, zum Tee ein. Kriebel, ein Nationalsozialist der ersten Stunde, hatte den Hitlerputsch 1923 militärisch geplant und mit Hitler in der Festungshaft in Landsberg gesessen. Nun war er zu der Überzeugung gelangt, dass Schäfer „einer der Männer ist, die aus dem Holz sind, aus dem die großen deutschen Forscher bestehen!", und bot ihm unumwunden an, sich mit Empfehlungsschreiben an „führende Persönlichkeiten" in Deutschland für ihn einzusetzen. Schäfer dankte, nahm an, und Kriebel setzte Anfang Januar 1936 mehrere Briefe auf, etwa an die Deutsche Forschungsgemeinschaft (bis 1935 „Notgemeinschaft der Deutschen Wissenschaft") und an die Kulturpolitische Abteilung des Auswärtigen Amtes. Er bitte um finanzielle und ideelle Unterstützung für den vielversprechenden und linientreuen Jungforscher, schreibt Kriebel und gibt zu bedenken, dass Schäfer sonst in die Dienste der Amerikaner oder sogar der Chinesen treten könne. „Es ist aber nicht nötig, dass uns der Mann verloren geht. Sein sehnlichster Wunsch ist es, als Deutscher eine deutsche Expedition in das Gebiet zu leiten, das nach seiner Überzeugung noch eine ungeheure Ausbeute an wissenschaftlichen Ergebnissen verspricht." Ein Plan Schäfers für eine „deutsche wissenschaftliche Jungmannschaft" liege bereits vor, schwärmt Kriebel. Schäfer selbst flankiert die Bittbriefe des Generalkonsuls mit einem eigenen Schreiben an den ihm bekannten SS-Gruppenführer August Heißmeyer, damals Chef des SS-Hauptamtes. Wortreich und wie so oft an der Grenze zur peinlichen Prahlerei schildert er in vertraulichem Ton den Expeditionsablauf und seine vermeintlich überragende Rolle dabei.

Er gibt zu bedenken, dass die Amerikaner ihm in New York und in Philadelphia eine Stelle in Aussicht gestellt haben, ebenso die Chinesen in Nanking. Natürlich würde er lieber für sein Heimatland arbeiten, er winkt mit seinen Teilrechten an dem Expeditionsgut und den Veröffentlichungen, seiner Foto- und Filmausbeute. Bevor er mit der Academy of Natural Sciences in Verhandlungen tritt, möchte er deshalb wissen „Inwieweit kann ich mich durch die Zusage einer finanziellen Unterstützung in Deutschland den Amerikanern gegenüber gedeckt fühlen?" Und dann hoffe er natürlich auf eine „unbürokratische Lösung" seines wissenschaftlichen Abschlusses, sprich die Erlangung der Doktorwürde ohne Examen.

Während man an verschiedensten Stellen in Berlin die Briefe von Kriebel und Schäfer las und bewertete, schifften sich am 6. Januar 1936 Brooke und Emily Dolan mit Ernst Schäfer auf der *Empress of Asia* der Canadian Pacific Line für die Ozean-Passage nach Vancouver ein. In Deutschland machte nun auch die NS-Presse Stimmung. Das Parteiblatt *Völkischer Beobachter* ließ Schäfer ebenso hochleben wie die SS-Postille „Das Schwarze Korps": „Deutsche Energie erobert die Welt" hieß es da, und „Schäfer, ein kämpfender Forscher". Die Weichen waren gestellt. Den 25-jährigen Jungforscher und Noch-Studenten in Deutschland zu halten und nicht an das Ausland zu verlieren, entwickelte sich rasch zum Politikum.

Eine Entscheidung fällt

Seinen 26. Geburtstag am 14. März feierte Ernst Schäfer auf dem weitläufigen Anwesen der Dolan-Familie „Seven Oaks" bei Philadelphia. Schäfer verhandelte mit der Academy of Natural Sciences noch über die Details der Verfügungs- und Veröffentlichungsrechte der Expeditionsergebnisse und wartete auf Reaktionen aus der Heimat. In Philadelphia begegnete ihm das schillernde NSDAP-Mitglied Ernst „Putzi" Hanfstaengl, Hitler-Vertrauter und zu der Zeit NSDAP-Auslandpressechef. Der mit einer Amerikanerin verheiratete Harvard-Absolvent und Kommilitone Franklin D. Roosevelts vertraute Schäfer an, Generalkonsul Kriebel habe neun gleichlautende Empfehlungsschreiben abgeschickt, sogar an den Hitler-Stellvertreter Rudolf Heß. (Ein Jahr später flüchtete Hanfstaengl über England in die USA und beriet während des Krieges die US-Regierung.)

Aber nicht Heß meldete sich dann bei Ernst Schäfer, sondern er erhielt ein Telegramm vom mittlerweile zweitmächtigsten Mann des Regimes, dem Reichsführer SS, Heinrich Himmler: „Zum SS-Untersturmführer ehrenhalber ernannt. Rückkehr in die Heimat erbeten. gez Reichsführer SS."

Da hatte Schäfer die erbetene Unterstützung heimischer und höchster Kreise und schien sich über die weitreichenden Konsequenzen nicht im Klaren zu sein, als er antwortete: „Mein Stolz und meine Freude sind unaussprechlich ... Alle meine Erwartungen sind in jeder Hinsicht übertrumpft worden ... Mich dieser Ehrung würdig zu erweisen, soll mir Aufgabe sein."

Zwischenzeitlich war der renommierte Ornithologe Erwin Stresemann vom Zoologischen Museum in Berlin nach Philadelphia gereist, um Schäfers Tibet-Ausbeute zu begutachten. Er war von Umfang und Qualität der gesammelten Vogelbälger begeistert und bot Schäfer an, bei ihm umgehend zu promovieren. Ein gewichtiger Name im Spektrum der NS-geleiteten Wissenschaft meldete sich im Februar aufgrund Kriebels Brief ebenfalls zu Wort: Karl Haushofer, Geograph, Geopolitiker, NSDAP-Berater, Lehrer von Rudolf Heß und angeblich wichtiger Ideengeber für Adolf Hitler, schrieb als Präsident der „Akademie zur wissenschaftlichen Erforschung und Pflege des Deutschtums" an die Deutsche Forschungsgemeinschaft: „Die Deutsche Akademie glaubt, dass es im Interesse Deutschlands liegt, sich die wertvollen Forschungsergebnisse des jungen Gelehrten Schäfer zu sichern."

Die Dinge liefen gut in Schäfers Sinne. Dann kamen noch die Schlagzeilen der amerikanischen Presse am 7. März 1936 dazu. Einheiten der Wehrmacht waren in das entmilitarisierte Rheinland einmarschiert, ein klarer Verstoß gegen den Versailler Vertrag. Hitler rechtfertigte die Besetzung mit dem Selbstbestimmungsrecht Deutschlands. Die Zeitungen titelten „Die Hunnen stehen vor Paris", „Hitler ist ein Verbrecher", „Nazideutschland muß vernichtet werden." Da die Masse der Deutschen diesen „friedlichen Einmarsch" anders sah, hielt auch Schäfer diese US-Nachrichten für eine „infame Lüge". Seine Entscheidung stand längst fest. Gleich nach seinem Geburtstag schiffte er sich in New York auf der „Bremen" nach

Bremerhaven ein, wo er am 12. April eintraf. Sein erster Weg führte ihn nach Hamburg-Harburg. Dort war sein Vater Albert seit 1933 Aufsichtsratsvorsitzender der „Phönix Gummiwerke AG", des zweitgrößten Gummiproduzenten im Reich.

Das noch vor Kurzem angeschlagene Unternehmen machte mit der wachsenden Rüstungsproduktion nun glänzende Geschäfte. Reifen aller Art, Gummilager für Kettenfahrzeuge und Geschütze, synthetischer Kautschukersatz (Buna) – die Umsätze und Gewinne stiegen. Schäfer sen. war kein Nationalsozialist, kein Freund des Polizeistaates oder der Judendiskriminierung. Aber wenn man mit dem Regime so gute Geschäfte machen konnte, was soll's. Nun war er zum „Wehrwirtschaftsführer" ernannt worden. Und war auch stolz darauf. Sein Sohn hatte während der Schiffspassage über den Atlantik Zeit zum Nachdenken gehabt. Sein Entschluss stand fest, so formulierte es Ernst Schäfer noch Jahrzehnte später in seinen unveröffentlichten Erinnerungen:

> „Um meine großen ehrgeizigen Ziele in Asien erreichen zu können, gab es für mich als jungen Forscher nur den einzigen Weg: Mich mit den neuen Machthabern zu arrangieren. Zuerst mußte ich den Doktor machen und dann schnellstens als Pionier meines Volkes wieder nach Tibet ziehen."[22]

Diese klaren Bekenntnisse – denen ja auch entsprechende Taten folgten – strafen so viele von Schäfers späteren Einlassungen, er sei doch immer „nur" Wissenschaftler gewesen, „nur" an der Forschung interessiert, eigentlich „ganz unpolitisch" und wenn, natürlich im Grunde seines Herzens ein Gegner des NS-Systems gewesen, Lügen.

Schäfer war bereit und willens, einen Pakt mit den dunkelsten Kräften des Regimes einzugehen, die Ideen und Grundsätze wissenschaftlicher Forschung den Erfordernissen der herrschenden Ideologie vollständig zu unterwerfen und seine Person bereitwillig in den Dienst eines politischen Systems zu stellen, das ihn nach Gutdünken ausnutzen würde. Die Gegenleistung? Ein neues Ticket nach Tibet. Die ersehnte Rückkehr in sein verklärtes „Shangri-La", ein imaginierter Sehnsuchtsort der Zivilisationsferne. Aber nun würde er zurückkehren als „kämpfender Forscher", als „Wikinger der Wissenschaft", als „Soldat deutschen Geistes" (wie er und seine Expeditionskollegen später bezeichnet wurden)! Und da lag ja auch schon auf seinem Schreibtisch das Fernschreiben mit der Einladung in die Berliner Prinz-Albrecht-Straße 8 – die gefürchtetste Adresse im NS-Staat für viele, Sitz der Gestapo und des Reichsführers SS, Heinrich Himmler, doch für einige eine Verheißung.

Noch alles glatt rasiert und frisch gebügelt: die Expeditionsmitglieder vor ihrem Gepäck im Hafen von Kalkutta im Mai 1938, von links: Karl Wienert, Ernst Schäfer, Bruno Beger, Ernst Krause und Edmund Geer

3

Vorberge

Ein faustischer Pakt

Ernst Schäfer saß im *Fliegenden Hamburger* Richtung Berlin, um Himmler seine Aufwartung zu machen. Er, der 26-jährige Tibetfahrer und immer noch nicht examinierte Zoologie-Student, war von ihm, dem Reichsführer SS, einem der mächtigsten und längst gefürchtetsten Männer im NS-Staat, eingeladen worden. Berlin wurde gerade herausgeputzt, die Hauptstadt des Deutschen Reichs förmlich renoviert. Schließlich erwartete man in wenigen Wochen die Jugend der Welt zu den XI. Olympischen Spielen in der Stadt, und dem Regime lag sehr daran zu zeigen, dass in Deutschland keine Tyrannen regierten, sondern international respektable Gastgeber.

Es war ein Kampf ums Image. Nach über zwei Jahren Abwesenheit von Deutschland ließ sich Ernst Schäfer schnell einfangen vom Sirenengesang des neuen Deutschland. Er sah auf den Straßen Berlins wieder „zuversichtliche Menschen", „eine Volksgemeinschaft hatte sich gebildet", das „Gespenst der Arbeitslosigkeit war überwunden". Ganz im Gegensatz zum gerade verlassenen Yankee-Staat „mit seinem imperialistischen Sendungsglauben" und den „krassen Klassen- und Rassenunterschieden"! So schrieb er es in seinen Erinnerungen, Jahrzehnte später.

Und sogar im Zentrum der SS-Welt, der SS-Zentrale an der Prinz-Albrecht-Straße, ging es nach Schäfers Eindruck ja geradezu lässig daher, kein „Kadavergehorsam oder Hackenschlagen", stattdessen wurde „viel gelacht". Das lag wohl an den vielen „gemütlich derben

Bayern und Österreichern", die dort so zugegen waren. Himmler selbst, „von ausgesuchter Höflichkeit", lud Schäfer umgehend in seine Mittagsrunde ein. Immer gegen ein Uhr versammelte der SS-Chef im Souterrainraum, dem Kasino, seine engsten Mitarbeiter um sich: etwa den Chef seines persönlichen Stabes, SS-Obergruppenführer Karl Wolff, genannt „Wölfchen" (1964 wegen Beihilfe zum Mord in 300 000 Fällen zu 15 Jahren Haft verurteilt), seinen Adjutanten Hans Joachim von Hadeln (1943 gest.) und Himmlers rechte Hand, SS-Standartenführer Rudolf Brandt, genannt „Rudi" (1947 Todesurteil im Nürnberger Ärzteprozess).

Hin und wieder nahmen auch „echte Typen von alten Kämpfern" an den Runden teil. Aber insgesamt machte die engste Umgebung des Reichsführers „einen intelligenten, gebildeten und wohlerzogenen Eindruck" auf Schäfer. Bei Kaffee oder frisch gepressten Fruchtsäften von biodynamisch gezogenem Obst aus SS-eigenen Betrieben sprach man so über alles Mögliche, nur niemals über Politik, das war „in seinem privaten Kreis Tabu". Von Beginn an bemerkte Schäfer an Himmler ein „auffallend großes Interesse an Tibet". Deshalb musste Schäfer im Laufe des Sommers wiederholt an den Mittagsrunden im Himmler'schen Keller-Kasino gleich in der Nachbarschaft zu den Verhör- und Folterverliesen der Gestapo-Zentrale teilnehmen, um von seinen Asien-Erlebnissen zu berichten.

Bald bekam Himmlers Tibet-Interesse klarere Konturen. Schon bei einem der ersten Treffen fragte er Schäfer, ob ihm in Tibet denn Menschen mit blauen Augen und blonden Haaren begegnet seien? Schäfer verneinte verdutzt, und Himmler fragte weiter, wie er, Schäfer, denn die Entstehung des Menschen erklären würde? Ganz Naturwissenschaftler, gab Schäfer eine Antwort im Sinne der Darwin'schen Evolutionslehre. Himmler hörte zu, schüttelte dann den Kopf und erwiderte laut Schäfers Erinnerungen:

> „‚Akademische Lehrmeinungen, Schulweisheit, Arroganz der Universitätsprofessoren, die wie Päpste auf ihren Lehrstühlen sitzen ... aber von den wirklichen Kräften, die die Welt bewegen, haben sie nicht die leiseste Ahnung ... Nun ja, für die minderen Rassen mag das allenfalls zutreffen, aber der nordische Mensch ist beim letzten tertiären Mondeinbruch direkt vom Himmel gekommen.'

Himmler hatte leise gesprochen, er sprach wie ein Priester. Die Kamarilla schwieg, ich war auch sprachlos. Ich glaubte mich in ein heidnisches Kloster versetzt. Und Himmler dozierte weiter, und dann fiel zum ersten Mal ein Name, den ich in diesem Zusammenhang noch niemals gehört hatte: Hörbiger, Begründer und Verkünder der ‚Welteislehre'.

‚Sie müssen noch viel lernen', fuhr Himmler schulmeisterlich fort, ‚vor allem die Runenschrift und die Grundlagen der indoarischen Sprachwissenschaften ... der Führer befasst sich auch seit langem mit der Welteislehre. Es gibt noch zahlreiche Reste der tertiären Mondmenschen, letzte Zeugen der verschollenen, ehemals weltumspannenden Atlantis-Kultur. In Peru zum Beispiel, auf der Osterinsel und, wie ich vermute, in Tibet ... und natürlich in Japan, dort, wo die behaarten Ainus leben, dieses seltsam hellhäutige Volk, das auch als Relikt der ur-germanischen Rasse betrachtet werden muss. Und dies hängt natürlich alles mit den kosmischen Ursachen der Völkerwanderung zusammen, wie sie die Welteislehre postuliert.'"[23]

Heinrich Himmler, einmal der pedantische Buchhalter und Dirigent von Ausrottung und Vernichtung, Herr über einen brutalen Polizeiapparat, Lenker eines rassistischen Eliteordens und hier der verschrobene Okkultist, Freund der Kräuterheilkunde und Biodynamik, Adept von Astrologie, Wünschelrutenkunde, Pendeln und Homöopathie, Prophet einer ur-arischen Hochkultur, deren Wiedererweckung er mit allen Mitteln verwirklichen wollte. Diese bizarre Janusköpfigkeit irritiert bis heute. Auch Ernst Schäfer machte sie sprachlos. Denn eigentlich wollte er in Tibet nicht nach Relikten von Ur-Ariern suchen, die es seiner Meinung nach sowieso dort nie gegeben hatte, sondern nach unbekannten Vogelarten und seltenen Säugetieren. Aber der schmale Grat zur Förderung einer weiteren Tibet-Expedition führte nun im Deutschland des Jahres 1936 über diesen Reichsführer SS und seine okkulten Manien. Schäfer musste wohl seinen Teil des faustischen Paktes irgendwie zu erfüllen suchen.

Schäfer war verwirrt und lief von der Prinz-Albrecht-Straße zurück in sein Arbeitszimmer im altehrwürdigen Zoologischen Museum Berlin. Dort warteten Hunderte von ihm erlegte und präparierte Vogelbälger aus Osttibet auf ihn, um untersucht zu werden.

Schnabellängen, Gefiederfarben. Vertrautes Terrain. Keine stürzenden Eismonde. Keine Überlebenden von Atlantis. Er arbeitete in diesen Monaten konsequent an einer Dissertation, die er dann im folgenden Jahr Erwin Stresemann, dem Leiter der ornithologischen Abteilung, vorlegen konnte: „Ornithologische Ergebnisse zweier Forschungsreisen nach Tibet“. Endlich besaß er den lang ersehnten akademischen Titel. Auch Himmler erwartete das von seinem neuen Schützling.

Und er lud Schäfer zu weiteren Besprechungen in sein Hauptquartier ein, machte ihn bekannt mit weiteren Welteislehre-Anhängern und SS-Okkultisten. So traf er etwa Edmund Kiss, einen Amateurforscher, der behauptete, auf den Höhen der Anden nahe des Titicacasees in den Ruinen von Tiahuanaco eindeutige Indizien für Relikte der früheren Atlantis-Kultur entdeckt zu haben. Oder den SS-Standartenführer Wolfram Sievers, Geschäftsführer der erst vor einem Jahr von Himmler gegründeten „Forschungsgemeinschaft Deutsches Ahnenerbe“, einer Art Dachverband für alle wissenschaftlichen bzw. pseudowissenschaftlichen Unternehmungen im Sinne Himmlers und der SS. „Das Erbe der Germanen nach Raum, Zeit und Geist zu erforschen“ lautete einer der Aufträge des „Ahnenerbe“. Himmler und Sievers erklärten Schäfer deutlich, dass seine geplante Tibet-Expedition im Geiste und unter der Ägide des „Ahnenerbe“ stattfinden sollte. „Nehmen Sie auch einen Ur-Geschichtler, einen Religionswissenschaftler und einen Runenforscher mit!“, riet man Schäfer.

Einen solchen im Himmler'schen Sinne sollte Schäfer schon bald kennenlernen. Himmler arrangierte im Sommer 1936 ein Treffen mit einem seiner damals engen Berater und Vertrauten, Karl Maria Wiligut. Von manchen mystifizierend als „Rasputin Himmlers“ tituliert, in der SS mit seinem Ordensnamen „Weisthor“ genannt, war dieser mittlerweile 69-jährige Wiener, ehemaliger k. u. k. Oberst und nun SS-Brigadeführer, bis 1939 tatsächlich eine für Himmler inspirierende Quelle in Sachen Okkultismus und Aufbau der SS als „schwarzer Orden“ (s. dazu auch Kapitel 1).

Wiligut, offiziell zu dieser Zeit im „Rasse- und Siedlungshauptamt“ (RuSHA) der SS für „Sonderaufgaben“ zuständig, residierte in

Heinrich Himmler mit seinem „okkulten Berater" Karl Maria Wiligut 1934 in einer Kirche auf Fehmarn. Rechts Himmlers Chefadjutant Karl Wolff, verdeckt hinter Himmler Reinhard Heydrich.

einer Dahlemer Villa. An einem Nachmittag im Sommer 1936 fuhr Karl Wolff Schäfer zu dem Treffen mit Wiligut und bereitete ihn vor. Aus Schäfers Erinnerungen:

> „Weisthor ist nur sein Ordensname. Er betrachtet sich nämlich als eine Inkarnation des germanischen Gottes Thor und besitzt das Erbwissen!" – „Erbwissen? Wie soll ich das verstehen?" – „Jawohl das Erbwissen. Alles, was an Bedeutendem in unserer abendländischen Geschichte geschah, ist in seinem Unterbewußtsein gespeichert, und er kann sogar Zukünftiges voraussagen."[24]

Befremdet passierte Schäfer zwei salutierende SS-Männer am Eingang des Anwesens, eine Bedienstete führte ihn in einen etwas muffigen, mit tropischen Pflanzen üppig ausgestatteten Wintergarten, in dem ihn bald ein humpelnder Greis im Schlafrock begrüßte, umarmte und auf beide Wangen küsste. Schäfer hielt sich an Wolffs Anweisung und schwieg. Nach längerer Zeit wurden Williguts Augen groß, seine Hände erhoben sich, und in einem wohl durch Drogen (Schäfer vermutete Opium) induzierten tranceartigen Rauschzustand redete er auf Schäfer ein.

> „Ich habe heute Nacht mit meinen Freunden telefoniert ... in Abessinien und Amerika, in Japan und Tibet ... mit allen, die aus der anderen Welt kommen, um das neue Reich zu errichten. Der abendländische Geist ist von Grund auf verdorben, wir haben eine große Aufgabe zu erfüllen. Eine neue Ära wird kommen, denn die Schöpfung unterliegt nur einem Gesetz. Einer der Schlüssel liegt beim Dalai Lama und in den tibetischen Klöstern.“[25]

„Dann fielen die Namen von Klöstern und ihren Äbten, von Ortschaften in Osttibet, die doch nur ich allein kannte“, schrieb Schäfer verwirrt. „Nahm er sie aus meinem Gehirn? Telepathie? Ich weiß es bis heute nicht, weiß nur, dass ich diesen unheimlichen Ort fluchtartig verließ.“

Mit Himmler sprach Schäfer nie weiter über diese bizarre Begegnung. 1939 fiel Wiligut/Weisthor dann bei dem SS-Führer allerdings in Ungnade. Zusätzlich wuchs der Widerstand bei anderen SS-Führern – etwa bei Heydrich – gegen die okkulten Neigungen Himmlers, und auch Hitler bekundete wiederholt seine Abneigung gegen diese Manien seines wichtigsten Gefolgsmannes.

Doppelstrategie

Man könnte ob seiner Skurrilität und Absurdität leicht über dieses Kapitel Okkultpolitik des SS-Führers hinweglächeln. Doch leider waren dies nicht nur Hinterzimmerspinnereien einiger verwirrter Geister, sondern diese Phantastereien bestimmten über Jahre hinweg reale Handlungen, reale Politik mit gravierenden Auswirkungen.

Ernst Schäfer blickte anscheinend erstmals auf diese etwas andere Seite des SS-Ordens. Anfangen konnte der Zoologe mit Atlantis- und Ur-Arier-Phantasien rein gar nichts. Doch er besaß in Himmler einen überaus mächtigen Förderer, der offensichtlich an dem forsch auftretenden Mann bald einen Narren gefressen hatte. Diese Protektion wollte Schäfer keinesfalls riskieren und aufs Spiel setzen. Einfach ablehnen oder ignorieren konnte er Himmlers Ansinnen daher nicht. Denn schließlich könnte der ihn im anderen Falle auch mit einem Federstrich kaltstellen und vernichten. Schäfer lotete die Grenzen seines eigenen Opportunismus aus. „Sei schlau wie eine Schlange!", riet ihm sein Vater, der ja in anbiedernder Manier glänzende Geschäfte mit den Nationalsozialisten machte, ohne einer von ihnen zu sein – so meinte er. Schäfer fällte bald seine Entscheidung: „Nur mit der Unterstützung der neuen Machthaber konnte ich die Expedition planen und durchführen. Wenn ich bleiben wollte, so musste ich äußerlich mitspielen und versuchen, mich im hohlen Zahn des Raubtieres einzunisten." Der Glaube, in unmittelbarer Nähe Himmlers und als dessen Schützling (über)leben zu können und dabei gleichzeitig quasi schuldfrei, unbeschadet an dessen Verbrechen zu bleiben, zeugt von einer enormen Naivität Schäfers – oder von einem alles überlagernden Opportunismus.

So begibt sich Schäfer daran, neben seiner Promotion über die tibetische Vogelwelt nun einen ersten Expeditionsplan für eine neue Tibetfahrt zu entwerfen, der das Wohlwollen von Himmler und Sievers erlangen soll. Nur nebenbei nimmt er wahr, dass der berühmte schwedische Tibetforscher Sven Hedin Deutschland besucht. Der 71-jährige Hedin hatte sich längst als glühender Freund Deutschlands und auch der nationalsozialistischen Umwälzung bekannt. Nun suchte die NS-Propaganda solch eine international renommierte Persönlichkeit für ihre Imagekampagne einzuspannen. Mit Erfolg, Hedin hielt zur Eröffnung der XI. Olympischen Spiele am 4. August im Berliner Olympiastadion eine pathetisch-martialische Ansprache. Wenige Jahre später sollten sich dann Schäfer und der unverbesserliche Liebhaber des Deutschtums Hedin in München persönlich begegnen.

Der schwedische Asienforscher und Unterstützer des NS-Regimes Sven Hedin wird von Adolf Hitler zum Auftakt der Olympischen Spiele in Berlin begrüßt, 4. August 1936.

Nur zwei Tage nach Hedins Rede formuliert Heinrich Himmler erstmals schriftlich seine Vorstellungen zu einer neuen Tibetfahrt von Schäfer.

> „Der RFSS wünscht, daß vom Ahnenerbe eine neue Expedition nach Tibet ausgerüstet wird ... Die Expedition hat offiziell vom Ahnenerbe aus zu erfolgen ... Der RFSS erwartet von der Expedition sehr wertvolle Ergebnisse. Schäfer soll sich mit Sculteus [‚Ahnenerbe'-Mitarbeiter und Welteislehre-Anhänger, d. V.] wegen etwaiger Forschungen für die Welteislehre in Verbindung setzen."[26]

Schäfer begann nun seine Doppelstrategie mit Leben zu füllen. Er trat als überzeugter SS-Mann und Nationalsozialist auf – so in schwarzer SS-Uniform bei Vorträgen, die einen Reporter des *Völkischen Beobachter* förmlich hinrissen:

„Scharf schlägt die Stimme durch den großen Raum ... Man merkt bald, ein ganzer deutscher Mann steht vor einem, spricht und kündet von fernen, selten erreichten Gegenden der Erde, in denen er sich durchgesetzt hat ... als Schäfer zum Schluß meinte, es sei wichtig, daß Deutsche gerade jetzt, wo die ganze Welt Deutschland verleumde, hinausgingen, um den deutschen Namen durchzusetzen, zollte man ihm aufrichtigsten, lebhaftesten Beifall, dem tapferen Pionier des Deutschtums.“[27]

Er schrieb in gleichem Geiste seine Anträge und Gesuche für das neue Unternehmen und versuchte parallel, seine Unabhängigkeit über personelle und inhaltliche Planungen so weit als möglich zu erhalten, ein absurder Spagat.

Geldquellen auftun und Personal finden

Im Oktober 1936 erhalten Himmler und die Deutsche Forschungsgemeinschaft (mit dessen Referent für Biologie Walter Greite Schäfer gut bekannt war) fast gleichlautende Briefe. Schäfer entwirft auf sieben Seiten einen großtönenden Expeditionsplan:

„Es liegt im Interesse der deutschen außenpolitischen und wissenschaftlichen Propaganda in Ostasien und entspricht vor allem den Wünschen hoher deutscher Führer, daß eine derartige, mehrere Wissensgebiete umfassende Sammelexpedition unter einheitlicher Leitung durchgeführt wird ... Ich halte es für eine der edelsten Aufgaben unseres Volkes, noch vor Torschluß der pioniermäßigen Erforschung des asiatischen Kontinents das nachzuholen, was wir bisher in gemeinschaftlicher Arbeit versäumt haben. In einheitlicher Linie das letzte einzusetzen für das Ansehen der deutschen Wissenschaft.“[28]

Schon diese Passage belegt, wie bereitwillig Schäfer von Beginn an die politischen Prämissen der SS zu erfüllen bereit war, und entlarvt seine später so oft wiederholte Beteuerung der „rein wissenschaftlichen“ Unternehmung schlicht als eine Farce. In diesen frühen Planungen wollte Schäfer ein Gebiet im Nordosten Tibets erkunden: das Ausländern noch relativ unbekannte Territorium rund um das Amne-Machin-Gebirge (oder auch Amnye Machen), dessen höchste Gipfel bis in die 40er-Jahre als mindestens so hoch wie das Everest-Massiv vermutet wurden. Schäfer formulierte hier sein später oft wiederholtes Forschungscredo einer „Totalerforschung“ oder „Totalerfassung“ eines biologischen Lebensraumes, sprich eine interdisziplinäre Expedition von Geographen/Geologen, Biologen/Zoologen und Anthropologen.

Erde, Pflanzen, Tiere und Menschen einer Region sollten in ihrem Zusammenhang erforscht und beschrieben werden. Ein fast ökologischer Ansatz, den Schäfer vor allem deshalb so oft betonte, um sich etwa von anerkannten Forschern wie Wilhelm Filchner abzusetzen, der sich auf seinen Fahrten immer „nur“ um die geomagnetischen Messungen und allenfalls noch um Kartographie gekümmert hatte.

Die anthropologischen Gedankenspiele Schäfers dürften Himmler besonders interessiert haben. Galt Tibet für Botaniker und Zoologen in der Tat als ein (mögliches) Rückzugsgebiet anderswo längst ausgestorbener Spezies, so konnte Schäfer formulieren, dass das Amne-Machin-Gebirge „als ein Rückzugsgebiet uralter arischer Völkerstämme und endemischer Formen (gelte) und anthropologisch und biologisch für uns Deutsche von weittragendster Bedeutung sei“. Schlussendlich bat Schäfer Himmler um Protektion und Unterstützung für sein Vorhaben, um „noch bestehende Schwierigkeiten und Wirrnisse zu überwinden“. Das bedeutete im Klartext die noch offene Finanzierung der Expedition. Schäfer kalkulierte mit mindestens 60 000 RM. Und da der Etat des „Ahnenerbe“ sich 1936 auf etwa 700 000 RM belief, konnte Himmler unmöglich einen solchen Betrag aus dem Haushalt seiner SS-Wissenschaftsorganisation entnehmen.

Schäfer andererseits suchte ebenfalls nach alternativen Finanzierungsquellen, würden die ihm doch eine größere Unabhängigkeit von der Einflussnahme des „Ahnenerbe“ sichern. Bei der Suche nach finanziellen Förderern spielte ihm ein Zufall in die Hände. Im August 1937 ließ ihn der Finanzchef des I.G.-Farben-Konzerns, Max Ilgner, in einer „äußerst dringenden Angelegenheit“ zu sich rufen. Der Neffe des Firmenchefs galt als energischer Mann und war u. a.

ein Förderer Wilhelm Filchners. Der populäre deutsche Forscher saß zu dieser Zeit im Gefängnis der Stadt Chotan im damaligen Chinesisch-Turkestan in der Hand eines lokalen Warlords. Ilgner plante eine Befreiungsaktion. Geld, Flugzeug, diplomatische Unterstützung – alles war vorhanden, Schäfer sollte sein „Mann der Tat" sein.

Natürlich sagte der bei solch einer Hasardeur-Aktion zu. Außerdem sollte Filchner neben dem Chirurgen Ferdinand Sauerbruch und dem Architekten Albert Speer auf dem NSDAP-Parteitag im Oktober in Nürnberg den „Nationalpreis für Kunst und Wissenschaft" überreicht bekommen. Bis dahin müsse Filchner wieder in Deutschland sein, forderte Ilgner. Auch Hitler stimmte der Befreiungsaktion zu. Aber noch benötigte man das Einverständnis der Briten, die alle Landwege in die Region kontrollierten. Aber noch während deshalb eine I.G.-Farben-Delegation samt Schäfer auf dem Weg nach London war, hatten die britischen Stellen sich selbst um die Freilassung des auch von ihnen sehr geschätzten Filchners erfolgreich gekümmert. Die Befreiungsaktion wurde umgehend abgeblasen, aber Schäfer stand bei Ilgner nun in hohem Ansehen.

Filchner selbst kam übrigens nicht pünktlich zum Nürnberger Parteitag, Schäfer nahm den Preis in Vertretung für ihn entgegen. Mithilfe seines Vaters, der als Wehrwirtschaftsführer und Chef der Harburger Phönix AG über einigen Einfluss verfügte, und mit zusätzlicher Unterstützung Ilgners konnte Schäfer bald die ersten finanziellen Zusagen aus der Wirtschaft verbuchen. 20 000 RM Unterstützung sagte ihm der Werberat der Deutschen Wirtschaft zu. Später stockte der Werberat den Betrag nochmals um 26 000 RM auf. Schäfer wies gerne auch auf vermeintliche positive wirtschaftspolitische Faktoren seiner Expedition hin, und deutsche Wirtschaftsführer wollten sich mit dieser hohen Summe unabhängig von der SS quasi „einkaufen".

Die Deutsche Forschungsgemeinschaft wurde seit wenigen Monaten von einem linientreuen SS-Mann geleitet, Brigadeführer Rudolf Menzel. Dort brauchte Untersturmführer Schäfer wenig Überzeugungsarbeit zu leisten, die DFG stellte ihm 30 000 RM zur Verfügung.

Dieses Geld wurde zum Ankauf von Devisen benötigt. Die dritte Großspende erhielt Schäfer dann noch vom Zentralverlag der NSDAP in Höhe von 40 000 RM – der *Völkische Beobachter* sollte regelmäßig über die Expedition berichten.

Himmler hatte sich einige Monate nach Schäfers Expeditionsskizze und dessen Wunsch nach finanzieller Unterstützung recht bedeckt gehalten, doch nun ließ er Schäfer wissen, dass er als Reichsführer SS die Schirmherrschaft über die Expedition übernehmen werde. Der wie immer eigenmächtig agierende Schäfer bekam derweil Streit mit dem „Ahnenerbe"-Geschäftsführer Sievers. Er versuchte mit allen Mitteln, Welteislehre-Schüler aus seinem Expeditions-Team herauszuhalten, konnte das aber nicht so aussprechen. Edmund Kiss lehnte er etwa aus Altersgründen ab, „zu anstrengend" sei für den eine Reise auf das tibetische Hochland. Das „Ahnenerbe" bestand darauf, die Expedition von der eigenen Zentrale aus – einer Villa in Berlin-Dahlem – zu planen und zu organisieren. Schäfer griff Sievers oft vor. „Nach Anordnung des RFSS ist die Expedition als Unternehmen des ‚Ahnenerbe' durchzuführen. Alle wirtschaftlichen Angelegenheiten werden von hier aus erledigt." Schäfer reagierte schnippisch „Ihr herzhaft erfrischender Brief hat mich erfreut und stellt endlich mal klare Richtlinien auf."

Doch einen Monat später, im Januar 1938, kommt vom Präsidenten des „Ahnenerbe", dem Dekan der Philosophischen Fakultät der Universität München und SS-Obersturmbannführer Walther Wüst, eine Absage: „Eine Forschungsreise, die nicht den kulturwissenschaftlichen Absichten des RFSS dient, kann vom Ahnenerbe nicht durchgeführt werden." Wüst will Himmler bitten, das „Ahnenerbe" von der Beteiligung an der Schäfer-Expedition zu entbinden.

Doch Himmler lehnt ab und bestimmt im März 1938 endgültig die offizielle Bezeichnung der Expedition und damit ihren organisatorischen Zuschnitt: „Deutsche Tibetexpedition Dr. Ernst Schäfer ausgesandt vom Ahnenerbe, Schirmherr Reichsführer SS". Damit sind auch die Versuche Schäfers beendet, die SS aus einem Expeditionsbriefkopf herauszuhalten, obwohl er bereits einige davon gedruckt hat und sie auch noch eine Zeit lang benutzt. Der entscheidende Einfluss der SS und des „Ahnenerbe" auf die Expedition war nun gesichert, und sowohl in den Medien wie in der deutschen Öffentlichkeit wurde die Schäfer-Unternehmung in der Folge immer als SS-Unternehmung wahrgenommen und auch als solche bezeichnet.

Und dann blieb noch die Personalfrage zu klären. Eine erste Wunschliste Schäfers von rund einem Dutzend Fachwissenschaftlern ließen die zur Verfügung stehenden Finanzmittel schnell auf letztlich fünf Teilnehmer zusammenschrumpfen. Der stellvertretende Leiter der Expedition sollte Karl Wienert (Jg. 1913) werden. Der gebürtige Ostpreuße hatte in Königsberg Geophysik, Geographie, Meteorologie, Physik und Astronomie studiert. Sein Aufgabengebiet während der Expedition waren geophysikalische Messungen, geographisch-kartographische Arbeiten und das Aufspüren von Mineralienlagerstätten. NSDAP-Mitglied war er seit 1933. Ebenfalls Jahrgang 1913 war Edmund Geer. Der gelernte Elektrotechniker war seit 1931 SS-Mitglied und seit 1932 in der NSDAP. Schäfer wollte ihn als Organisator und Materialverwalter der Expedition dabeihaben. Der älteste Teilnehmer war Ernst Krause (Jg. 1899). Der Berliner arbeitete am Zoologischen Museum als Kameramann und Fotograf, und genau als solcher sollte er die Expedition ins Bild setzen.

Die für die Expedition und ihre spätere Rolle im NS-Staat neben Schäfer wichtigste Figur wurde ohne Zweifel Bruno Beger. Der Frankfurter (Jg. 1911) war überzeugter Nationalsozialist, SS-Mitglied seit 1934 und wie Schäfer äußerst ehrgeizig. Von Beginn an zeichnete sich eine tief gehende Konkurrenz zwischen den beiden ab, die auch das Kriegsende überdauern sollte. Noch in seinen Alterserinnerungen schreibt Schäfer „Leider brachte mich seine nationalsozialistische Prägung schon während der Expedition in Schwierigkeiten, so daß sich unsere Wege bald nach der Heimkehr trennten." Was nicht unbedingt stimmt, denn beide sollten im späteren Sven-Hedin-Institut für Innerasienforschung eng zusammenarbeiten und Schäfer sagte noch 1970 als Zeuge für seinen Kollegen im Prozess um die sogenannte „Skelettsammlung" aus (s. dazu Kapitel 7). Bruno Beger sollte auf der Tibet-Expedition als Anthropologe und Ethnologe fungieren und sich laut seinem anthropologischen Forschungsprogramm kümmern um:

„1. Suche nach fossilen Menschenresten, 2. Suche nach Skelettresten früherer nordischer Einwanderer, 3. Erforschung der gegenwärtigen rassenkundlichen Verhältnisse im Besonderen der körperlichen Merkmale und einiger seelischer Grundzüge der tungiden, siniden und palämongolischen Rasse, 4. Die nordische Rasse unter der Bevölkerung 5. Die Rassenverschiebungen im osttibetischen Raum, 6. Erforschung der Zusammenhänge zwischen Rasse und Landschaft.“[29]

Vor dem Hintergrund der Himmler'schen Erwartungen über Relikte der „Tertiärmenschen“ in Tibet fiel Beger so eine besondere Rolle zu. Und man darf den Anthropologen guten Gewissens als überzeugten Rassisten im Sinne der Rassenlehre im „Dritten Reich“ bezeichnen. Er hatte in Jena, Heidelberg und Berlin studiert, sein Doktorvater war der als „Rassepapst“ (oder „Rasse-Günther“) in Deutschland bekannte Hans F. K. Günther, der seinen ersten Lehrstuhl in Jena ausschließlich der politischen Protektion durch die Nationalsozialisten verdankte. Als Student hatte Beger bereits Günther für dessen Buch „Die nordische Rasse bei den Indogermanen Asiens“ zugearbeitet.

Beger war seit einem Jahr im SS-Siedlungs- und Rassehauptamt tätig, als Schäfer ihm die Teilnahme an der Tibetexpedition anbot. Himmler freute diese Wahl besonders, denn der blonde Zwei-Meter-Mann Beger entsprach auch vom Äußeren dem gepflegten Klischee des SS-Recken. Am 10. April 1938 stellte Schäfer den gelehrigen Günther-Schüler dem SS-Chef vor: „Lieber Bruno, halte dich morgen früh ab 9.00 Uhr zur Verfügung im persönlichen Stab zwecks Vorstellung beim Reichsführer – dunkler Anzug! Ich denke, daß wir nun allmählich mit unseren Vorbereitungen klarwerden.“ Beger erlebte bald auch eine ähnlich somnambule Begegnung mit Himmlers Rasputin Wiligut/Weisthor, wie sie Schäfer bereits widerfahren war.

Auch die anderen Teilnehmer wurden von Himmler zur persönlichen Audienz geladen, ein deutliches Zeichen, wie sehr ihm dieses Unternehmen am Herzen lag. Krause und Wienert, die zu dieser Zeit noch keine SS-Mitglieder waren, wurden nun vom SS-Chef zu Untersturmführern ernannt. Alle fünf versetzte er außerdem in den „Persönlichen Stab Reichsführer SS“.

Persönlicher Schicksalsschlag und letzte Vorbereitungen

1937 beendete Ernst Schäfer nicht nur seine Promotion, im Juni heiratete er die 27-jährige Hertha Volz, Tochter eines Großbauern aus dem Taunus. Beide zogen nach Berlin in eine gemeinsame Wohnung, und Schäfer schrieb am ersten Band seines Erlebnisberichts über die 2. Brooke-Dolan-Expedition. Mit einer eigenen Tibet-Sonderschau war Schäfer im Herbst auf der Internationalen Jagdausstellung in der Hauptstadt vertreten. Seine mannigfaltigen Jagdtrophäen ließen sogar Reichsjägermeister Hermann Göring neidisch werden. Das Ehepaar Schäfer erhielt bei dieser Gelegenheit die Einladung zu einer Entenjagd auf dem Besitz des Grafen zu Castell-Rüdenhausen bei Frankfurt an der Oder. Am frühen Morgen des 9. November fuhr man mit Kähnen hinaus auf den See. In einem stand Schäfer, hinter ihm saßen seine Frau und ein Büchsenspanner. Beim Anlegen strauchelte Schäfer, kam zu Fall, der Schaft seiner Flinte brach, und ein Schuss löste sich. Er traf Hertha Volz direkt in den Kopf. Eine Stunde später erlag sie ihren Verletzungen.

Des Großwildjägers größte Leidenschaft bescherte ihm seine größte Katastrophe. Schäfer zog sich völlig aus der Öffentlichkeit zurück. Die nächsten Monate verbrachte er bei seinen Schwiegereltern in Seulberg im Taunus. Aber gerade wegen dieses Verlusts wuchs sein Drang, so schnell als möglich wieder nach Tibet zurückzukehren.

Ab Februar 1938 ist Ernst Schäfer wieder in Berlin, es beginnen die letzten Vorbereitungen. Die umfangreiche Ausrüstung muss zusammengestellt, weitere Firmensponsoren gefunden und Einreiseformalitäten sowie Visaanträge erledigt werden. Viele der liefernden Firmen gewährten hohe Rabatte oder spendeten gleich komplett Ausrüstungsmaterial, da sie sich vom Einsatz ihrer Produkte während einer Tibet-Expedition entsprechende Werbeeffekte erhofften. So posierten dann etwa Krause und Beger in Lhasa dekorativ auf freiem Feld mit dem Potala im Hintergrund und einer „Erika"-Schreibmaschine auf dem Schoß als passendes Werbefoto.

Die Foto- und Filmausrüstung war stattlich, Rolleiflex 6x6 und Leica-KB-Fotokameras kamen ins Gepäck nebst einer Siemens-16-mm-Kino-Kamera und ausreichend Filmmaterial von Agfa. Die geophysikalischen Messgeräte für Karl Wienert waren nicht minder umfangreich, etwa eine Feldwaage der Firma Askania. Die Ausrüstungslisten wuchsen: Bücher (Vom „Nautischen Jahrbuch" bis zur „Geschichte der Menschheit"), Karten (Blätter der Survey of India Maßstab 1:253 000), Sanitätsausrüstung, Medikamente (Merck, Bayer), Waffen plus Munition (Carl Walther), Lebensmittel, Getränke und Zigaretten (Spenden gab es von Maggi, Bahlsen, Steinhäger, Appel, Reemtsma etc.) über Büromaterial (Faber-Castell), Ferngläser (Zeiss Ikon) und Uhren (Junghans) bis hin zu einer kompletten Garderobenausstattung für wahrlich alle Anlässe – von weißen Anzügen (2 Stück pro Teilnehmer) plus Smokingschleifen bis zu Bergstiefeln samt Gamaschen war alles dabei.

Eine besondere Position in den Ausrüstungsbeständen war das Material für Bruno Beger. Seine „rassekundlichen" Forschungen erforderten diverse Instrumente für Messungen an Schädel und Skelett und – ganz im Stil der Zeit – chemische Präparate zur Herstellung von Schädelabformungen, sogenannte „Moulagen" als Grundlage für rassische Klassifizierungen und Bewertungen, daneben noch Bestimmungstafeln für Augen- und Haarfarben. Die penible Vermessung aller körperlichen Merkmale galt damals als hohe Kunst der Anthropologie. Mit Waagen, Maßbändern, Zirkeln und Messblättern rückte die Anthropometrie den Probanden wortwörtlich zu Leibe und postulierte, durch exakte quantitative Erfassung der Morphologie, qualitative Aussagen über rassische Eigenschaften treffen zu können. Eben Anthropologie in Zeiten des herrschenden Rassismus.

Und schließlich wurde ein kompletter Kurzwellen-Sender/Empfänger im Expeditionsgepäck verstaut, denn es sollte eine regelmäßige Verbindung in die „Heimat" und da besonders zur SS gehalten werden. Der Sender wurde verschwiegen behandelt, denn sowohl bei den Engländern wie auch in Tibet hätte er schnell den Verdacht bestärken können, es handele sich doch um mehr als eine „wissenschaftliche Kundfahrt".

Sicher war jedenfalls schon zu diesem Zeitpunkt: Die SS-Führung hatte dieser Expedition ihren Namen und ihre Protektion gegeben, hatte Inhalt und Personal mitbestimmt, beförderte alle Teilnehmer in höhere SS-Ränge im Persönlichen Stab Reichsführer SS, kümmerte sich um Devisenbeschaffung, finanzierte Teile der Ausrüstung, bezahlte die Unfall-Versicherung, die Bahnfahrt zum Einschiffungshafen und den eilig gebotenen Rückflug im August 1939. Und schließlich erklärten noch alle fünf Teilnehmer schriftlich im März 1938, dass:

> „a) Diese Expedition im Sinne der Schutzstaffel und des Reichsführers SS durchgeführt wird. Daraus ergibt sich, daß die Teilnehmer der Expedition dem Leiter in jeder Lage unbedingten Gehorsam zu leisten haben. Kameradschaft steht dabei über allem. b) Wiederholte grobe Verstöße gegen Kameradschaft und Disziplin haben durch die damit verbundene Gefährdung der Gesamtexpedition den sofortigen Ausschluß und ein SS-gerichtliches Verfahren zur Folge. c) Über den Verbleib der gesamten materiellen Expeditionsausbeute entscheidet der Reichsführer SS ... Jeder Teilnehmer sei sich bewusst, dass er als Vertreter Deutschlands an exponierter Stelle steht und dass die kritischen Augen des Auslands jeden Einzelnen verfolgen. Schärfste Selbstdisziplin und männlichdeutsches Auftreten sind daher unbedingtes Erfordernis, wenn die Expedition nicht nur wissenschaftliche Erfolge zeitigen, sondern auch eine kulturpolitische Aufgabe erfüllen soll, denn der Deutsche Forscher ist Pionier für sein Vaterland."[30]

Kurzum, diese Tibetexpedition 1938/39 war von Beginn an eine Unternehmung der Schutzstaffel, in ihrem Interesse, unter ihrer Schirmherrschaft – und unter Himmlers Willen. Und es war von Beginn an eben mehr als eine rein wissenschaftliche Expedition. Und genauso titelte der *Völkische Beobachter* am 20. April 1938, einen Tag vor der Einschiffung in Genua „SS-Expedition in die unerforschten Gebiete Tibets". Schäfer mochte sich versteckt haben im „hohlen Zahn des Raubtieres", aber er hatte es sich dort auch sehr bequem gemacht.

Die Briten kommen ins Spiel

Aber genau dieses Schwanken zwischen Schäfers Beharren auf einer „rein wissenschaftlichen" Expedition und der Realität eines SS-Unternehmens mit weiter gesteckten Zielen sollte Schäfer kurz vor der geplanten Abreise Ärger bereiten. Er hatte ursprünglich vor, den ihm bekannten Weg ins Expeditionsgebiet über Shanghai Richtung Westen zu nehmen. Doch die militärische Situation in China hatte sich sowohl im Krieg mit Japan wie im Bürgerkrieg derart verschärft, dass eine Reise durch das gesamte Riesenreich für fünf Ausländer völlig unkalkulierbar und gefährlich würde. Außerdem hatte das Deutsche Reich mittlerweile Beistandsverträge mit Japan vereinbart, dessen Truppen äußerst aggressiv ihre Eroberungsfeldzüge gegen chinesisches Territorium fortsetzten. Also gab es wahrlich keinen Grund für die chinesische Regierung in Nanking, deutschen Gesuchen entgegenzukommen. Die Alternative ist eine Anreise, die in jedem Falle über das Gebiet Britisch-Indiens führen würde.

Die Expedition benötigt also als Erstes eine Einreisegenehmigung der englischen Behörden. Und dann womöglich noch eine weitere Genehmigung für den Grenzübertritt nach Tibet. Ein umfangreiches diplomatisches Karussell setzt sich nun in Gang, das diverse Behörden und Ministerien in vier Ländern für Wochen beschäftigen wird. Als Erstes wird Anfang März die britische Botschaft in Berlin über das deutsche Außenministerium kontaktiert mit der Bitte, sich wiederum in London dafür einzusetzen, dass die Schäfer-Expedition über Britisch-Indien nach Tibet einreisen darf.

Parallel wird auch die deutsche Botschaft in London mit gleichem Ziel aktiv. Grundsätzlich muss man hier festhalten, dass es in den englischen Behörden und Regierungsstellen zwischen London und Lhasa, die in den kommenden Monaten mit der causa Schäfer befasst sind, überhaupt keine einheitliche Haltung zu dem Deutschen und seinen Plänen gibt. Verbieten? Behindern? Durchreisen lassen? Nicht so wichtig nehmen? Für alle Positionen gibt es Fürsprecher und Gegner.

Aber darin spiegelt sich im Kleinen nur die generelle Unsicherheit Englands in diesen Tagen gegenüber Nazi-Deutschland wieder. Das Land ist gespalten und verunsichert. Die Töne in Berlin an die europäischen Nachbarstaaten werden lauter und aggressiver. Wird es Krieg geben? Womöglich auch gegen England? Doch noch überwiegt die Appeasement-Politik, die Beschwichtigung gegenüber Nazi-Deutschland, der Glaube, dass ein dosiertes Entgegenkommen gegenüber Hitlers Machtansprüchen den großen Krieg verhindern könne. Der englische Botschafter in Berlin, Nevile Henderson, ist eine Säule der Appeasement-Politik, ebenso wie der britische Premier Neville Chamberlain von den Konservativen. Henderson erklärt Göring Anfang März, England akzeptiere die Ansprüche des Deutschen Reichs gegenüber Österreich, am 12. März marschieren die deutschen Einheiten über die Grenze. Der gleiche Henderson schreibt ebenfalls Mitte März an seinen Außenminister Lord Halifax, dass es sich bei der geplanten Schäfer-Expedition um „eine rein wissenschaftliche und völlig unpolitische Angelegenheit" handele, und man möge die Anliegen der Deutschen doch positiv beantworten.

Schäfer wird ungeduldig, wie so oft, der geplante Abfahrtstermin rückt näher. Ende März reist er selbst nach London, glaubt, ein persönliches Gespräch würde die Dinge beschleunigen. Er kennt die englische Hauptstadt, als Student hatte er hier in den Semesterferien bereits einmal gearbeitet. Am 29. März quartiert er sich im Hotel Rubens nahe des Buckingham Palace ein. Am nächsten Tag läuft er nach Whitehall, um Sir John Walton im India Office zu treffen, dem Ministerium für die Verwaltung Britisch-Indiens. Über den Schreibtisch des Stellvertretenden Staatsekretärs laufen alle Anträge von Ausländern, die beabsichtigen, nach Tibet zu reisen. Walton erläutert Schäfer genau das übliche, umständliche Verfahren: Der Antrag wird an die indische Regierung in Delhi weitergeleitet und dann über den Political Officer für Sikkim, Bhutan und Tibet an die britische Mission in Lhasa geschickt. Von dort gelangt sie dann zum Kashag, dem tibetischen Ministerrat. Und ausschließlich der ist zuständig für eine Einreisegenehmigung.

Weder London noch Delhi werden dazu ein negatives oder positives Votum abgeben. Das entspricht exakt der damals gängigen britischen Politik, Tibet als ein eigenständiges Staatsgebilde zu behandeln – obwohl es international als solches noch nicht anerkannt war –, aber diese De-facto-Souveränität diplomatisch nicht weiter zu forcieren. Bemerkenswert ist, dass Schäfer nun überhaupt nicht mehr von Osttibet als gewünschtem Operationsgebiet seiner Gruppe spricht, sondern von der Grenzregion Britisch-Indien, Tibet, China und Bhutan. Dies aber ist nicht nur eine der sensibelsten, weil umstrittensten Grenzregionen Asiens, sondern auch noch eine wegen Weißen gegenüber äußerst unberechenbarer Stammesverbände berüchtigte Region. Trotzdem leitet das India Office Schäfers Gesuch am 2. April weiter nach Delhi.

Kurz vor seiner Abreise aus London erhält Schäfer noch einen überraschenden und für ihn unvergesslichen Besuch, über den er viele Jahre Stillschweigen bewahrte. Schäfer schläft noch, als ihn gegen neun Uhr morgens die Rezeption des Hotel Rubens anruft und einen Besucher ankündigt. Der verschlafene Schäfer vermutet einen Journalisten und will den ungebetenen Gast abwimmeln, erkundigt sich aber dann nach dessen Namen. „Sir Francis Younghusband" kommt die Antwort aus dem Telefonhörer, und so schnell wie noch nie in seinem Leben steht Schäfer geduscht und präsentabel zurechtgemacht in der Hotellobby, um einer lebenden Legende der Asienforschung persönlich gegenüberzutreten – und in diesem Falle trifft dieses strapazierte Etikett wirklich zu. Bereits mit 23 Jahren hatte der Offizier Younghusband die Wüste Gobi und das Karakorum-Gebirge durchquert und wurde damit das jüngste jemals aufgenommene Mitglied der renommierten Royal Geographic Society. 1904 leitete er dann die militärische Expedition der Briten nach Lhasa, eine Mischung aus kolonialer, blutiger Machtdemonstration und robuster Diplomatie, auf jeden Fall Grundlage des britischen Einflusses in Tibet.

Younghusband scheint später am Sinn dieser Unternehmung gezweifelt zu haben und widmete sich in seinen letzten Lebensjahren einer von vielen belächelten Spiritualität, die die Grenzen der traditionellen Weltreligionen überwinden wollte. Nun saß er, 74-jährig, vor Ernst Schäfer in der Hotellobby. „Den Krückstock mit dem Silberknauf in den faltigen Händen, jeden Satz durch Aufstampfen unterstreichend, gab er mir seine Ratschläge. ‚Sneak over the border', einfach über die Grenze schlüpfen, so und nicht anders sollte ich es machen, um die hinderlichen Bestimmungen zu umgehen." Und dann schrieb Younghusband Schäfer noch eigenhändig ein Empfehlungsschreiben an den Vizekönig von Britisch-Indien. Sein Name hatte immer noch einen gewichtigen Klang in den Reihen der Kolonialadministration.

Die Expedition wird zum Politikum

Schäfer ist nun wieder in Berlin. Abzusehen ist jetzt bereits, dass eine mögliche Einreisegenehmigung aus London bzw. Delhi nicht mehr vor der geplanten Abfahrt der Expedition eintreffen kann. Und die Wahrscheinlichkeit eines Visums für die ostbengalische Grenzregion ist äußerst gering. Trotzdem hält man in Berlin am geplanten Abreisedatum fest: 21. April 1938, Schiffspassage ab Genua nach Kalkutta. Am 19. April bereits schreiben deutsche Zeitungen über die anstehende Abfahrt der Schäfer-Mannschaft: „... eine große Expedition unter der Schirmherrschaft des Reichsführers SS, die ausschließlich nach den Grundsätzen der SS durchgeführt werden wird." Ursprung der Nachricht ist eine Reuters-Meldung. Auch britische und indische Zeitungen drucken deshalb die Berichte unverzüglich nach.

Eine unpolitische Unternehmung der SS? Egal, ob das India Office oder das Außenministerium, man wird in britischen Kreisen skeptisch und misstrauisch gegenüber den Beteuerungen Schäfers und der Berliner Offiziellen. Die SS galt damals vielen britischen Regierungsstellen vor allem als eine Polizei- und Spionageorganisation. Und schließlich ist man in London zusätzlich verärgert, als zwei Tage später bestätigt wird, dass die deutsche Expedition bereits unterwegs nach Kalkutta ist – ohne die Antwort auf ihren Einreiseantrag abzuwarten.

Und die NS-Presse legt nach: Am 28. April schreibt der *Völkische Beobachter*: „Die Expedition besitzt für die SS große Bedeutung, da an ihr in hervorragender Weise SS-Führer beteiligt sind. Auch hat der Reichsführer SS die Schirmherrschaft über die Forschungsreise übernommen." Immer mehr Alarmglocken schrillen in britischen Regierungsstellen. Fast zur gleichen Zeit, Ende April – Schäfer und Kollegen schippern durch die Hitze des Roten Meeres in den Indischen Ozean –, laufen nacheinander bei der Regierung Britisch-Indiens und im India Office in London mehrere Absagen ein. Weder eine Einreise nach Tibet wird gestattet noch nach Bhutan, und ein Besuch der Assam-Region wird aufgrund unkalkulierbarer Risiken für Ausländer definitiv untersagt. Trotzdem empfiehlt das India Office der Regierung in Dehli nach alternativen Gebieten für die Expedition zu suchen und dies Schäfer nach seiner Ankunft in Kalkutta vorzuschlagen.

Die deutsche Botschaft in London wird umgehend informiert. Als die Expedition am 2. Mai dann Colombo im damaligen Ceylon erreicht, liegt dort ein frisches Telegramm des Deutschen Generalkonsulats in Kalkutta für Schäfer, in dem ihm mitgeteilt wird, dass die Einreise in alle angegebenen Wunschgebiete abgelehnt wurde. Natürlich überfällt auch die Presse Schäfer, will etwas über die Ziele der Expedition wissen und schreibt anschließend über die „Nazi-Expedition – Blackguards in India". Beim nächsten Zwischenstopp in Madras liegt dort bereits ein neues Telegramm mit der Absage der tibetischen Regierung, und Schäfer kabelt entnervt dem „Ahnenerbe"-Geschäftsführer Sievers: „Stimmung mies, aber gespannt. Man achtet und fürchtet uns. Unerhörte Pressehetze gerade in Indien, wo so viele Juden sitzen."

Nach einem überstandenen schweren Tropensturm im Golf von Bengalen fährt man schließlich die Hooghly-Mündung hinauf in den Hafen von Kalkutta. Es ist der 13. Mai 1938. Schäfers Laune erreicht einen Tiefpunkt. Er will mit dem deutschen Generalkonsulat beraten, wie er weiter vorgehen soll, doch er erfährt „dass wir wohl geduldet, aber ungebetene Gäste sind". Es liegt eine Aktenmappe aus dem Auswärtigen Amt mit Zeitungsausschnitten und einem Telegramm im Konsulat, nach denen weitere Verhandlungen mit der englischen Seite zwecklos seien.

Schäfer aber „läßt sich in keiner Weise einschüchtern", kann nicht nur „deutlich, sondern auch Deutsch sprechen", mit anderen

Worten, er wird ausfallend und laut. Seit dem Tod seiner Ehefrau sind seine berüchtigten Stimmungsschwankungen mit aggressiven Begleittönen schlimmer geworden, die Expeditionsteilnehmer sollen darunter noch leiden. Er beschwert sich per Brief bei seinem Reichsführer:

> „Nun hatte ich ja die Frechheit besessen, uns als SS-Expedition hinzustellen, und wenn dies nicht gerade als Sünde angesehen werde, so war man doch geneigt, die Flinte ins Korn zu werfen, bzw. hielt meine Handlungsweise für unverantwortlichen Leichtsinn und für eine grenzenlose Unvorsichtigkeit."[31]

Himmler ist wenige Tage zuvor aber bereits selbst aktiv geworden, auf seine Weise. Er schreibt an den damals vielleicht wichtigsten Unterstützer des NS-Regimes in England, Admiral Sir Barry Domvile. Domvile, bekennender Antisemit, hatte Deutschland 1935 besucht, Himmler kennengelernt und betrieb seitdem auf der Insel Propaganda für den NS-Staat, etwa mit seiner Organisation *The Link*. Himmler schrieb am 20. Mai servil und drohend an Domvile:

> „... umso mehr verwundert es mich, daß die englischen Behörden einen Mann von mir in einer verletzenden, brüsken und unfreundlichen Art behandeln. Ich kann mir nicht vorstellen, daß Sie so töricht sind, in dem Wissenschaftler einen Spion zu sehen. Sie können sich vorstellen, daß mich diese Art der Behandlung persönlich sehr vor den Kopf gestoßen hat und in mir ernsthaft den Gedanken erweckt, daß es – abgesehen von persönlichen Freundschaften wie der unseren – keinen Zweck hat, britischen Staatsbürgern in Deutschland kameradschaftlich entgegenzukommen, da ja auf der anderen Seite nicht der geringste Widerhall zu finden ist. Ich wäre Ihnen außerordentlich dankbar, wenn Sie sich an maßgebenden Stellen für eine entsprechende Abstellung einsetzen würden."[32]

Das tat der Himmler-Freund umgehend, und zwar mit einem Schreiben gleich an seinen Premierminister Neville Chamberlain vom 30. Mai 1938. Darin versichert er nochmals, dass Himmler ihm wiederum zugesagt habe, diese Expedition sei eine ausschließlich wissenschaftliche, und man möge den Deutschen doch entgegenkommen. Himmler dankte dann im Juli Domvile für diesen Einsatz noch jovial:

> „... hörte ich, in welcher kameradschaftlichen Art die englischen Behörden in Indien sich um meine Männer annehmen ... Ich hoffe, es geht Ihnen und Ihrer Familie gut? Kommen Sie dieses Jahr mal wieder nach Deutschland? Lassen Sie es mich wissen. Herzliche Grüße von Haus zu Haus, Ihr HH."[33]

Grenzen öffnen sich

Nun war es sicher nicht der große Einfluss eines deutschfreundlichen Admirals im Ruhestand, der die Lage für Schäfer nachhaltig veränderte. Aber es herrschte immer noch das Primat der Appeasement-Politik, und auch im India Office hatte sich die Ansicht durchgesetzt, dass man diesen Konflikt nicht weiter eskalieren lassen wollte. In den letzten Maitagen verständigten sich Außenminister Lord Halifax und der Chef des India Office, Lord Zetland, über den Vorgang und schickten ein persönliches Telegramm an den Vizekönig von Britisch-Indien mit der Bitte, der Schäfer-Expedition die Genehmigung für die Reise nach Nord-Sikkim zu erteilen und die Deutschen dabei zu unterstützen. Und umgehend erteilte die indische Regierung in Delhi ihren zuständigen Behörden noch Ende Mai die Anweisung: „Aus Gründen im Zusammenhang mit der internationalen Situation ist die Regierung seiner Majestät bestrebt, daß Ernst Schäfer trotz seines Verhaltens mit aller Sorgfalt behandelt werden sollte und der deutschen Regierung kein Anlass gegeben wird anzunehmen, die indische Regierung wolle dieses Vorhaben behindern."

Schäfer hatte mittlerweile nach den Absagen seiner Wunschziele beschlossen, den englischen Behörden als nächstes Operationsgebiet Nord-Sikkim vorzuschlagen. Das kleine Himalaya-Fürstentum, seit 1861 ein britisches Protektorat zwischen Bhutan und Nepal, bot in der Tat den Wissenschaftlern aufgrund seiner natürlichen Gegebenheiten genügend Betätigungsmöglichkeiten, außerdem verlief die wichtigste Handels- und Verkehrsverbindung von Indien Richtung Lhasa über Sikkim, und Schäfer wusste, das gerade erst vor zwei Monaten eine britische Everest-Expedition – die siebente seit 1921 – auch den Weg über Sikkims Grenze nach Tibet genommen hatte.

Schäfer ist wie üblich ungeduldig und will die Dinge selbst in die Hand nehmen. Über Nacht fährt er von Kalkutta mit dem Zug nach Darjeeling und dann noch in die sikkimesische Hauptstadt Gangtok, um mit britischen Stellen und einem Vertreter des Fürsten von Sikkim seine Reisepläne zu besprechen. Er wird höflich in Sikkim empfangen und zu einer Audienz beim Herrscher eingeladen – wenn denn die immer noch fehlende Einreisegenehmigung vorliegen sollte. Schäfer kehrt also unverrichteter Dinge zurück und startet den nächsten Anlauf – noch ohne zu ahnen, dass sich im Hintergrund die britische Haltung ihm gegenüber gedreht hat.

Am 1. Juni 1938 fährt Schäfer von Kalkutta aus in 36 Stunden in das Himalayastädtchen Simla, der Sommerresidenz der Regierung von Britisch-Indien. Er konferiert zuerst mit dem Sekretär für Auswärtige Angelegenheiten, Sir Aubrey Metcalfe, und erhält dann noch tags darauf die Gelegenheit für eine halbstündige Audienz beim indischen Vizekönig, Victor Alexander John Hope, Marquess of Linlithgow. Der konservative und erfahrene Kolonialpolitiker hatte im Frühjahr 1938 wahrlich andere Sorgen, als sich um die Gerüchte über eine Gruppe deutscher Forscher, und seien es auch SS-Mitglieder, noch mehr Gedanken zu machen. Sollten sie doch nach Sikkim fahren, Vögel schießen und geophysikalische Messstationen einrichten. Sie bekamen dafür sechs Monate Zeit. Und das Problem Tibet hatte der Kashag ja bereits mit seiner Absage geklärt. So what? Das Gespräch war kurz, aber höflich. Schäfer war vom unerwarteten Stimmungswechsel bei den Briten förmlich überrumpelt und berichtete Himmler umgehend begeistert:

> „Wir verstanden uns schon nach kurzer Zeit ganz ausgezeichnet, so daß mir Sir Aubrey unter Hinweis auf die persönliche Fühlungnahme mitteilte, daß seine Exzellenz, der Vizekönig, schon von Anbeginn an allergrößtes Interesse für unsere Sache gezeigt habe ... Der Vizekönig, ein Mann von hoher Bildung und außergewöhnlichen Qualitäten, brachte unserer Lage vollstes Verständnis entgegen und bedauerte es,

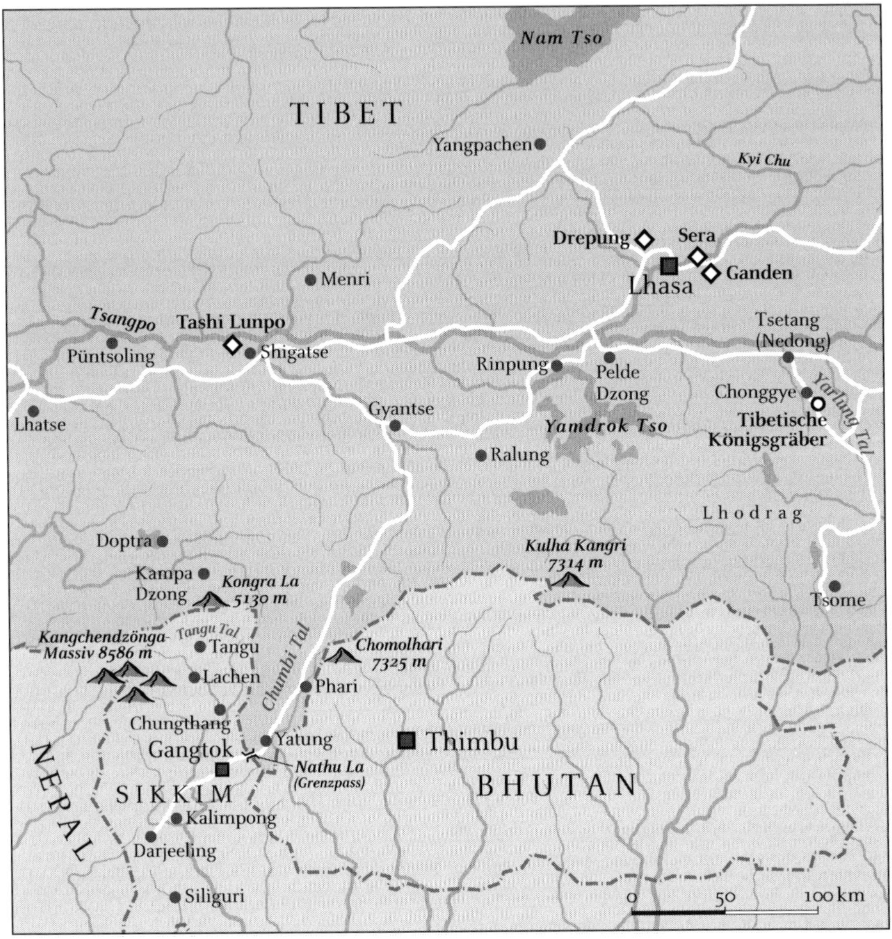

daß wir so lange hingehalten worden waren. Er schickte ein Telegramm an die Bengalregierung, unserer Expedition, die noch vor wenigen Tagen so verrufene ‚Nazi-Expedition', größte Unterstützung angedeihen zu lassen."[34]

Was Schäfer nicht verstand: Der britische Stimmungsumschwung hatte weniger etwas mit seinem Verhandlungsgeschick oder seinem nassforschen Auftreten deutschen Mannestums zu tun, sondern war allein politischen Opportunitätsgründen geschuldet. Den grundsätzlichen britischen Widerwillen gegen eine „Nazi-Expedition“ würden die Deutschen bald erneut zu spüren bekommen. Aber die Briten waren froh, dieses komplizierte Kapitel der *Akte Schäfer* erst einmal zu schließen. Eine handschriftliche Notiz in den Unterlagen des India Office zum Fall Schäfer bemerkt an dieser Stelle süffisant: „Schäfer kommt morgen, um den Vizekönig zu sehen ... der arme Mann ist dermaßen pathetisch und unterwürfig, wir können Himmler mit erhobenem Haupt entgegentreten.“

Der Weg nach Sikkim, in den Himalaya und womöglich darüber hinaus war nun für die Deutschen frei.

Wintersonnenwende unmittelbar vor dem Grenzübertritt von Sikkim nach Tibet. Die Expeditionsteilnehmer zelebrierten eine „Julfeier" in SS-Manier und man empfing über den Kurzwellensender eine Ansprache von Himmler.

4

Sikkim

An der Schwelle zum Sehnsuchtsland

Schäfers Expeditionskollegen hatten von den wochenlangen diplomatischen Verwicklungen zwischen Berlin, London und Delhi wenig mitbekommen. Ihr Leiter pflegte sein Herrschaftswissen, demonstrierte seine herausgehobene Position, ließ keinen Zweifel aufkommen, wer das Sagen haben würde und dass er eher ein Anhänger des Führerprinzips als des Teamgeistes war. Für Ernst Schäfer war es schließlich die so lang ersehnte „deutsche Expedition" nach Tibet, *seine* Expedition, Himmler hin, „Ahnenerbe" her.

Am 18. und 19. April 1938 nahmen die Tibetfahrer Abschied von Freunden, Liebsten und Familien und fuhren von Berlin bzw. Basel per Zug nach Genua, um sich dann am 21. April endlich auf der *Gneisenau* einzuschiffen.

Elf Tage sollte die Passage durch den Suezkanal, das Rote Meer und den Indischen Ozean bis Colombo dauern. Schäfer hatte für seine Crew Kabinen in der Ersten Klasse gebucht – anstrengend und entbehrungsreich würde es noch früh genug, meinte der Leiter, der eine Kabine für sich belegte und seine Kollegen während der langen Stunden auf See dazu verdonnerte, Englisch zu büffeln. Industrielle, Beamte und Diplomaten auf dem Weg nach Indien und China waren ihre Kabinennachbarn, aber auch hohe SS-Offiziere wie der Staatssekretär und Brigadeführer Ludwig Grauert (verantwortlich für die Einrichtung der KZs Emslandlager), dessen „gesunde Ansichten" Beger sofort sehr gefielen. Ansonsten mäkelte man etwas über Bord-Konventionen, die auch für angehende

Tibetforscher als Erste-Klasse-Passagiere dreimal umziehen und zweimal rasieren täglich erforderten. So kam die Tropenkleidung in der Hitze des Roten Meeres bereits zum Einsatz und dann bei über 40 Grad in Colombo, nachdem das verpasste Anschlussschiff Richtung Kalkutta die fünf zu einer mehrtägigen Zwangspause im Hotel Oriental nötigte, die man sich mit Inlandsausflügen und Filmaufnahmen von Elefantenherden und Wasserbüffeln verkürzte.

Mit dem Frachter *Rotenfels* der DDG Hansa ging es dann endlich über Madras durch den Golf von Bengalen in den Hafen von Kalkutta, den sie am 13. Mai erreichten, wie bereits in Kapitel 3 geschildert. Der Empfang war frostig, die Gerüchte und Presseartikel über „Black Guards in India" und mögliche als Tibetforscher verkleidete deutsche Spione waren natürlich längst in Indien verbreitet. Kapitän Ratje sagt Schäfer zu, das Gepäck vorerst an Bord zu lassen, eine Verzollung sei derzeit unmöglich. Einzig ein NSDAP-Mitglied, der Chef der Agfa-Niederlassung, Jobst Gössling, bot sich als Helfer an – er kannte Ernst Schäfer bereits von dessen früherer Unternehmung in Westchina.

Richtung Himalaya

Es gab seit 1936 eine offizielle Landesgruppe der NSDAP in Indien, mit Ortsgruppen in Bombay und Kalkutta. Sie betreute die rund 500 Deutschen in Indien, veranstaltete Skatabende, Vorträge, Fußballspiele, Erntedank- und Weihnachtsfeiern – man gab sich betont unpolitisch, da die Organisation von den Behörden Britisch-Indiens generell unter Spionageverdacht gestellt war. Das Gros der Indien-Deutschen waren Kaufleute und Angestellte deutscher Firmen mit einer lokalen Dependance. Die rund 100-köpfige deutsche Kolonie in der Hauptstadt Bengalens war nun vor allem neugierig auf ihre frisch eingetroffenen Landsleute, und während Schäfer sich mit dem Generalkonsulat stritt und debattierte und in diplomatischer Mission Darjeeling und schließlich Simla besuchte (s. dazu Kapitel 3), mussten seine Kollegen erklären, warum solche Expeditionen überhaupt unternommen würden und welch praktischer Nutzen denn dabei herausspringe?

„Haarsträubend!" kommentierte Schäfer solche in seinen Augen grobe Ignoranz der Fragesteller. Als er schließlich mit der Erlaubnis des Vizekönigs für die Einreise nach Sikkim und der Einladung des dortigen Herrschers zurückkehrt, sind Erstaunen und Freude gleich groß. Es gibt einen gesellig-versöhnlichen Abschied im *Deutschen Club* mit einem Vortrag Schäfers vor den Kalkutta-Deutschen inklusive der *Rotenfels*-Besatzung, samt Drinks, Gesang und Tanz. Wienert schwärmt von „Liedern von Wein und Weib und froher Wanderschaft aus rauen Männerkehlen zu fortgeschrittener Stunde", und Schäfer bedankt sich für die „nette Bordgemeinschaft: „... uns verband ein gleiches, oder seelisch gesehen doch zumindest ähnliches Schicksal mit den Kameraden zur See."

Nun werden Tonnen von Expeditionsgepäck verzollt und auf die Bahn nach Siliguri und schließlich Darjeeling verladen. Es war mittlerweile Anfang Juni geworden. Der nach Nordwest ziehende Monsun hatte die bengalische Küste erreicht, schwüle Hitze, Platzregen und Myriaden von Stechmücken übernahmen das Regiment, es war die Zeit, „in der Schlangen in die Häuser flüchteten und Schuhe über Nacht auf der Veranda schimmelten". So zog es die Expeditionsteilnehmer eilig Richtung Norden. Rasseforscher Beger notierte: „... die kräftigeren, rauen Hochlandsöhne Innerasiens kennenzulernen und zu erforschen, erschien mir reizvoller."

In Darjeeling, der bei den Engländern so beliebten „hill station" auf 2200 Meter Höhe, um den Miasmen des sommerlichen bengalischen Tieflandes zu entfliehen, kam es für die fünf Deutschen zum nächsten Kontakt mit der britischen Verwaltung in Person von Hugh Edward Richardson. Der 34-jährige Schotte war nicht nur ein erfahrener Offizier des India Civil Service und sehr guter Kenner Tibets, sondern zudem ein entschiedener Gegner der Appeasement-Politik seiner Regierung in London und jeglicher Pläne einer SS-Expedition nach Tibet. Derzeit vertrat er übergangsweise den höchsten britischen Beamten in der Himalayaregion, den „Political Officer Sikkim, Bhutan and Tibet", Sir Basil Gould. Richardson selbst hatte vor wenigen Monaten die britische Mission in Lhasa übernommen, die erste Art diplomatischer Vertretung einer ausländischen Regierung überhaupt in Tibet – abgesehen von Nepal und China. Ein äußerst wichtiger wie auch sensibler Posten im diplomatisch heiklen Kräftespiel zwischen Britisch-Indien, China, Russland und Tibet.

Wäre es nach dem sehr disziplinierten Richardson gegangen, kein Deutscher, egal ob SS-Mitglied oder nicht, hätte von ihm eine Einreiseerlaubnis nach Sikkim erhalten, geschweige denn darüber hinaus. Doch ein persönliches Telegramm des Vizekönigs Lord Linlithgow hatte ihn unmissverständlich aufgefordert:

> „Ich muss Sie bitten, das Ihnen Aufgetragene zu erfüllen, da das Außenministerium in London von Himmler kontaktiert wurde, und es dort der ausdrückliche Wunsch ist, dass die Schäfer-Mission unbehelligt weiterreisen darf."[35]

Richardson gehorchte, doch ließ er die Deutschen keinen Moment über seine wahre Haltung ihnen gegenüber im Zweifel. Er ließ sie in sein provisorisches Büro im Hotel Everest vorladen und hielt ihnen bei Whiskey und Zigarren einen 30-minütigen Vortrag über die von ihnen erwarteten Verhaltensmaßregeln in Sikkim. Vor allem Begers geplante anthropologische Untersuchungen an Einheimischen bereiteten Richardson Sorge. Solche Maßnahmen mit Greifzirkel, Maßbändern und anderen anthropometrischen Instrumenten am lebenden Objekt könnten schnell zu Missverständnissen und Zorn auf die Weißen führen, und England wollte Konflikte jeder Art mit den Himalayastämmen entlang der Grenze unbedingt vermeiden. Der britische Offizier ermahnte die Deutschen, sich respektvoll gegenüber allen „locals" zu zeigen. Und schließlich, das Wichtigste, Schäfer möge sich unterstehen, irgendwelche illegalen Grenzübertritte nach Norden zu versuchen „without official leave", man werde es herausfinden, und das würde ernste Konsequenzen haben.

Die Botschaft war klar: Das Empire herrschte an den Grenzkämmen des Himalaya, und kein Schritt der Deutschen bliebe unbeobachtet und könne ohne die Genehmigung der Briten erfolgen. Schäfer schäumte innerlich, konnte sich aber beherrschen. Hugh Richardson war zufrieden und erklärte zum Abschied, er werde in wenigen Wochen abreisen, zurückkehren auf seinen eigentlichen

Posten nach Lhasa. Noch ahnte niemand, dass man sich dort in wenigen Monaten wieder begegnen sollte.

Mit Ochsenkarren, Miettaxis und einer Trägerkolonne ging es auf die nächste Etappe. Über steile Schlamm- und Schotterpisten, die jetzt im Monsun immer wieder in den täglich fallenden Wassermassen durch Erdrutsche verschüttet werden, durch dichten Dschungel von Darjeeling hinab bis zur alten Brücke über die wild schäumende Tista auf nur 400 Meter Meereshöhe und dann wieder in vielen Kehren mühsam hinauf zur Hauptstadt des kleinen Himalayareiches, Gangtok, auf 1800 Metern. Dicht drängen sich die Häuser des Ortes entlang eines schmalen Bergrückens, überragt von der Residenz des von den Engländern Maharadscha genannten Herrschers über Sikkim. Er selbst nennt sich Chogyal, tibetisch für „König des Dharmas", 11. Herrscher einer buddhistischen Dynastie von Bhutias (einst aus Tibet eingewanderte Volksgruppe, die seit Langem das Land beherrscht), Tashi Namgyal, 44 Jahre alt, ein schmächtiger, stiller Regent, der die deutschen Gäste bald erwartet. Gefasst und ernst schaut er auf allen Fotos. Stets trägt er eine getönte Brille, ein Augenleiden zwang den Herrscher dazu.

Aber noch ein Bewohner Gangtoks wünscht die Aufwartung der Expedition. Sein Haus liegt etwas versteckt noch hinter oder besser gesagt, oberhalb der Residenz von Tashi Namgyal, und in dieser anscheinend zufälligen Topographie spiegelt sich die herrschende Realpolitik wider, denn dort, in der britischen Residenz, einem geräumigen Landhaus, das zwischen geharkten Kieswegen, Orchideen und Rhododendronbüschen pure britishness ausstrahlt, liegt der Amtssitz von Sir Basil Gould, dem Political Officer Sikkim, Bhutan and Tibet, mächtigster Beamter des „Frontier Cadre". Seit 1861 ist Sikkim de facto ein Protektorat des Empire. Das lange unabhängige Himalayareich – gerade mal so groß wie die heutige Region London – liegt eingekeilt zwischen den Nachbarn Bhutan und Nepal, ebenfalls Grenzstaaten zu Tibet mit einer langen und engen Beziehung zum Schneeland.

In unzählige Täler und Bergketten zergliedert, schwingt sich Sikkim von knapp 1000 Meter Höhe an seiner Südgrenze bis hinauf zum mehrgipfligen Kangchendzönga-Massiv, mit 8586 Meter dritt-

Ernst Schäfer während seines Antrittsbesuchs beim Herrscher von Sikkim, Tashi Namgyal. Im Vordergrund dessen Privatsekretär

höchster Berg der Erde. Dichter, satter Tropendschungel bedeckt die Grenzregion zur indischen Tiefebene, windgepeitschte, kahle Pässe zwischen Gletscherbergen bilden die Nordgrenze zu Tibet. Dazwischen drängen sich eng miteinander verwoben alle Klima- und Vegetationszonen auf gerade mal 80 Kilometer Luftlinie. Und trotz dieser turbulenten Topographie sind die Pfade Sikkims entlang steiler Berghänge und schroffer Gipfelkämme seit alters her vielgenutzte Verbindungen nach Tibet, für Waren, Soldaten, Pilger und neugierige Forscher.

Die deutschen Gäste wurden in Dilkusha, dem Gästehaus der Regierung nahe des Palastes, untergebracht. Tashi Namgyal lud die

Deutschen zu einer Audienz ein, immerhin waren ihm Vertreter dieses fernen Landes nicht unbekannt. Bereits drei Mal hatten deutsche Bergsteiger in den vergangenen Jahren (1929, 1931 und 1936) unter Leitung von Paul Bauer – NS-Sportfunktionär und Leiter des Fachamtes für Wandern und Bergsteigen im Deutschen Reichsbund für Leibesübungen – Sikkim besucht und den Kangchendzönga von der Ostseite her zu besteigen versucht, bislang vergeblich. Erst ein Jahr zuvor hatten sich die drei Alpinisten Ludwig Schmaderer, Ernst Grob und Herbert Paidar mehrere Wochen in den Grenzbergen Sikkims zu Nepal erfolgreich betätigt.

Höflich und zurückhaltend trat Tashi Namgyal den neuen Gästen aus Deutschland gegenüber, in den Augen Schäfers mit einem Ausmaß an Schüchternheit, die ihn an der Abstammung des Herrschers von „den wildesten Stämmen Osttibets“ und ebenso an seiner Eignung als Herrscher zweifeln ließ. Gleichwohl kam Schäfer diese buddhistische Zurückhaltung umgehend zugute, denn der ungestüme Expeditionsleiter begann sofort nach Ankunft der Gruppe in der Umgebung Gangtoks auf Jagd zu gehen – ohne offizielle Genehmigung. Schon dieser Verstoß gegen die verfügten Verhaltensmaßregeln hätte ein frühes Ende der ganzen Unternehmung bedeuten können, doch Tashi Namgyal erteilte nachträglich seine Erlaubnis; widerwillig als Buddhist, großzügig als Gastgeber. Schäfer dankte überschwänglich, doch sollten bald weitere Eklats folgen.

Nicht weniger unvermeidlich war der Besuch bei Sir Basil Gould, dem Außenposten des Empire am Himalaya. Seit 30 Jahren stand der großgewachsene Mann aus Oxford im Dienst der Kolonialverwaltung Britisch-Indiens, ein erfahrener Beamter, sowohl unerschrocken wie gelassen geworden durch Einsätze in Persien, Kabul, Belutschistan und nun im Himalaya. Der mittlerweile 55-jährige Gould pflegte ein imperiales, aber zurückhaltendes Auftreten, wohl weniger aus Eigenantrieb als dem Wissen, dass der offen zur Schau gestellte Rang in Zentralasien von Würdenträgern erwartet wurde bzw. andernfalls kein Respekt bezeugt wurde. Drei Jahre zuvor hatte Gould nach dem plötzlichen Tod seines Vorgängers während eines Routinebesuchs in Lhasa den wichtigen Posten in Gangtok übernommen.

Der Political Officer Sikkim, Bhutan and Tibet, Basil J. Gould (am Tisch sitzend dritter von links), bei seinem Besuch in Lhasa 1936/37 nach dem Tod des 13. Dalai Lama. Ganz links am Tisch sitzt Hugh Richardson, der die dann neu eingerichtete „Lhasa-Mission" leiten wird.

Unverzüglich setzte er die sensible diplomatische Mission in der tibetischen Hauptstadt fort – es ging um eine Reaktion der Engländer auf die Etablierung einer chinesischen Vertretung inklusive Funkstation in Lhasa nach dem Tod des 13. Dalai Lama. Das war eine Verletzung des diplomatischen Status quo, und Delhi musste agieren. Nach mehreren Monaten endete die Gould-Mission in Lhasa erfolgreich mit der Etablierung einer dauerhaften britischen Gesandtschaft quasi als Ausgleich zu den chinesischen Aktivitäten – erster Amtsträger wurde Hugh Richardson. Das war Ende 1937. Vom Naturell her milder gestimmt als der strenge Schotte, glich aber Goulds prinzipielle Haltung gegenüber Nazi-Deutschland und der SS-Expedition der seines untergebenen Kollegen in Lhasa.

Nur ließ er das die Deutschen nicht so unvermittelt spüren und blieb konziliant. Gould hielt sich an die Vorgaben aus Delhi bzw. London und half Schäfer, soweit er musste, aber nicht weiter.

Der Schnauzbart- und Tweedsakkoträger Gould fragte Schäfer interessiert und höflich aus, um mehr über mögliche, vielleicht bislang verschwiegene Ziele der Expedition zu erfahren, etwa, ob sie einen Kurzwellensender mitführen würden? Schäfer verneinte wahrheitswidrig , während Funker Wienert im Gästehaus verzweifelt versuchte, das Gerät funktionstüchtig zu bekommen, bis er schließlich vermelden konnte: „Es rauscht, meine Herren, da ist Musik ... und ein Zeitsignal aus Moskau auf 26 Meter ...!“ Karl Wienerts Kurzwellensender diente nämlich dem regelmäßigen Nachrichtenaustausch, wie auch ein geheimer Aktenvermerk belegt: „Nachrichtenverkehr unter einem chiffrierten Rufzeichen vereinbart. Funkverkehr über Funkstellen der SS-Oberabschnitte zu bestimmten Tagen und Stunden auf Empfang für die Expedition geschaltet, in der zweiten Stunde sendet das SS-Hauptamt Meldungen für die Expedition.“[36]

Waren die englischen Befürchtungen, dass sich unter dem Deckmantel einer wissenschaftlichen Expedition von SS-Männern Spionageaufträge verbargen, doch nicht so abwegig?

Schäfer fühlte sich erneut von englischer Seite verstanden und von dem umgänglichen Gould gut behandelt und plauderte in üblicher Manier drauflos. Er wiederholte seine bereits abgelehnten Wünsche für einen Besuch der Assam-Hills und anderer Regionen Ostbengalens, redete über Jagdausflüge in Indien und natürlich immer wieder über Tibet. Gould erklärte und wiederholte geduldig die bekannten diplomatischen Positionen: Der Zugang nach Ostbengalen sei für Ausländer aus politischen Gründen völlig ausgeschlossen. Und für Tibet entscheide allein die Regierung in Lhasa über eine Einreiseerlaubnis, allenfalls der Weg bis zur britischen Handelsstation in Gyantse, der drittgrößten Stadt in Tibet, könne auch von ihm, dem Political Officer, genehmigt werden. Wenn die Deutschen dies beantragen würden, werde er das prüfen. Schäfer nickte. Gould notierte in seinen Unterlagen über Schäfer kurz und bündig „Vor allem ein glühender Nazi!“

An der Grenze zu Tibet

Doch erst mal hieß es nun auf nach Nord-Sikkim. Die Vorräte waren eingekauft, Tragtiere gemietet und eine Mannschaft zusammengestellt. Seit die ersten Everest-Expeditionen der Engländer Anfang der 20er-Jahre durch Sikkim gen Tibet gezogen waren, war Gangtok neben Darjeeling der Ort, an dem Karawanen und Expeditionen zusammengestellt wurden. Junge Sherpas aus dem nepalesischen Solu Khumbu südlich des Everest kamen während der Saison hierher in der Hoffnung, von ausländischen Expeditionen angeworben zu werden. Auch junge Bhutias, ursprünglich aus Tibet eingewanderte Bewohner Sikkims, suchten Beschäftigung als Träger, Diener, Koch oder Jäger. Mitte Juni stand die Mannschaft fest, die nun mit den fünf Deutschen mehrere Monate in Sikkim und Tibet unterwegs sein würde, getrennt von ihren Familien, Saisonarbeiter des frühen Expeditionsgeschäfts.

Acht junge Männer hatten die Deutschen für die gesamte Unternehmung verpflichtet: Pansy Ang Tsering, der bereits als Vormann bei den Engländern und 1937 für die deutschen Bergsteiger Grob, Schmaderer und Paidar gearbeitet hatte, Angnima, ebenfalls ein erfahrener Sherpa, Angbao, Mingmar, Passang-Densing, den sich Beger als persönlichen Diener auserkor, dann der Koch Lhakpa Tsering, der aber schon bald wegen seines starken Hangs zu alkoholischen Getränken aller Art gegen seinen Gehilfen Lozor ausgetauscht wurde, einen erst 17-jährigen Angehörigen des Lepcha-Volkes, der Ureinwohner Sikkims, und schließlich Akhey, der als Jäger und Präparator für die Expedition arbeiten sollte.

Und dann stellte sich noch ein junger Nepali vor, Kaiser Bahadur Thapa, der gut Englisch sprach und eigentlich in der sikkimesischen Verwaltung arbeitete. Er wollte die Routine der Büroarbeit hinter sich lassen und diente sich der Expedition als Dolmetscher an, eine in der Tat unverzichtbare und bislang unbesetzte Funktion. Der freundliche und umgängliche Mann wurde umgehend verpflichtet. Schäfer sicherte sich sofort auch Kaisers Dienste als seines persönlichen Dieners und war dem Nepali bald in einer besonderer Zunei-

Der Dolmetscher der Expedition, der aus Nepal stammende Kaiser Bahadur Thapa. Schäfer verpflichtete den jungen Mann als seinen „persönlichen Diener".

gung verbunden. Kaiser Bahadur Thapa trug tatsächlich diesen für einen jungen Nepali-Mann äußerst ungewöhnlichen Namen, mit dem es laut Familienlegende folgende Bewandnis hatte: Sein Vater, ein Gurkha-Soldat, kämpfte im Ersten Weltkrieg in einem der britischen Gurkha-Regimenter gegen die Deutschen, und aus lauter Bewunderung und Anerkennung für den Feind gab er seinem erstgeborenen Sohn den Namen des deutschen Staatsoberhauptes.

Obwohl der endgültige Abmarsch noch bevorstand und alle mit letzten Vorbereitungen beschäftigt waren, hatten die deutschen Jung-Forscher bereits in Gangtok mit ihrer Arbeit begonnen. Ein ungeduldiges Messen und Jagen hob an, Tiere wurden erlegt, Menschen vermessen, Pflanzen gesammelt. Schäfer schoss täglich Vögel und Säugetiere zum Präparieren, Krause erkundete die Umgebung, fotografierte und filmte, Wienert begann mit seinen erdmagnetischen Messungen,[37] und Anthropologe Beger machte sich neben seinen rassentypologischen Beobachtungen („Diese Nepalesen, diese aus mongoliden und europiden Stämmen so verschiedenartig gemischten Menschen, unter denen so viele Japanern sehr ähnlich sehen, hatten meine wachsende Aufmerksamkeit auf sich gezogen …")[38] auf die Suche nach ersten Probanden für seine Schädelabformungen.

Beger war äußerst begierig, endlich diese in seinen Augen Königsdisziplin der anthropologischen Feldforschung in der Praxis anzuwenden, galt doch den Rasse-Spezialisten die Vielfalt äußerer Schädelmerkmale und Maßverhältnisse als eine Art Kataster zur Rassen-Typisierung – und damit eben fatalerweise auch zu ihrer qualitativen und ideologischen Bewertung als Menschen. Und gleich bei seinem ersten Versuch einer Schädelabformung gelang es Beger, die Fortsetzung der gesamten Expedition noch nachhaltiger zu gefährden als Schäfers unerlaubte Jagdausflüge.[39]

Beger führte 18 Kilo Negocoll und Hominit für Schädelabformungen mit in die Berge des Himalayas, vielleicht in der Hoffnung, in dem Völkergemisch Hochasiens die Relikte einer arischen Urrasse zu entdecken, wie es ihr Schirmherr Himmler und seine Welteislehre-Anhänger à la Weisthor erwarteten. Beger war ebensowenig wie Schäfer ein Anhänger esoterischer Lehren, aber er stand unerschütterlich zu den Rassentheorien der NS-Ideologie. Und danach waren zwar in Tibet keine Überreste der „atlantischen Wurzelrasse" zu finden, aber Begers Lehrer an der Universität Jena, NS-„Rassepapst" Hans F. K. Günther, schrieb in einem seiner Standardwerke „Die Nordische Rasse bei den Indogermanen Asiens" (erschienen 1934), dass „... von Ostturkestan aus ein Einschlag nordischer Rasse auch in Tibet verbreitet zu sein scheint, vielleicht in der Weise, dass tocharische Geschlechter am ehesten zu Herrengeschlechtern der tibetischen Bevölkerung geworden sind". Klar, wenn Arier-Relikte irgendwo auftauchen, und sei es auch nur in Spuren, dann aber zumindest als Herrenmenschen.

Auch ohne den Glauben an eine esoterische Geschichtsdeutung erklärte die universitäre NS-Rassenlehre den Arier per se zum weltweit vornehmsten Kulturträger. Und das war Begers Wissenschaftsverständnis. Nun saß aber kein Abkomme eines tibetischen Herrengeschlechts vor Bruno Beger, sondern ein einfacher Sherpa, „mein Diener Passang", der von der Idee einer Abformung seines Gesichts und Kopfes wenig begeistert war. Nervös rutschte er auf seinem mit einer Gummimatte bedeckten Stuhl hin und her, höhere Geldangebote mochten ihn nicht zu überzeugen, erst deutliche Worte von „Barasahib" Schäfer machten den ängstlichen Mann gefügig. Was scherte den Anthropologen die Befindlichkeiten eines Dieners, es ging ja um Wissenschaft. „Er war nicht der gesündeste und vernünftigste unserer Leute, doch ein guter Sherpa-Typ. Das schien mir das Wesentlichste und das Erstere nicht bedenklich", resümiert Beger.

Im Reiskocher köchelt er die Negocollmasse bei 50 bis 60 Grad zu Brei und beginnt sie dem nun starr und schweigsam dasitzenden Passang auf Gesicht und Kopf zu streichen. Noch lachen die umstehenden Kollegen. Und natürlich hält der stets hilfsbereite Geer den Kopf des Probanden in geeigneter Stellung, damit die flüssige Masse schnell auf das Gesicht gepinselt werden kann. Die Prozedur ist beendet, die dicke Masse Negocoll bedeckt den gesamten Schädel bis auf die Nasenlöcher. Noch während die Masse aushärtet und Beger sich den Schweiß von der Stirn wischt, springt Passang plötzlich auf, reißt sich in wilden Bewegungen die gummiartige Maske vom Gesicht, schnauft und schreit, scheint völlig außer sich, tobt, schlägt um sich und sinkt dann erschöpft zusammen. Sein Puls rast.

Der erschrockene Beger schickt nun nach einem sikkimesischen Arzt. Passang erholt sich langsam wieder. Da wird allen langsam klar, dass ein Besuch des einheimischen Arztes sicherlich eine Nachricht an Basil Gould nach sich ziehen würde, und trotz aller SS-Überheblichkeit weiß Schäfer, dass dies eine krasse Verletzung der Verhaltensmaßregeln war, denen sie sich als Gäste in diesem Land unterworfen haben. Das schnelle Ende der Expedition droht. Doch der Arzt wird nicht angetroffen, und Schäfer verdonnert die Mannschaft zu völliger Verschwiegenheit – sonst droht ihre Entlassung. Die Männer gehorchen, natürlich wollen und müssen sie Geld bei der deutschen Expedition verdienen, und auch Passang wäre nicht nachtragend gewesen, meint Beger. Erst später erfuhr er, dass sein Diener früher einen sturzbedingten Schädelbruch erlitten hatte, was ihn wohl „allzu große Aufregungen nicht gewachsen sein ließ".

Passang selbst berichtete seinen Sherpa-Kollegen über seinen Anfall, dass ihm doch etwas von der flüssig-warmen Masse in ein Nasenloch gelaufen sei. In aufkommender Panik sei ihm dann der Gott des Kangchendzönga erschienen und habe ihn gerüttelt und geschüttelt. Dass hier jemand sich per Maskenabdruck vielleicht einfach nicht sein Gesicht wegnehmen lassen wollte, das man ja in Asien im übertragenen Sinne nicht gerne verliert, kam Anthropologe Beger nicht in den Sinn, er fabulierte stattdessen, dass „diese Naturkinder noch weniger als viele unserer Kinder und Frauen solchen Belastungsproben gewachsen sind".

Um solche Erfahrungen reicher, startet am 21. Juni 1938 zur Sommersonnenwende eine Karawane von 50 Mulis, Reit- und Tragetieren von Gangtok Richtung Norden. Der Karawanenweg schlängelt sich stetig ansteigend entlang unzähliger Taleinschnitte und über herabstürzende Bachläufe, die alle in die meist tief unterhalb des Pfades in Schluchten donnernde Tista fließen. Es ist die Hochzeit des Monsun, die wassergesättigten Wolken aus der bengalischen Tiefebene stauen sich an den Himalayakämmen und entladen regelmäßig ihre Regenmassen. Alles ist feucht, alles dampft, es tropft und plätschert, der Weg ist schlammig, die schwer beladenen Tiere rutschen aus, müssen unter aufmunternden Zurufen der Treiber vorsichtig schmale Passagen überwinden. Immer wieder blockieren kleinere Erdrutsche den Weitermarsch, und manchmal müssen weggerissene Seilbrücken erneuert werden. Am Nachmittag beginnt mit beständiger Regelmäßigkeit der Regen zu prasseln und durchtränkt alles bis zum späten Morgen des nächsten Tages.

Zur Monsunzeit führen die Blutegel in dieser Region das Regiment, stürzen sich in erstaunlicher Geschwindigkeit auf jeden vorbeiziehenden Warmblüter. Auch die hochgeschnürten Schuhe und Wickelgamaschen der Zweibeiner bieten keinen Schutz gegen die jede Ritze nutzenden Blutsauger. Die Mulitreiber sind mit Salzsäckchen bewehrt, mit denen sie hin und wieder die an den Tierläufen hängenden Egel vertreiben können. Manchmal blinken während des Marsches durch Nebelschwaden und Wassergischt in der Ferne die Schneeberge des Kangchendzönga-Massivs hindurch. Durch den dampfenden tropischen Dschungel führt der Weg drei Tage lang hinauf in die nächste größere Siedlung Chungthang an einer breiteren Taleinmündung. Auf kleinen Lichtungen rund um die zwei Dutzend Hütten werden Reis, Mais und Gerste angebaut, aber auch Ziegen, Hühner und Rinder gehalten.

Die Karawane hält sich nicht lange auf, man will endlich das Hochgebirge erreichen. Zwei weitere Tagesmärsche entfernt liegt das Dorf Lachen. Die Luft wird leichter, die Vegetation lichter, der Regen seltener. 2600 Meter Höhe, die gemauerten Häuser mit Holzschindeldächern inmitten erster Koniferen erinnern die Deutschen entfernt an alpine Siedlungen. Weitere zwei Tagesmärsche nordwärts erreichen sie die letzte Dauersiedlung vor der tibetischen Grenze, Tangu. Hier leben keine Waldbewohner, die Lepchas, mehr. Dafür begegnen den Deutschen die ersten Tibeter, Händler und Nomaden, die in ihren schwarzen Yakhaarzelten neben den wenigen Hütten Tangus kampieren, auf etwa 4000 Meter Höhe. Hier werden Kartoffeln und Gerste angebaut, und der Yak ist auf dieser Höhe das Nutztier schlechthin. Lichte Vegetation aus Rhododendrongehölzen und Koniferen zieht sich die Berghänge empor, die Baumgrenze ist bald erreicht.

Doch trotz einer gewissen Weltabgeschiedenheit holt die fünf Deutschen die europäische Realität überraschend ein. Über den Grenzpass zu Tibet kehrt die britische Everest-Expedition nach ihrem erfolglosen Besteigungsversuch zurück Richtung Indien, auch sie hat der frühe Monsuneinbruch überrascht und jeden ernsthaften Gipfelversuch in Schneemassen erstickt. Auch wenn die Engländer einige Monate in der tibetischen Everestregion verbracht haben, wissen sie über die jüngeren Entwicklungen in Mitteleuropa Bescheid. Abends am Lagerfeuer spricht man auch über Politik, und die Briten lassen keinen Zweifel an ihrer Haltung: Die Welt habe das Vertrauen zu Deutschland verloren, weil seine Regierung nicht Wort halte. Die jungen SS-Offiziere „versuchen, unser Vaterland zu verteidigen", versuchen aber vor allem, das Gespräch auf andere Themen zu lenken. So berichtete das jedenfalls der Expeditionsleiter der Engländer, der legendäre und für seinen knarzigen Humor bekannte Bergsteiger H. W. Tilman in seiner erst nach dem Krieg veröffentlichten Expeditionsnachlese.

> „Hier war wirklich ein Team von fähigen Leuten, die jedes schwierige Problem lösen konnten. Ich nahm mir den Anthropologen beiseite, einen ernsten, jungen Mann, und versuchte ihm bei ein paar Gläschen Kümmel klarzumachen, dass er keine Mühen scheuen dürfe, das Geheimnis des Homo odiosus zu lüften [also quasi des ‚verhassten Menschen', des ‚Yeti', d. V.], und keinesfalls dem Zoologen glauben dürfe, der sicher bei jeder unbekannten Spur im Schnee behaupten würde, das wäre nicht von einem Schneemenschen, sondern nur von einem ordinären Bären."[40]

Ob Beger sich einen solchen vom alten Tilman aufbinden ließ, ist nicht überliefert, jedenfalls trennten sich am nächsten Morgen die politisch strittigen Partien talauf- bzw. -abwärts.

Die vorerst letzte Marschetappe führt die Gruppe um Schäfer nun über die Baumgrenze in den nördlichsten Zipfel Sikkims, zu einem Platz, den tibetische Yakhirten als Sommerlager nutzten, Gayokang. Es ist Juli geworden, die wärmste Zeit hier unmittelbar am Hauptkamm des Himalaya. Man kampiert auf fast 5000 Meter Höhe zwischen flachen Geröllhalden, Schmelzwasserseen und eisbewehrten Sechstausendern. Alpenrosen und Schwertlilien blühen auf der Ebene, und die zunächst mager anmutenden Wiesen ringsum bieten den Yak- und Schafherden der tibetischen Nomaden jetzt beste Bedingungen. Sie pendeln seit Jahrhunderten den Jahreszeiten folgend zwischen den besten Weideplätzen, dies- und jenseits der für sie unbedeutenden politischen Grenzen. Der Karawanenweg schlängelt sich zwischen den Gletscherbergen über rundliche Hügelkuppen unmerklich zur Passhöhe des Kongra La 5130 Meter hinauf. Trotz des Hochsommers weht aus Norden ein kalter Wind über die mit Manisteinen und Gebetsfahnen gekennzeichnete Passhöhe, eine fast unsichtbare Grenze, die aber doch vorhanden war. Dahinter beginnt ihr Sehnsuchtsland, Tibet, nur Schritte entfernt, aber politisch verboten. An klaren Tagen sehen sie noch weit im Süden angedeutet im Dunst die Ebene Bengalens und im Westen die mächtige Mauer des Kangchendzönga-Massivs. „Die fünf Schatzkammern des ewigen Schnees" leuchten in der durchscheinenden Luft des Himalaya in intensivsten Tönen, wie zum Hingreifen nah.

Gayokang, das sind jetzt im Hochsommer eine Handvoll schwarzer Yakhaarzelte rund um zwei flache Steinbauten. Die Deutschen richten in der Nachbarschaft ihr Basislager für die kommenden Wochen ein. Man macht es sich den Umständen entsprechend gemütlich, das Mannschaftszelt heißt *Deutschlandhalle*, man raucht trotz Akklimatisierungsphase von der *Gneisenau* geschmuggelte Felix-Brasil-Zigarren und Ariston-Zigaretten, der Koch macht „Nudeln, immer nur Nudeln", doch hin und wieder reichert Schäfer nach seinen Jagdzügen den Speiseplan mit exotischen Beigaben an, dann gibt es „gebackene Blauschafleber und zur Feier des Tages werden zwei Flaschen Beck's Bier aus unserem kleinen Vorrat entnommen".

Wenn Schäfer nicht jagt und dem Präparator blutige Trophäen liefert, sitzt er an der Reiseschreibmaschine und schreibt Berichte an den „Verehrten Reichsführer", Briefe an Basil Gould oder Aubrey Metcalfe über den Fortgang des Unternehmens oder dichtet vertragsgemäß martialische Artikel für den *Völkischen Beobachter*: „Lustig flattern unsere Expeditionswimpel von Wienerts hohem Antennenmast in der kalten Luft, und die vorüberziehenden Tibeter schauen verwundert zum Hakenkreuz empor. Dicht darunter weht der Wimpel der SS als äußeres Zeichen eines fanatischen Willens, einer durch nichts getrübten Kameradschaft und einer unerschütterlichen Kampfgemeinschaft." Und im Bericht an Heinrich Himmler formuliert Schäfer militärisch knapp:

> „Melde Ihnen, daß wir heute die tibetische Grenze trotz großer Schwierigkeiten erreicht haben. Hoffen Forschungsgroßfilm mitzubringen, Kameradschaft und Disziplin erstklassig. Werde in wenigen Tagen die Hochsteppen und Wüsten in Angriff nehmen! Ihr treu ergebener Ernst Schäfer."[41]

„Kameradschaft und Disziplin großartig" bedeuteten vor allem, dass alle unter Schäfers Stimmungsschwankungen zwischen Wutausbrüchen und depressiven Phasen zu leiden hatten, die bei den einheimischen Begleitern auch mal zu Schlägen führen konnten. Schäfer bewohnt alleine sein „Führerzelt" und zieht sich in seinen schwarzen Stimmungen dorthin zurück. Und liest *Faust*.

Generell versuchte die Expedition einen engen Draht zur Heimat zu halten. Schäfer schrieb seine Berichte und Briefe und Wienerts Antenne diente ja eben auch nicht nur als Fahnenmast oder zum Empfang von Tanzmusik aus Berlin, sondern als Sende-/Empfangsstation von geheimen Nachrichten aus der SS-Zentrale. Und Schäfer erhält auch schriftliche Antwort aus Berlin, Briefe vom Reichsführer SS persönlich, in einem für den Chef eines polizeilichen Terrorapparates ungewöhnlichen Tonfall:

> „Mein lieber Schäfer, ich bin froh, daß die Expedition so erfolgreich gestartet ist und einen disziplinierten Körper bildet, zusammengehalten von Kameradschaft ... Richten Sie bitte jedem ihrer tapferen Männer meine besten Wünsche aus und seien Sie, bester Schäfer, recht herzlich gegrüßt. Ich denke sehr oft an Sie. Heil Hitler, Ihr Heinrich Himmler."[42]

Es stellte sich in den folgenden Wochen eine gewisse Lagerroutine ein: Wienert durchstreifte mit seiner Feldwaage die umgebenden Täler und Höhenzüge für erdmagnetische Messungen, Schäfer und Krause desgleichen oft gemeinsam auf der Suche nach der tibetischen Hochgebirgsfauna, Kiangs, Argalis, Blauschafe usw. als Motive für den Forschungsgroßfilm und natürlich als begehrtes Jagdobjekt zum Ausschlachten und Präparieren. Beger, nach seinem ersten Schädel-

Bruno Beger versucht sich an anthropometrischen Vermessungen, hier an einer Tibeterin in Nord-Sikkim.

abformungsversuch vorsichtig geworden, versuchte sich vorerst nur an anthropometrischen Messungen mit Gleitzirkel und Haarfarbetafel, meist zur Belustigung der Tibeter, die sich über das Gebaren des blonden Zwei-Meter-Mannes amüsierten. Sie interessierte viel mehr die gut gefüllte Reiseapotheke Begers. Und da er als Einziger in der Mannschaft über rudimentäre medizinische Kenntnisse verfügte, verteilte er bald Pillen, Salben, gute Ratschläge und zog Zähne. Über mangelnde Kundschaft brauchte er sich nicht zu beklagen, und bald war Beger im weiten Umkreis als „Doctorsahib" bekannt, neben „Barasahib" Schäfer (Der große Herr), „Picture-Sahib" Krause, „Tar-Sahib" Wienert (Herr des Drahtes) und „Store-Sahib" Geer (Herr der Vorräte).

War Beger anfangs noch genervt von der wachsenden medizinischen Nachfrage, so erkannte er im Laufe der Zeit die Vorteile für sich selbst:

> „So verschaffte mir meine Tätigkeit als Expeditionsarzt den für meine Forschungen unerläßlichen Zugang zu den Menschen und ließ mich auch noch Einblick in das Seelenleben dieser Eingeborenen nehmen. Zum Dank brachten mir die Patienten als Gegengabe je nach Schwere des Falles und des Vermögens Geschenke ... so bekamen wir Gefäße, Teppiche und andere Dinge, die man nicht so ohne weiteres käuflich erwerben konnte und die ich deshalb mit großer Freude in die ethnologische Sammlung einreihte."[43]

Die häufigsten Krankheiten waren Tuberkulose und Geschlechtskrankheiten, auch bei den zölibatären Mönchen.

Besuch aus Tibet

Ende Juli unterbrach der Besuch zweier Tibeter die Lagerroutine. Sie kamen über den Grenzpass aus Norden geritten und unterschieden sich schon aufgrund ihrer Kleidung auffallend von den Hirten und Jägern der Umgebung. Es stellte sich beim Austausch von Begrüßungsformeln heraus, dass es sich um den Güter-Verwalter eines tibetischen Provinzgouverneurs handelte, der in der nächstgrößeren Ortschaft nordöstlich des Grenzpasses residierte. Schäfer schrieb immer vom „König von Tharing", bekannt war dieser Adlige aber als Tering Raja, ein Verwandter des Chogyal von Sikkim. Der Beamte im Dienste dieses Provinzgouverneurs war auf dem Weg nach Sikkim, um frische Lebensmittel für den Haushalt seines anspruchsvollen Herrn einzukaufen. Als Schäfer

Der Güterverwalter (ganz links) des Tering Raja zu Besuch im Expeditionscamp. Weiter am Tisch sitzend Schäfer, Beger, Krause, Wienert und Geer. Hinten rechts steht Kaiser.

dies hörte, erkannte er instinktiv die Chance, diesen Beamten und seinen Auftrag für die Expeditionsziele zu nutzen. Denn frische Lebensmittel besaßen die Deutschen noch ausreichend. Die beiden Abgesandten aus Tibet wurden sofort eingeladen, auf einen Imbiss zu bleiben, was ihnen schon aus purer Neugier auf die weitgereisten Ausländer leichtfiel. In Windeseile wurde das Mannschaftszelt aufgeräumt und mit den besten Decken, Tellern, Tassen und Besteck aus den Expeditionskisten für ein Gastmahl hergerichtet.

Bei Tee und Gebäck schlüpfte der Expeditionsleiter dann in eine seiner leichtesten Rollen: Mit großer Verve und schwadronierend breitete er vor dem Beamten seine großen Kenntnisse und Erfahrungen über Tibet aus, plauderte über seine Kontakte zu höchsten Persönlichkeiten wie dem Panchen Lama und beklagte sich wortreich über die ungleiche Behandlung von Engländern und Deutschen, wenn es um die Erlaubnis einer Einreise ging. Ob man da nicht etwas machen könne, ob er nicht ein gutes Wort für die lauteren Absichten der Deutschen bei seinem Herrn einlegen und ihm vielleicht ein Gesuch der Expedition überbringen könne?

Der Beamte im Dienste des Tering Raja sagte schließlich zu, ob aufgrund des Schäfer'schen Redeschwalls oder der ansehnlichen Menge aufgehäufter Geschenke sei dahingestellt. Man hatte in aller Eile an Entbehrlichem zusammengetragen: Gummistiefel und Luftmatratze, Socken, Seife und Handschuhe, Hautcreme, Salbe und ein Necessaire für die Gemahlin, Zigaretten, Taschenmesser, Bahlsenkekse, Blauschaf-Wildbret und vor allem eben Frischgemüse aus Sikkims Tälern. Natürlich erhielt der Beamte ebenfalls Präsente, und als Gegengeschenk gab es fettes Schaffleisch und Yakkäse. Unter Versicherung mannigfaltiger Höflichkeitsfloskeln verabschiedete man sich anderntags. Schäfers Liebling und Dolmetscher Kaiser ritt als Emissär mit, in der Tasche ein Schreiben von Schäfer an den Provinzgouverneur:

> „Es würde mir eine hohe Ehre sein, wenn eure Hoheit sich bereit erklären würden, mir eine Audienz zu gestatten, und gleichzeitig möchte ich die ergebene Bitte aussprechen, dass eure Hoheit unsere Ziele, Pläne und die Versicherung unseres Good Will an die Regierung in Lhasa weiterleiten möge, und wir würden besonders geehrt sein, wenn wir in Tibet als Gäste empfangen werden könnten, um das großartige Land und die große Hauptstadt in Augenschein zu nehmen und zu besuchen ...“[44]

Wenige Tage später ritt Kaiser wieder ins Lager und brachte Nachricht aus Tibet: Der Provinzgouverneur würde eine Einreiserlaubnis für die Expedition in seinen Regierungsbezirk erteilen, für andere Gebiete und erst recht für Lhasa könne er nicht sprechen. Und ein Besuch müsse in den nächsten Tagen erfolgen, da er noch in der grenznahen Ortschaft Doptra weile, sich dann aber auf eine längere Reise begeben müsse.

Das ist der „official leave“, aber nur von einer untergeordneten tibetischen Stelle. Was tun? Ist das der Moment für den von

Younghusband in London empfohlenen „sneak over the border"? Schäfer entscheidet schnell. Da es sich natürlich aus englischer Sicht um einen unerlaubten Grenzübertritt handelt, sollte der möglichst schnell und mit wenigen Leuten geschehen, um kein größeres Aufsehen zu erregen, nur er und Krause als Fotograf würden sich auf den Weg nach Doptra machen und erkunden, ob sie vor Ort beim Gouverneur von Tharing noch mehr erreichen könnten. Bereits tags darauf reisen sie ab, in Begleitung von Pansy und Kaiser. Als Zeichen seines offiziellen Status trägt Schäfer seinen Tropenhelm mit SS-Runen.

Schlechtes Wetter, widerspenstige Beamte bei einem Zwischenhalt in der Feste Khampa-Dzong und ein verlorener Weg im Schwemmland verlängern den Ritt in das rund 50 Kilometer entfernte Doptra auf vier Tage. Der Empfang des Provinzgouverneurs – ein Halbbruder des ihnen ja bereits bekannten Herrschers von Sikkim – ist gastfreundlich und herzlich. Schäfer und Krause werden komfortabel untergebracht und üppig bewirtet. Drei Tage bleiben sie in Doptra.

Tief beeindruckt ist Schäfer von diesem Provinzherrscher, und er macht, ganz SS-Mann, eine noch später oft wiederholte Beobachtung: Im tibetischen Adel spiegele sich noch etwas von stolzer, kriegerisch-männlicher Erhabenheit – kurz gesagt, das „Arische" – das aber von „dieser fanatischen Kirche" des tibetischen Buddhismus überdeckt und zerstört worden sei. Seine spürbare Abneigung gegen die monastische Theokratie Tibets und seine Bewunderung des weltlichen Adels verstärken sich im Laufe der Expedition spürbar. Diesen „Würdenträger aus uraltem tibetischem Adelsgeschlecht" bewundert er jedenfalls für sein „männlich-stolzes Eigenleben" und seine unumschränkte Herrschaftsmacht.

Der beleibte König von Tharing will die als willkommene Abwechslung erwarteten Ausländer vor allem reichlich bewirten und entpuppt sich als Gourmet, der chinesische Köche beschäftigt und es nicht unter 15 Gängen bewenden lässt – mehrmals am Tag. Algen, Bohnenkäse, Hammelrippchen, Schweinefleisch, diverse Gemüse, Salate, Seegurken und natürlich Reis und Nudeln werden über mehrere Stunden serviert, dazu fließt moussierender Chang (Gersten-

oder Hirsebier). Da wird in der tibetischen Feste Doptra zu später Stunde sogar deutsches Liedgut angestimmt, Höflichkeiten und weitere Geschenke ausgetauscht, immer in der Hoffnung, endlich zum entscheidenden Punkt zu gelangen: der Bitte um ein Empfehlungsschreiben an die Regierung in Lhasa.

Vor allem die Gouverneursgattin scheint dieses Ansinnen sehr skeptisch zu betrachten und unterbricht laut Schäfer seine Gespräche mit dem Herrscher barsch. Die Deutschen versuchen nochmals mit Zeissferngläsern, einer Reiseapotheke und vor allem einem Handspiegel für die Gattin den Stimmungsumschwung zu bewirken, und als sie am vierten Tag Doptra verlassen – ebenfalls reichlich beschenkt mit Teppichen und Silbergeschirr – erklärt ihnen der Herrscher von Doptra, das er sich für die Expedition beim Regenten in Lhasa einsetzen werde. Zuversichtlich gestimmt, erreichen die vier Anfang August wieder ihr Basislager in Nord-Sikkim. Schäfer schreibt noch am gleichen Tag an Aubrey Metcalfe, den ihm so behilflichen Außenstaatssekretär der Regierung Britisch-Indiens, und berichtet wortreich von den neuen, guten Kontakten zum „chief-steward" des „Königs von Tharing", seinen übersandten üppigen Geschenken und der Hoffnung auf diplomatische Hilfe von dort. Den Kurztrip nach Doptra verschweigt er natürlich.

Was genau der „König von Tharing" in den kommenden Wochen tat – sein Sohn bekleidete ein hohes Amt in der Verwaltung in Lhasa – ist ungewiss, keine bekannten tibetischen Quellen sagen etwas über diplomatische Vorgänge im Zusammenhang mit einer deutschen Expedition. Tatsache ist, die fünf Deutschen in Nord-Sikkim hören über Wochen nichts, kein Zeichen, kein Signal kommt von jenseits der Grenze. Sie erkunden unverdrossen die letzten Winkel Nord-Sikkims, befahren mit Klepperbooten die Gebirgsseen auf 5000 Metern Höhe, flirten mit finnischen Missionshelferinnen in Lachen, und Schäfer schießt in einem schwer zugänglichen Gebirgsstock eine bislang im Westen unbekannte Unterart des Tahr, eine Hochgebirgsziege, die von den Einheimischen Schapi genannt wird. Der besessene Jäger durchforscht tagelang unwegsame Hochtäler, um eines der scheuen Tiere vor den Lauf zu bekommen. Schäfer besiegt den „schwarzen Berggeist" schließlich, meldet seinen Erfolg an das Zoologische Museum in Berlin, dessen Säugetierkustos Hermann Pohle nüchtern antwortet „Kann nicht über Tausende Kilometer entscheiden, ob das eine neue Art ist, muss das Vieh sehen, aber schön, daß Sie schon so viel für uns gesammelt haben."

Anthropologe Beger traut sich nicht mehr recht an Kopfabformungen, vermisst nur hin und wieder einen Tibeter, nimmt Handabdrücke und gibt sich rassischen Grübeleien hin:

> „Die tibetischen Bettler haben oft einen sichtbaren indiden Einschlag, wodurch sie starke Ähnlichkeit mit unseren Zigeunern bekommen."

Klar, wo die arischen Komponenten ja schon im Hochadel zu finden sind. Mangels anthropometrischer Versuchsobjekte fängt er auch noch an, (schlechte) Gedichte zu schreiben. Dies hier wird zu so etwas wie dem offiziellen Expeditionslied: „Wo die blauen Gipfel ragen, lockt so mancher steile Pfad. Immer vorwärts ohne Zagen, bald sind wir dem Ziel genaht! Schneefelder blinken, schimmern von Ferne her, Lande versinken im Wolkenmeer."[45]

Eine historische Einladung

Es ist September, die Expeditionsteilnehmer werden zu besonderen Tempeltänzen nach Gangtok eingeladen, was sie gerne annehmen. Doch der grundsätzlich schon äußerst ungeduldige Expeditionsleiter will nicht weiter nur warten und untätig bleiben. Zusätzlich macht ihm die politische Entwicklung in Mitteleuropa Sorgen, denn ein Krieg hätte ein vorzeitiges Ende der Expedition bedeutet. Nun spitzt sich die sogenannte Sudetenkrise zu. Nach dem Einmarsch in Österreich beharrt Hitler immer deutlicher auf Gebietsansprüchen für die deutschsprachigen Regionen in der Tschechoslowakei. Wird man den deutschen Diktator gewähren lassen? Wird es Krieg geben? Mit England?

Schäfer macht sich nur in Begleitung von Kaiser auf den Weg, um mit Basil Gould vertraulich zu verhandeln. Er trifft ihn schließlich auf dessen Inspektionsreise im nördlichen Chumbi-Tal, bereits auf tibetischem Territorium. Über dem Lager weht unübersehbar der Union Jack, Sikh-Gardisten bewachen den Zeltkomplex. Gould weiß ebenso wie Aubrey Metcalfe in Delhi seit Wochen über Schäfers illegalen Grenzübertritt Bescheid, und man hat auf diplomatischer Ebene den Taring Raja entsprechend gerügt. Der beteuert Gould gegenüber, dass ihm der Besuch der Deutschen eigentlich sehr unangenehm gewesen wäre.

Der Political Officer lädt Schäfer zu Lammkoteletts mit Minzsoße, Apfelstrudel und Portwein ein und hört sich kommentarlos dessen ausschweifende Erklärungen, Entschuldigungen und Rechtfertigungen an. Es ist Ende September 1938, wenige Tage vor der Münchner Konferenz, die Hitler freie Hand für den Einmarsch in das Sudetenland geben wird. Gould führt Schäfer in das Zelt seines Nachrichtenoffiziers, und sie empfangen dort eine Rede des englischen Premiers Chamberlain, „Peace in our time!", ruft der, immer noch im Geiste der Appeasement-Politik, von der möglichen Einbindung Hitlers per territorialen Zugeständnissen überzeugt. Nur vielleicht hundert Kilometer entfernt empfangen Schäfers Expeditionskollegen auf ihrem Kurzwellensender dagegen Hitlers Rede im Sportpalast und seine Behauptung, keine weiteren Gebietsansprüche außer dem Sudetenland mehr zu stellen. Es folgt Goebbels Verdikt „Führer befiehl, wir folgen!". Großer Jubel in Deutschland.

Basil Gould und Ernst Schäfer glauben an diesem Tag, ein Krieg zwischen ihren Nationen sei abgewendet – und schütteln sich zum Abschied die Hände. Gould schreibt an Aubrey Metcalfe, der unbedingte Wille Schäfers, nach Gyantse und Lhasa zu gelangen, spräche eher für „touristische oder politische Interessen" denn für naturwissenschaftliche. Trotzdem reicht er erneut Schäfers Einreisegesuch über den mittlerweile wieder in Lhasa eingetroffenen Hugh Richardson an den Kashag, den tibetischen Ministerrat, weiter. Mithilfe Kaisers formuliert Schäfer auch einen mit asiatischen Höflichkeitsformeln gespickten Brief an den Regenten:

> „... Eure Heiligkeit mögen Freude des Herzens empfinden, wenn ich mitzuteilen die Ehre habe, daß die Deutschen die höchste Meinung von Tibet haben und seine alte Kultur verehren. Auch ist es in Deutschland allgemein bekannt, daß die hohe und reine buddhistische Philo-

sophie unter den großen Gelehrten Tibets heute noch in höchster Blüte steht. Aber es ist in allerhöchstem Maße zu bedauern, wenn man feststellen muß, daß noch keinem einzigen Deutschen die Gelegenheit geboten war, Lhasa, die wunderbare und weltberühmte Hauptstadt des heiligen Landes zu besuchen ..."[46]

Es vergehen weitere sieben lange Wochen, bis am 26. November auch ein für Gould überraschendes Telegramm eintrifft: „Tibetische Regierung gibt Schäfer Erlaubnis Lhasa für 14 Tage zu besuchen!" Drei Tage später erreicht dann per Postläufer ein fünffach versiegelter Brief die Schäfer-Expedition. Schäfer selbst bricht die Siegel und liest:

„An den deutschen Herr Schäfer (Sha-per), Meister der hundert Wissenschaften. Danke für Ihren Brief vom 12. Tage des 9. englischen Monats mit zwei Kisten, die je eine Grammophonmaschine, Gesangsplatten und zwei Feldstecher enthielten.

Was Sie selbst und die anderen Deutschen in ihrer Begleitung ... betrifft, die sie als erste Deutsche Lhasa zu besuchen und die heiligen tibetischen Klöster zu besichtigen gedenken, so geben wir Ihnen zu hören, dass allen Fremden der Eintritt nach Tibet prinzipiell und ein für alle Mal verboten ist.

Obgleich wir aus Erfahrung wissen, daß es nicht schwierig ist, aus einer Angelegenheit zwei zu machen, so glauben wir aus Ihren Ausführungen trotzdem zu verstehen, daß Ihr Besuch nur den einen Zweck verfolgt, Freundschaft zu schließen, das heilige Land zu sehen und seine religiösen Einrichtungen kennenzulernen.

In Kenntnis dieses, geruhen wir Ihnen hiermit die Erlaubnis zu erteilen, Lhasa zu betreten und dort 14 Tage zu verbleiben, allerdings nur unter der Bedingung, daß Sie sich verpflichten, der tibetischen Bevölkerung kein Leid anzutun und sich bereit erklären, keine Vögel und Säugetiere zu töten, was die religiösen Gefühle der tibetischen Bevölkerung, und zwar nicht nur der Angehörigen der Priesterschaft, sondern auch diejenigen der Bürger zutiefst verletzen würde. Nehmen Sie sich dieses gütigst zu Herzen! Abgesandt vom Kashag, am 3. Tage des 10 Monats des Feuer-Tiger-Jahres."[47]

Schäfer hatte gewonnen, mit Glück, Dreistigkeit, Hartnäckigkeit, Bauernschläue oder einer Kombination aus allem, das ist ebenso offen wie der Grund, warum letztlich der Kashag der Einreise zustimmte. Sicher haben weder Basil Gould noch Hugh Richardson diese Entscheidung befördert. Der Jubel in Nord-Sikkim war laut und anhaltend, die letzten Flaschen Beck's wurden geöffnet und neue Pläne geschmiedet.

Die Einreisebedingungen der tibetischen Regierung waren für Schäfer ebenso unverbindliche Empfehlungen wie die Verabredungen mit den Engländern. Wer sollte dem Meister der 100 Wissenschaften, dem SS-Offizier Ernst Schäfer, dem deutschen Tibet-Forscher, dem Pionier der neuen deutschen Wissenschaft noch Vorschriften machen und Bedingungen stellen?

Die Engländer hatten den Brieftext sehr wohl verstanden. Richardson telegraphierte an seinen Chef Gould in Gangtok, dass der Kashag ihm mündlich mitgeteilt habe, dies sei eine Erlaubnis für einen „pleasure trip only" und Schäfer solle angewiesen werden, Waffen und wissenschaftliche Instrumente in Sikkim zu lassen.

Gould war gutgläubig und schrieb an das Außenamt in Delhi: „Es ist nicht sehr wahrscheinlich, daß die Mannschaft solche Instrumente mit nach Tibet nehmen wird. Und die Tibeter wären sicherlich sehr verärgert, sollten sie feststellen, dass solche Messungen ohne ihre Erlaubnis stattfinden." Und das Außenministerium von Britisch-Indien in Person von Aubrey Metcalfe informierte Schäfer genau in diesem Sinne: „Ich denke, Sie verstehen, daß es unter diesen Bedingungen unmöglich ist, irgendwelche meteorologischen oder anderen Meßinstrumente mitzunehmen ...!"

Das sollte Schäfer wenig kümmern. Was war ein Wissenschaftler ohne Instrumente? Eine reine Vergnügungsreise nach Lhasa? Das kam nicht infrage. Dann müsse man eben Engländer und Tibeter austricksen, das war ihm ja vertraut. „Das war der große Sieg!" schrieb er, nichts und niemand würde ihm diesen Sieg nun noch gefährden, weder in Tibet noch in Deutschland. Und so telegraphierte er die große Neuigkeit umgehend nach Berlin! Im letzten Funkspruch aus der SS-Zentrale an die Expedition vor dem Grenzübertritt beglückwünschte Himmler Schäfer „mit dem neuen Lichtjahr an der Schwelle zu ihrem größten Erfolg!" und beförderte ihn zum SS-Hauptsturmführer.

Gould schreibt sehr klarsichtig in einem Brief, er glaube, Schäfer hätte große Angst, ohne große, sichtbare Erfolge nach Deutschland zurückzukehren, weil dann seine weitere Laufbahn dort vielleicht beendet wäre. Einen Förderer wie Heinrich Himmler enttäuscht man nicht.

SS-Rituale am Himalaya

Die Expedition sammelte sich so schnell wie möglich wieder in Gangtok. Präparierte Vogelbälger und Tierfelle, gesammelte Stücke für die ethnologische Sammlung, belichtete Filme und Briefe wurden seefest verpackt und Richtung Kalkutta geschickt. Im Gegenzug kümmerte sich „Store-Sahib" Geer um Ersatz für verschlissene Ausrüstung und Nachschub an Lebensmitteln. Vor allem wärmende Schutzkleidung war nun vorrangig, ein Marsch nach Lhasa im Dezember und Januar würde der Karawane im tibetischen Hochland Temperaturen von minus 20 Grad und darunter bescheren. Am 20. Dezember steht der Treck abmarschbereit in Gangtok. Verabschiedungen beim Sikkim-Herrscher Tashi Namgyal und natürlich bei Basil Gould in dessen Residenz folgten.

Schäfer war Gould „unendlich dankbar", dass er seine Pläne nicht weiter torpediert hatte. „Natürlich werde ich nie erfahren, wie sich der wortkarge Mann für uns eingesetzt hatte ...", schrieb er Jahre später. In der Tat, Gould war sich immer noch sicher, hier eine waschechte SS-Expedition überzeugter Nazis vor sich zu haben, doch er blieb den Vorgaben seiner Regierung verpflichtet, die besagten, Schäfer an der langen Leine laufen zu lassen. Und deshalb wurden sie auch nicht nach Waffen oder wissenschaftlichen Instrumenten durchsucht. Die mehrmals ausgesprochene Ermahnung, dies nicht zu tun, sollte reichen.

Außerdem, dachte Gould, erwartete sie in Lhasa ja ihr bekannter Freund und Begleiter Hugh Richardson. Und schließlich gab es da noch den Bhutia Rabden Khazi, der die Expedition nun als zweiter Dolmetscher begleitete. Beger mutmaßte schon früh „... in ihm einen von den Briten beauftragten Aufpasser".

Dann setzten sich über 50 Last- und Reitmulis in Bewegung. Steil zog der alte Karawanenweg Richtung tibetischer Grenze von Gangtok empor, in zwei Tagen von 1600 Metern zum Grenzpass Nathu La auf 4300 Metern Höhe. Der Treck kam langsam voran, der Winter war die Zeit der großen Wollkarawanen, die jetzt von Tibet Richtung Bengalen zogen, allein am ersten Tag zählte Schäfer rund 600 schwer beladene Mulis und Yaks, die ihnen entgegenkamen. Am Abend vor dem Grenzübertritt kampierte man am zugefrorenen See Tsomgo, beliebter Treffpunkt lokaler Dämonen und Geister, wie Jäger Akhey berichtete.

Aber es war der 21. Dezember, Wintersonnenwende und damit für jeden aufrechten SS-Mann ein Tag der Feier heidnisch-germanischen Brauchtums, sei es in Berlin oder nahe der tibetischen Grenze. Die Deutschen erstanden fünf Zentner Brennholz für ein üppiges Lagerfeuer, entzündeten einen „Julleuchter“, während Wienert an seinem Kurzwellengerät so lange nestelte, bis er eine Verbindung zur Heimat hergestellt hatte, und über die Radiowellen knisterte tatsächlich eine Rede ihres Schirmherrn Heinrich Himmler „von irgendwo aus dem Sudetengau klingt seine ruhige Stimme“ in die eiskalte Nacht unterm Nathu La, „alle hörten begeistert zu“.[48]

Mit Fackeln machte man sich auf zur Uferlinie, und Beger skandierte „Sonnenverwandte heilige Flamme schlage empor!“, während Schäfer einen mächtigen petroleumgetränkten Holzstoß entzündete. In den Funkenflug stimmten die Emissäre deutsch-männlicher Wissenschaft dann selten im Himalaya gehörte Töne an: „Flamme empor, steige mit loderndem Scheine glühend empor …“ Schäfer hielt eine kurze Ansprache und notierte: „Wir gelobten alle, fest zusammenzustehen und alle Kraft für unsere weiterhin erfolgreichen Forschungen einzusetzen, so daß unser Vaterland auf uns stolz sein konnte.“ In Berlin beförderte Heinrich Himmler an diesem Tag per Unterschrift seine Abgesandten in Tibet in höhere Dienstränge. Von den Juden-Pogromen im November will Schäfer nichts gewusst und nichts gehört haben, so beteuert er Jahre später in amerikanischer Gefangenschaft. „Ich war ja in Tibet …“, so die unhaltbare Erklärung.

Am Mittag des nächsten Tages erreicht die Karawane den Grenzpass Nathu La auf 4300 Meter. Eine mächtige Steinpyramide markiert den höchsten Punkt und die Grenze. Dutzende schon vom Sturm zerfressene bunte Gebetsfahnen und Katag-Schals knattern im Sturm und schicken das buddhistische Mantra „Om Mani Padme Hum“ tausendfach mit dem Wind in die Welt. Auch die Deutschen binden ihre weißen Seidenschals mit an. Es ist ein wolkenloser, klarer Wintertag, ein eisiger Wind fegt aus Norden über die weite Gratscharte, von hier geht der Blick hinab nach Tibet, in das dicht bewaldete Chumbi-Tal, das sich in der Ferne in einer weiten, winterlich-braunen Hochsteppe verliert, im Osten eingerahmt von eisig glänzenden Sechstausendern an der Grenze zu Bhutan.

Seit Ewigkeiten ist der Nathu La der wichtigste Übergang nach Tibet, uralte Handelsstrecke zwischen Indien und dem Schneeland, Weg für Waren, Soldaten oder Pilger. Der Pass vermittelt den kürzesten Zugang zu den südtibetischen Städten Gyantse, Shigatse und eben nach Lhasa. Über diesen breiten Sattel flüchtete der 13. Dalai Lama 1909 vor chinesischen Truppen zeitweilig in das indische Exil, und 1904 überschritt Francis Younghusband als Anführer der britischen Militärexpedition gen Lhasa hier die Grenze. Historischer Boden. „Lha Gyal Lo! – „Die Götter haben gesiegt!“, rufen die Tibeter beim Überqueren hoher Bergpässe aus. Nur: welche Götter?

Eine zeitgenössische Aufnahme des Potala, fotografiert von den Berghängen südlich von Lhasa

5

Interregnum

Turbulenzen in Tibet

Das Land, das die fünf jungen SS-Offiziere am 22. Dezember 1938 betraten, war für sie das Ziel lang gehegter Träume, ein Versprechen von Exotik, Geheimnis und Abenteuer. Sie fühlten sich als Pioniere, stolz, als erste Deutsche auf dem Weg in die „Verbotene Stadt“ Lhasa zu sein – tibetisches Territorium hatten ja schon andere Deutsche bereist, etwa Filchner oder Tafel, aber nie die Hauptstadt erreicht.

Tibet war in diesen Jahren ein Land geprägt von tiefer politischer Zerrissenheit und Verunsicherung. Intrigen und Fraktionskämpfe beschäftigten die klerikale und weltliche Führungsschicht. Seit Jahrzehnten pflegte das Schneeland seine selbst gewählte Isolation als vermeintliche Gewähr für den sicheren Bestand des Landes und seiner sozialen Ordnung. In Tibet herrschte eine feudale Theokratie, in der die Regeln und Erfordernisse der Religion das Maß aller Dinge waren. Aber immer mehr Tibeter spürten, dass das System keine Antworten mehr auf die Herausforderungen der Moderne, der Zukunft geben konnte.

Ebenso wenig wie 1903/1904 beim Kampf gegen die britische Militärexpedition geweihte Amulette die Gewehrkugeln der vorrückenden britischen Soldaten von den Tibetern abhalten konnten – so wie es zuvor die Lamas den Soldaten prophezeit hatten –, ebenso wenig konnten tagelange Gebetsrituale von Tausenden Mönchen die alten Herrschaftsansprüche Chinas über Tibet bannen, die von Tschiang Kai-Tschek wieder in aller Deutlichkeit formuliert wurden. Tibet musste seine Abschottung gegenüber der restlichen Welt aufgeben oder zumindest lockern, wollte es als eigenständige Einheit, als Staat wahrgenommen und völkerrechtlich anerkannt werden.

Es bedurfte der Entwicklung von gesellschaftlicher Infrastruktur, wie Bildung, Verkehr und Gesundheit. Konservative und Modernisierer bekämpften sich in Lhasa erbittert – und es war niemand da, keine Institution in Sicht, die diesen Zwist hätte lösen oder befrieden können. Es herrschte das Interregnum. Der 13. Dalai Lama war 1933 verstorben, und seine 14. Reinkarnation noch nicht gefunden.

Der Panchen Lama, der zweitwichtigste Würdenträger in der Gelugpa-Hierarchie, lebte seit Langem im chinesischen Exil – Folge eines Streits mit dem Dalai Lama über dessen Forderung, höhere Steuerabgaben zum Aufbau einer tibetischen Armee abzuführen. Die Regierung in Lhasa tat sich schwer mit den Verhandlungen über die Rückkehr des Panchen Lama in sein verwaistes Kloster Tashi Lunpo in Shigatse. Das Land, in dem das Wort hoher, reinkarnierter Lamas quasi als Gesetz galt, stand ohne seine wichtigsten weltlich-religiösen Führer da. Man könnte auch sagen, es taumelte durch diese Jahre des Interregnums. Kein gutes Omen für das Schneeland. Aber davon wussten die deutschen SS-Männer nichts, als sie den verschneiten Nathu La querten und ins Chumbi-Tal Richtung Yatung hinabritten.

Bis zur Auffindung der nächsten Reinkarnation und Inthronisierung des zukünftigen Dalai Lamas konnten mehrere Jahre vergehen. Das System der tibetischen Theokratie sah für diese Zeit des Interregnums vor, dass ein sogenannter Regent die Führung des Landes übernahm. Nach der Tradition fiel dieses Amt bestimmten hohen, reinkarnierten Lamas oder Kloster-Äbten zu – manchmal entschied das Los. Tibet wurde so seit 1934 geführt von dem jungen, unerfahrenen Lama Reting Rinpoche, Abt des Klosters Reting, Geburtsname Jampey Yeshe, der schon bald seine besondere Stellung vor allem zum persönlichen Vorteil nutzen sollte, und einem als schwach beleumdeten „Regierungschef“ (tibetisch *Lönchen*, im weitesten Sinne mit einer solchen Funktion vergleichbar).

Dies stärkte die traditionellen Eliten in Adel und Klerus sowie den

Der durch Losentscheid ermittelte Regent für das Interregnum bis zur Übernahme der Herrschaft des 14. Dalai Lama, Reting Rinpoche. Sein Führungsstil war in der tibetischen Theokratie äußerst umstritten, der deutschen Expedition gegenüber gab er sich sehr wohlwollend.

vierköpfigen, konservativ geprägten Ministerrat (tibetisch *Kashag*). Die Folge waren zunehmende, teilweise erbitterte Fraktionskämpfe, die im Endeffekt dem eigentlich vorrangigsten Ziel tibetischer Politik, dem Ausbau der De-facto-Unabhängigkeit hin zu internationaler Anerkennung, schadeten und die imperialen Gelüste Chinas stärkten. Diesem Reting Rinpoche traten 1939 die Emissäre des NS-Staates gegenüber und buhlten um das Vertrauen des Regenten. Wieder einige Jahre später wurde Reting Rinpoche wegen eklatanten Machtmissbrauchs aus dem Amt gejagt, interniert und schließlich im Gefängnis ermordet.

Zu den tief greifenden innenpolitischen Konflikten kamen äußere diplomatische Verwerfungen hinzu. Der seit 1923 im chinesischen Exil lebende Panchen Lama prüfte[49] nach dem Tod des 13. Dalai Lama über diplomatische Kanäle die Möglichkeiten einer Heimkehr in sein Kloster Tashi Lunpo. So sehr viele Tibeter das begrüßt hätten und so sehr auch die Regierung in Lhasa ein Interesse an der Beilegung des alten Konflikts hatte, so groß war andererseits die Angst in den Reihen der Führung, dass sich der Panchen Lama während des Exils zu stark „sinisiert" hätte und quasi als diplomatische Vorhut einer chinesischen Okkupation heimkehren würde. Monate-, ja jahrelange Verhandlungen über die Modalitäten einer Rückkehr des Panchen Lamas zogen sich zäh dahin, teilweise unter Beteiligung der Briten und der Chinesen. Letztlich ohne Ergebnis, denn am 1. Dezember 1937 starb Thubten Chökyi Nyima, der neunte Panchen Lama, nahe der chinesisch-tibetischen Grenze in der Stadt Jyekundo, ohne sein Heimatkloster wiedergesehen zu haben.

Ein wichtiger diplomatischer Nebenaspekt dieser politischen Volten war aber die Etablierung einer dauerhaften britischen Mission in Lhasa. Seit Jahrzehnten war die britische Tibet-Politik vor allem durch Vorsicht bestimmt. Britisch-Indien und das Foreign-Office in London wollten alles vermeiden, was nach Vereinnahmung, Okkupation oder Kolonialisierung Tibets hätte aussehen können. Trotzdem pflegte man seit der Younghusband-Mission 1904 intensive Beziehungen nach Lhasa, da im Koordinatensystem des Empire Tibet ein wichtiger „buffer-state" zwischen den Interessen Indiens,

Chinas und Russlands war – von diesem fein austarierten Spiel sprach man in Great Britain als „Great Game".

Diese empfindliche Balance verlangte nun nach Aktion, denn die Chinesen hatten ihren Kondolenzbesuch nach dem Hinscheiden des 13. Dalai Lama genutzt, um in Lhasa eine dauerhafte Mission samt Funkstation einzurichten. Als der Political Officer Sikkim, Bhutan and Tibet, Basil Gould, auf seinem turnusmäßigen Besuch 1936 Lhasa erreichte, brachte er ebenfalls eine leistungsstarke Funkstation mit und beließ sie bei seiner Abreise wenige Monate später in der tibetischen Hauptstadt. Der vorherige britische Handelsagent in Gyantse, der Schotte Hugh Richardson, verblieb mit kleiner Mannschaft in Lhasa und etablierte so die britische Mission in der tibetischen Hauptstadt, die bis zur Unabhängigkeit Indiens 1947 Bestand haben sollte.

Die Suche nach einem neuen Dalai Lama

Neben diesen für viele verstörenden und teilweise gewalttätigen Vorkommnissen schien der Regent Reting Rinpoche seiner vornehmsten Aufgabe zielstrebig nachzukommen: der Suche nach der neuen Reinkarnation des Dalai Lama. Das Auffinden einer neuen Reinkarnation folgt einer Reihe genau festgelegter, traditioneller Rituale, wobei der erste Schritt nach tibetischem Verständnis das Erkennen wichtiger Zeichen, Hinweise und Visionen ist. Ein Hilfsmittel und Quelle solcher Nachrichten aus der übernatürlichen Welt ist der kleine See Lhamolatso in Südosttibet, auf dessen Oberfläche sich dem Geübten manchmal prophetische Bilder offenbaren sollen. Nach der Grabweihung des 13. Dalai Lama machte sich der Regent im Sommer 1935 mit einer kleinen Eskorte auf den Weg zum Lhamolatso.

> „Der Regent ritt die steilen Hänge auf dem Rücken eines Yaks hinab zum Seeufer. Dreimal noch kehrte er wieder zurück zum Seeufer, das erste Mal gemeinsam mit dem Gefolge, dann nur begleitet von wenigen Helfern. Wir saßen zwischen den Felsen, zwei bis drei Stunden lang und versuchten, eine Vision zu sehen, aber mir gelang es nicht.

Aber Reting Rinpoche empfing eine Vision. Er machte dazu aber keinen Kommentar. Er verkündete seine Vision erst im kommenden Jahr während einer Nationalversammlung, die nur zu diesem Zweck einberufen wurde."[50]

Reting Rinpoche berichtete der Lhasaer Führung im Sommer 1936, er habe am See das Bild dreier tibetischer Buchstaben empfangen (a, ka, ma), das pagodengleiche Golddach eines Klosters gesehen und einen gewundenen Pfad, der vom Kloster zu einem einstöckigen Haus mit blauem Dach zwischen rauen Hügeln führt. Reting Rinpoche interpretierte die Buchstabenfolge als einen Hinweis auf die tibetische Provinz Amdo. Die Versammlung folgte seiner Eingebung, und noch im Herbst wurden drei Suchmannschaften von Lamas zusammengestellt, die Richtung der Provinzen Amdo und Kham aufbrachen, um weitere Hinweise auf mögliche Kandidaten für die Reinkarnation zu finden. Die Kham-Gruppe erreichte Ende des Jahres Jyekundo an der tibetischen Grenze und traf auf den Panchen Lama, der – wie erwähnt – dort auf eine Einigung mit der Regierung in Lhasa über die Modalitäten für seine Rückkehr nach Tibet wartete.

Er berichtete dem Suchtrupp, dass er sich über außergewöhnliche Geburten in der Region erkundigt habe, als er sich kurz zuvor im Kloster Kumbum aufhielt (etwa 100 Kilometer weiter nördlich gelegen). Dabei habe er von drei bemerkenswerten Jungen erfahren. Die sollten sich die Kundschafter aus Lhasa einmal genauer anschauen, empfahl der Panchen Lama.

Nach den Wintermonaten zog die Gruppe aus Lhasa dann im Mai 1937 weiter und erreichte das große Kloster Kumbum, Geburtsort des Gründers der Gelugpa-Schule, Tsongkhapa. Sie erkannten in der Gestalt des Hauptgebäudes die Vision des Regenten wieder. Nach weiteren Erkundigungen näherte sich der Suchtrupp im Juli einem kleinen Bauernhof im Dorfe Taktser, 50 Kilometer östlich von Kumbum gelegen. Wie dort in der Folge der zweijährige Lhamo Thöndup, Sohn der Kleinbauern und Pferdehändler Chökyong Tsering und Dekyi Tsering nach eingehenden Prüfungen als die gesuchte Reinkarnation, als 14. Dalai Lama erkannt wurde, ist oft beschrieben worden.

Die geplante zügige Rückreise der Suchmannschaft samt der jungen Reinkarnation nach Lhasa verzögerte allerdings der regionale Machthaber, ein muslimischer Warlord namens Ma Bufang, um viele Monate. Der war mittlerweile über die große Bedeutung seines jungen Untertanen Lhamo Thöndup gut unterrichtet und forderte für die Ausreise des Knaben aus seinem Machtbereich ein Lösegeld in chinesischen Silbermünzen im heutigen Gegenwert von rund 2,5 Millionen US-Dollar. Nach einigen diplomatischen Interventionen und Verhandlungen konnten die Tibeter schließlich Ma Bufang die enorme Summe wie gewünscht bar aushändigen, und am 21. Juli 1939 setzte sich aus dem Kloster Kumbum eine große Karawane von 50 Reisenden samt 350 Reit- und Lasttieren in Bewegung. Der zukünftige Dalai Lama und seine Familie waren nun unterwegs auf dem langen Weg nach Lhasa.

In Tibet begann damit ein neues Kapitel seiner Geschichte, gleichzeitig das letzte seiner Existenz als unabhängige, freie Nation. Zur gleichen Zeit hatte die Schäfer-Expedition endgültig asiatischen Boden verlassen. Die dringenden Aufforderungen zur eiligen Rückkehr in die Heimat waren verstanden worden. Himmler brauchte seine SS-Männer in Deutschland. Auch in Europa begann ein neues Kapitel, das vielleicht blutigste und verheerendste seiner bisherigen Geschichte.

Freundschaftsmahl unter SS-Wimpeln. Von links: Kyibu (einer der „Rugby-Boys"), Beger, der chinesische Gesandte Chang Wei-Pei, Geer, Tsarong, Schäfer, Jigme Taring, Ringang (ein weiterer „Rugby-Boy"), Möndro, Wienert

6

Tibet

Das Treffen von „westlichem und östlichem Hakenkreuz“

Rund 400 Kilometer Wegstrecke bis Lhasa lagen vor der Karawane. Vier Wochen würden sie unterwegs sein, zuerst durch das liebliche, bewaldete Chumbi-Tal reiten, dann über die berüchtigte Karawanserei Phari und die Ebene von Tuna zur fruchtbaren Ebene südlich von Gyantse, drittgrößte tibetische Stadt, britischer Handelsposten, Telegraphenstation und Garnisonsstützpunkt einer bewaffneten Armee-Einheit, gelangen: ihr erster wichtiger Zwischenhalt.

Heiligabend erreichten sie den Hauptort des Chumbi-Tales, Yatung, der zweite britische Handelsposten entlang der Lhasa-Route. Geleitet wurde er von Rai Bahadur Norbu Dhondup, direkt Basil Gould unterstellt und einer der wenigen Tibeter in britischen Diensten. Norbu Dhondup erwies sich als höflicher Vertreter seines Arbeitgebers England und lud zu Tee und Gebäck. Beger schlug im Wäldchen hinter dem Posten eine Fichte, ein Tannenbaum musste sein, Kerzen waren im Gepäck ausreichend vorhanden, Bahlsenkekse und selbst gebasteltes Lametta aus Silberpapier dienten als Baumschmuck. Abends griff „Store-Sahib“ Geer tief in die Vorratskisten, es gab Spargel, Ölsardinen und Würstchen aus der Dose, dazu Brandy, Armagnac sowie tibetisches Gerstenbier, das im Laufe des Abends reichlich floss.

Die einheimische Expeditionsmannschaft wunderte sich ob der ihnen unbekannten Fest-Gebräuche und war dann umso erfreuter, als es für sie Weihnachtsgeschenke gab: neue Gummistiefel, Zigaretten und drei Rupien extra pro Kopf. Bevor die Stimmung in rührselige Weihnachtsliedergesänge kippte, meinte der neue Dolmetscher, er werde „der Mannschaft bedingungslos folgen, welcher Art die politischen Ziele in Tibet auch immer sein mögen". Für die Deutschen, die in Rabden Khazi einen getarnten britischen Spion vermuteten, kam diese Bemerkung fast einem Geständnis gleich, als ob er in alkoholseliger Laune versuchte, sie über die wahren Ziele des Unternehmens auszuhorchen. Natürlich erklärte ihm Schäfer ein ums andere Mal den völlig harmlosen und rein wissenschaftlichen Charakter seiner Expedition und begann nun seinerseits, unter weiteren Chang-Einflößungen aus Rabden Khazi mehr über dessen Auftraggeber und Ziele zu erfragen.

Wienert hatte am Heiligabend nicht so ausgiebig dem Changbier zugesprochen, war er doch fest entschlossen, seine erdmagnetischen Messungen trotz des Verbots auch in Tibet fortzusetzen. Das musste dann eben heimlich geschehen – nachts oder an abgelegenen Orten. Außerdem baute er ein Zelt um seine Messinstrumente auf, um nicht zufällig von Weitem doch überrascht zu werden. Und in allergrößter Not dachte er, sich noch mit dem Verweis auf fotografische Experimente herausreden zu können. Gegen Mitternacht krabbelte Wienert mit Beger ein Stück den Berghang hinauf, um die erdmagnetischen Abweichungen mit der Feldwaage zu bestimmen – im winterlichen Tibet bei Nacht alles andere als komfortabel.

Auf alten Handelsrouten

Wenige Tage danach verließ die Expedition das geschützte Tal, Kiefernwälder und dann Rhododendrongehölze blieben unter ihnen zurück, letzte Wacholdersträucher markierten den Übergang zur baumlosen Hochsteppe, die jetzt im Winter im eisigen Dauerfrost erstarrt war. Die Briten hatten die Strecke von Kalimpong bis Gyantse nicht nur mit einer Telegraphenleitung ausgestattet, sondern auch mit einfachen Rasthäusern an den jeweiligen Tagesetappen, sogenannten Dak Bungalows. Dort gab es Futter für die Mulis und Brennmaterial – vornehmlich getrockneter Yak-Dung. Schäfer rechnete später die lokalen Preise in Mark und Pfennig um: Ein Träger kostete danach pro Tag 40 Pfennige, ein Pferd 50, ein Diener im Monat 20 Reichsmark, und besagter Yak-Dung habe sie pro Kopf auf der Strecke nicht mehr als 1,50 Reichsmark gekostet.

Da die Deutschen im Besitz einer offiziellen Reiseerlaubnis aus Lhasa waren, durften sie das System der tibetischen Fernreisen nutzen: An den Endpunkten der Tagesetappen waren die Bewohner per Gesetz verpflichtet, Unterkunft für die Reisenden und bei Bedarf frische Tiere bereitzustellen – eine große Belastung für die Landbevölkerung, da die zuständigen Regierungsbeamten nicht zögerten, bei Verstößen strenge Strafen zu verhängen.

Die Straße nach Gyantse führte gerade nach Nordosten, zur Rechten überragte sie viele Tagesreisen eine der eindrucksvollsten Berggestalten des Himalaya, der kegelförmige Eisriese des Chomolhari, 7326 Meter hoher Grenzpfeiler zu Bhutan, dessen gleichmäßig steile Flanken mehr als 2000 Meter die Ebene von Phari überragen. Schäfer hatte sich bis dato mit seiner Jagdleidenschaft zurückgehalten, zu groß erschien ihm das Risiko, entdeckt zu werden. Auch jetzt wollte er keine der heimlich mitgeführten Waffen nutzen – ein Schuss hätte sich nicht verheimlichen lassen –, sondern er baute aus den Gummieinlagen ihrer Expeditionskoffer eine Art Katapult, mit dem er nach einiger Übung recht zielgenau Vögel und Kleinsäuger erlegte – sowohl zur persönlichen Befriedigung als auch zur wissenschaftlichen Analyse.

Wie Wienert begann der jagende Schäfer ein Versteckspiel, man ließ die Expedition vorausziehen, setzte sich schon am frühen Morgen oder am Abend ab, suchte die spärliche Deckung in der weiten, offenen Grassteppe und begann mit geophysikalischen Messungen oder Katapultschießübungen auf Schneefinken, Alpenlerchen und Maushasen. Schäfer notiert: „Die Tibeter ahnen ja nicht, wie wir hier uns gerade gegen ihre Götter versündigen." Seine tiefe Abneigung gegen den allgegenwärtigen Aberglauben dieser „Naturkinder" konnte der Anhänger heidnisch-germanischen Brauchtums nicht verbergen. Ernst Schäfer war seit Langem vor allem den Reizen der tibetischen Landschaft verfallen, ihrer Wildheit, Größe und Weite

Die Expedition auf der alten Handelsroute Richtung Norden nach Gyantse. Im Hintergrund der imposante Grenzgipfel zwischen Tibet und Bhutan, der Chomholhari (7326 m)

sowie ihrer Monotonie und Menschenleere. Er phantasierte sich Tibet zu einem ihm gemäßen Elysium, ganz unbeherrschte Natur, unbefleckt von menschlichem Tun, fern der Zivilisation, eigentlich kein Ort für Menschen, mehr Shangri-La-Traum als Realität.

> „Es ist diese himmelsnahe Schönheit, die mein Herz schlagend erhielt in der Einsamkeit unter den Menschen. Und ich zehrte von ihr in den qualvoll sehnsuchtsvollen Jahren zwischen den Expeditionen; sie war meine tröstende Quelle, mein Paradies, aus dem mich niemand vertreiben konnte. So, in Erinnerung vertieft, gedämpft, verfeinert und erhoben, war mir mein Tibet allzeit gegenwärtig – im Traum mehr noch als im Wachen. Und nun soll's bald wieder wahr sein, die blauen Gletscher, die einsamen Sternennächte, die unendlichen Steppen, alles!"[51]

Es gibt in der deutschen Literatur keinen größeren Tibet-Kitsch.

Allerdings legten sie auch mit Teleobjektiven auf Kiangs, Tibet-Gazellen und Blauschafe, die großen Säugetiere des südlichen Tibet, an, die in kleinen Herden in sicherer Entfernung zur Karawanenstraße dahinzogen. Wienert entwickelte trotz aller Versteckspiele für seine Messungen der geomagnetischen Daten eine ungeheure Disziplin angesichts der widrigen Wetterbedingungen. Er skizziert seine Arbeitsroutine:

> „Lager aufschlagen, Antenne zwischen Eispickel und Zeltstange 30 Meter entfernt, Zeitzeichen über Radio abhören, Sonnenhöchststand messen jeden Tag, Einrichtung des magnetischen Theodoliten. Nachmittags Ablenkungsbeobachtung für die erdmagnetische Horizontalintensität 2 Stunden, dann Schwankungsbeobachtungen, bei denen mir ein Kamerad helfen muss beim Durchgang des Magneten durch die Ruhelage das Zeichen zuruft, während ich am Boden liege und die Chronometer beobachte und die Durchgänge in langen Zahlenreihen festhalte.“[52]

In der Nacht vom 2. Januar maß er die tiefste Temperatur ihrer Expedition mit minus 35,7 Grad. Aber auch bei unter 20 Grad minus frieren die mitgeführten Destillate nicht, so kann der Jahresbeginn 1939 trotz wenig komfortabler Unterkunft ausgiebig begossen werden.

Sie passierten kleinere Ortschaften, heiße Quellen und einsame Klöster, die Wasserscheide des Tang La zwischen Ganges und Brahmaputra und Festungsruinen aus den lange vergangenen Zeiten räuberischer Mongoleneinfälle oder Scharmützeln mit Bhutan. Und sie durchquerten Guru, einen Ort jüngeren Blutvergießens, einen „Platz der Angst und Bitterkeit“ für die Tibeter: Hier stieß 1904 die haushoch an Soldaten und Feuerkraft überlegene britische Streitmacht unter Francis Younghusband auf einen Haufen schlecht bewaffneter und ausgebildeter Tibeter, die sich einzig im Glauben an die Hilfe höherer Mächte den Engländern und Gurkhas entgegenwarfen und im Kugelhagel mehrerer Maschinengewehre zu Hunderten krepierten. Das Massaker von Guru führte in England zu einem Aufschrei der Empörung, Colonel Younghusband verteidigte sich mit dem Verweis auf die Dummheit tibetischer Lamas, die

Die fruchtbare Schwemmlandebene von Gyantse, der drittgrößten Stadt Tibets, Verkehrsknotenpunkt und Handelszentrum

Typische Teppichmanufaktur in Gyantse. Das Rohmaterial ist Yakwolle.

diese Männer in den sicheren Tod getrieben hätten. Der Vormarsch auf Lhasa, um die Isolationspolitik der Tibeter zu durchbrechen, wurde fortgesetzt. Das Empire zeigte mal wieder Flagge.

Am 5. Januar 1939 nähert sich Schäfers Karawane Gyantse. Südlich der Stadt erstreckt sich eine weite Ebene, durchflossen vom Nyang Chu und geschützt von Gebirgskämmen. Hier, auf 4000 Meter, liegt eine der Kornkammern Tibets, vor allem Gerste wird angebaut. Die Besiedlung wird dichter, sie sehen häufiger Manimauern, Stupas, in

Felsen geschlagene Buddhabildnisse. Die Expedition passiert prächtige Gehöfte und man versäumt nicht, Saatgut zu kaufen. Denn Heinrich Himmler dachte natürlich nicht nur an arische Spurensuche in Tibet, sondern war erpicht auf besonders widerstandsfähige Nutzpflanzen und Tierrassen – der weite Lebensraum im Osten stand ja unmittelbar vor seiner Eroberung durch das „Herrenvolk“. Und dort sowie im Krieg konnten tibetische Gebirgsponys oder die berühmte 60-Tage-Gerste, die zwei Monate nach Aussaat dank ausgeklügelter Bewässerungstechniken schon schnittreif war, hilfreich sein. Himmler wollte seine Wehrbauern mit tibetischer Gerste und Hochlandponys ausstatten. Das war Forschung, auf die „das Vaterland stolz sein konnte“, wie die heimische Presse schrieb. Man quartierte sich in der alten Handelsstadt am Knotenpunkt mehrerer Straßenverbindungen im Dak Bungalow ein. Gyantse war in Tibet nicht nur als Handelsstadt und für die Fruchtbarkeit seiner Umgebung berühmt, sondern auch für Teppichweberei und den größten und künstlerisch aufwendigsten Stupa des Landes, der Kumbum der *100 000 Gottheiten*.

In einem kleinen Pappelhain vor der Stadt waren die britische Garnison und der Handelsstützpunkt untergebracht. Am nächsten Morgen erfolgte sogleich der Antrittsbesuch der Deutschen bei Englands Statthalter, in „Ausgehanzug und Wintermantel“ – man hatte ja für alle Gelegenheiten vorgesorgt. Sie wurden empfangen von Major Mackenzie und Captain Clifford, die derzeit das Kommando über die 50 Sikh-Soldaten der Garnison führten.

Gyantse im Winter, das bedeutete strengen Dauerfrost, regelmäßige Staubstürme und ein übersichtliches Programm an Abwechslungen im militärischen Routine-Alltag. So war es nicht so erstaunlich, dass Clifford trotz relativ früher Stunde zu alkoholischen Getränken einlud. Vor, während und nach dem Lunch gab es Stout, Ale, Wermut und Gin, und mit steigendem Promillepegel rutschte die Unterhaltung ins Politische. Auch im abgeschlossenen Tibet holten die weltpolitischen Realitäten die SS-Forscher ein. Der Ire Clifford wetterte gegen Hitler und den „Juden“ Goebbels, Deutschland werde schon wegen Geldmangels jeden Krieg verlieren, höchstens die Hälfte aller Deutschen stünde hinter dem „Führer“, bis er sich mit einem finalen „I have beaten you!“ schwankend verabschiedete. Schäfer versuchte derweil, sich demonstrativ ausschließlich mit dem ruhigeren Mackenzie zu unterhalten, dessen politische Haltung gegenüber NS-Deutschland aber ebenfalls keine freundliche war. Schäfer notierte erbost in einem Bericht:

> „Die verächtliche Tatsache, dass dieser rein wissenschaftlichen Expedition politische Agitation und andere politische Verdächtigungen unterschoben werden, trägt sehr zu unserer Erheiterung bei und wird mit schallendem Gelächter aufgenommen.“[53]

Zu allem Überfluss stand ihnen zwei Tage später ein erneuter Besuch bei Hugh Richardson bevor, der ebenfalls auf der Durchreise Richtung Lhasa war. Richardson lud die Deutschen zum Dinner in die Garnison ein, man führte Small Talk, erst bei Zigarre und Whiskey kam Richardson zur Sache. Und er war besser informiert, als Schäfer es vermutet hätte. Die Expedition solle es unterlassen, weiterhin Hakenkreuzfahnen und die SS-Runen zu zeigen, egal ob auf Wimpeln oder Helmen, forderte Richardson. Das wäre für eine rein touristische Unternehmung völlig unangemessen. Wenn überhaupt Fahnen, würde hier der Union Jack flattern. Und dann sei ihm zu Ohren gekommen, dass die Deutschen Einheimische schlecht behandelt hätten, etwa einen Postläufer beleidigt, der nach ihren Reisedokumenten gefragt hatte. Und schlussendlich bekräftigte Richardson erneut das strikte Verbot zu jagen und wissenschaftliche Messungen durchzuführen – ließ aber nicht durchblicken, ob er von den bereits erfolgten Verstößen etwas wusste. Kleinlaut machte man sich auf den Heimweg.

Es sah nun nach einer Art Kaltem Krieg zwischen Deutschen und Engländern in Tibet aus, verstärkt durch eine tiefe persönliche Antipathie zwischen Schäfer und Richardson, jenseits aller politischen Differenzen. Schäfer schrieb in sein Tagebuch: „Von Beginn an habe ich gemerkt, daß ich mit Richardson keinen Frieden finden würde, er ist einfach ein bornierter Pendant und Bürokrat.“ Und Richardson vermerkte später ebenso privat: „Ich war von Beginn an gegen diese Unternehmung. Es war keine Zeit für freundliche Gefühle gegenüber Deutschland.“ Deshalb sind sicher auch nicht alle Aussagen in den britischen Quellen aus diesen Monaten die letzte Wahrheit, auch in London und Delhi spielten in der Bewertung der Vorgänge politische Opportunitätsgründe eine gewisse Rolle.

Ein vertraulicher Report von Basil Gould vermerkt jedenfalls:

> „Die Deutschen machten sich in Dochen, Tuna und Phari unbeliebt, als sie Vorräte einkauften und nicht bereit waren, die üblichen Preise zu zahlen. Dann sollen sie ihren rekrutierten Sherpas erlaubt haben, Einheimische zu misshandeln und zu schlagen. Und es gab weiter Beschwerden wegen der anthropologischen Messungen von Beger.“[54]

Deshalb verdient eine Episode des Gyantse-Aufenthalts genauere Betrachtung, da sie in mehrerlei Hinsicht symptomatisch für das Verhalten der ganzen Mannschaft in Tibet ist. Oft ist in den offiziellen Expeditionspublikationen von Schäfer über den guten Eindruck zu lesen, den die fünf jungen Deutschen in Tibet hinterlassen hätten. Mag das aus Schäfers Sicht nicht gelogen sein, so ist es zumindest verklärend bis einseitig. Die andere Geschichte der Deutschen in Tibet steckt oft zwischen den Zeilen, in nicht publizierten Briefen, Aktennotizen etc. Die schon erwähnte Nichtbeachtung tibetischer Sitten und Wünsche in Sachen wissenschaftlicher Messungen oder dem Töten von Tieren ist das eine. Das andere war die Art und Weise, Einheimische zu behandeln. Seine Kollegen schrie Schäfer nur an, aber seine einheimischen Angestellten bekamen auch mal Schläge. Später wird er manche Ausfälle, manch krasses Fehlverhalten mit „zerrütteten Nerven“ begründen.

Und da ist der Anthropologe Beger und sein Blick auf die einheimischen Frauen. Weit entfernt von seinen sonstigen Grübeleien über die rechte Rassenmischung durchzieht seine Erinnerungen beim Betrachten der Tibeterinnen ein ungebremst pubertärer Voyeurismus. Da „lächeln die drallen Mädel mit den roten Wangen“, da „winken die hübschen Bhutia-Frauen“, „des Wirtes schönes Töchterlein schaut gern herein und besonders zu mir“, und „die eine Frau ist häßlich und schielte, die andere umso anziehender gut proportioniert und derbdrall ... das ärmellose Wollkleid gewährt reizvolle Einblicke und die völkerkundliche Erkenntnis, daß Unterwäsche hier nicht üblich war."[55] Feuchte Träume eines Spätentwicklers oder der Blick des weißen Eroberers? Jedenfalls keine Anthropologie.

Am 11. Januar verließ die Karawane Gyantse. Sie hatten nun etwa die halbe Wegstrecke nach Lhasa hinter sich und reisten auf einer vielgenutzten Verbindungsroute zwischen diesen beiden großen Städten. Die Straße führte in zwei Tagen hinauf zum 5000 Meter hohen Karo-La, dann hinunter zum weitverzweigten und zugefrorenen Yamdrok Yutsho, entlang seines Westufers erneut über eine Passhöhe und endlich hinab in das breite Tal des Tsangpo, nach dessen Überquerung das Seitental des Kyichu den Weg ins nahe Lhasa anzeigt.

Häufig passieren sie auf dieser Route Ruinen, Burgen auf exponierten Felskanzeln, Festungsbauten in der Ebene, aber auch verfallene, größere Gehöfte und Wohnhäuser. Die Auskünfte der Einheimischen über die Gründe und Ursprünge dieser Hinterlassenschaften sind meist unpräzise, manchmal widersprüchlich. Gab es hier einst größere Kampfhandlungen? Wurden Siedlungen nach Hungersnöten oder Naturkatastrophen aufgegeben? Es gab keinen Wissensstand über die tibetische Frühgeschichte im Westen, keine Disziplin einer tibetischen Archäologie. Die selbst gewählte Isolation und die Verbote der orthodoxen Theokratie in Lhasa hätten solche Untersuchungen allein schon unmöglich gemacht. Schäfer und Beger erinnern sich an einen ihrer Aufträge aus Berlin: Was hat es mit Spuren und Relikten einer möglichen früheren arischen Hochkultur in Tibet auf sich? Gab es einst eine vorbuddhistische Kultur in Tibet, geführt von stolzen Kriegerkönigen, männlich-arisch, dem Diesseits und der Tat verpflichtet, die dann später aus unbekannten Gründen unterging und von einer „verweichlichten" Kultur des tibetischen Buddhismus überlagert und verdrängt wurde, dessen oberster Klerus das Land nun unangefochten regierte?! So weit die Arbeitshypothese der SS-Forscher.

Beger beobachtet Ruinen, „die offenbar ein Relikt aus einer längst vergangenen Kulturepoche sind", Schäfer erkennt: „Auf all unseren Wegen im zentraltibetischen Gebiet begegnen uns die Zeugen einer kriegerischen Vergangenheit. Neben den uralten aus der Königszeit stammenden Burgen stehen die modernen tibetischen Gehöfte.“ Und vermerkt voller Bewunderung „Als noch die alten Könige von Yarlung über das Schneeland herrschten, hatte diese Burg eine große Bedeutung, doch heute ist sie nur noch ein stolzer, wehrhafter Traum aus längst vergangenen Tagen.“ Sein Fazit: „Niemand weiß heute, welche Aufschlüsse über den Ursprung und das Werden des Menschengeschlechts noch in Tibets Bergschutt ruhen ...“[56]

Seine Abneigung gegen die allgegenwärtigen Mönche und ihre Herrschaft als Ausdruck des Niedergangs der frühen tibetischen Hochkultur kann er nur schwer kaschieren: „Leise und inbrünstig lallen fromme Lamas ihre heiligen Gebete, die der Buddha vor undenklichen Zeiten vorsprach. In stoischer Ruhe sitzen Tausende von fanatischen Mönchen in langen, wallenden Roben und meditieren. Sie trachten nach Ewigkeit und haben Raum und Welt vergessen.“ Das sind keine Vorbilder für einen „Wikinger der Wissenschaft“ aus dem Deutschen Reich. Und Hobbyethnologe Beger beschäftigen zusätzlich die vermehrt auftretenden Hakenkreuze – im Indischen *Swastika* genannt, auf Gebrauchsgegenständen, auf Textilien und als Zeichen auf Türen und Hauswänden. Natürlich vermutet der NS-Wissenschaftler hier die alte Verwandtschaft arischen Kulturguts, denn „... es gab auch Zeichnungen, die der germanischen Lebensrune ähnlich sahen“.

Ankunft in Lhasa, heiliges Zentrum Tibets

Mit schweren, aus roh behauenen Planken gefertigten Kähnen setzt der Haupttross der Karawane über den jetzt im Winter breit und träge dahinfließenden Tsangpo, der viele Flusskilometer weiter in Indien dann zum Brahmaputra wird. Am Abend wird die Ortschaft Chushul erreicht, Endpunkt der Tagesetappe. Ein Mönch, ein Abgesandter aus Lhasa, findet sich ein und befragt Schäfer nach dem voraussichtlichen Zeitpunkt seines Eintreffens dort, damit auch die angemessenen Vorbereitungen getroffen werden können. Hocherfreut erklärt Schäfer: „Zur glücklichsten Stunde, wenn die heilige Sonne den kürzesten Schatten wirft, soll das große Ereignis stattfinden.“ Eine hochrangige Begrüßungsdelegation werde die Deutschen an den Toren der Stadt am übernächsten Tag zur vereinbarten Zeit erwarten, verabschiedet sich der Mönchsbeamte. Schäfer ist tief befriedigt, der Delegation aus dem Deutschen Reich wird endlich die ihr gebührende Beachtung und Ehrerbietung zuteil. Entsprechend putzt sich die Karawane heraus: Haare werden gewaschen, Bärte gestutzt, Sättel geputzt, frische Kleidung aus dem Expeditionsgepäck gekramt. In angemessenem Tempo geht es tags darauf der letzten Station vor dem Einzug in die heilige Stadt entgegen, Nyetang.

Die Reisenden sind nun im Herzen des Schneelandes angekommen, auf einer für tibetische Verhältnisse moderaten Höhe von 3700 Metern. Das Tal von Lhasa entlang des Kyichu ist dicht besiedelt, die Straßen sind belebt. Sie passieren winterlich ruhende Felder, durchqueren kleine Siedlungen. Handelskarawanen und Pilgergruppen aus allen Teilen des Landes sind mit ihnen unterwegs Richtung Lhasa. Nur noch wenige Wochen sind es bis zum tibetischen Neujahrsfest, dem wichtigsten Fest im Jahreslauf, deshalb werden überall Häuser frisch gestrichen, Gebetsfahnen an Weidenzweige geknüpft, es wird Wäsche im Fluss gewaschen, aus gemauerten Öfen zieht der Duft von Wacholderbrand herüber.

Um 7.00 Uhr morgens steht die Karawane am nächsten Morgen bereit, es ist ein kalter, klarer Wintertag im Lhasa-Tal, Morgennebel liegen noch über dem Fluss, aus Yakdungfeuern steigt der Rauch senkrecht empor. Schäfer ist angespannt. Man sitzt auf, und in angemessener Marschordnung, Schäfer voran, gefolgt von seinen Expeditionskollegen, dann die Dolmetscher, Diener, Yaktreiber und schließlich die Tragtiere, geht es auf die letzten 20 Kilometer. Es ist der 19. Januar 1939.

Plötzlich klingt von hinten lautes Hufgeklapper. Hugh Richardson kommt in Begleitung von Captain Clifford in leichtem Galopp die Straße herauf. Sie halten jedoch nicht ihre Pferde an, belassen es bei einem beiläufigen „Hello!“ und einem angedeuteten militärischen Gruß, dann passieren sie den verdutzten Karawanenführer Schäfer und entschwinden in einer Staubwolke Richtung Lhasa. Ungute Vorahnungen trüben Schäfers Vorfreude, doch ohne weitere Diskussion setzen sie ihren Weg fort. Aber die Deutschen verdrängen schnell den Vorfall, zu überwältigend ist die Szenerie, die Macht des Moments. Denn egal, was noch passieren wird, sie wissen, in ein, zwei Stunden werden sie die ersten Deutschen sein, die die verbotene Stadt, die heilige Stadt, das sagenumwobene, von so vielen Forschern und Reisenden mit allen Mitteln und Manövern (meist vergeblich) angestrebte Lhasa betreten.

Wenige Minuten später stoppen sie, als ihre Mannschaft: Bhutias, Sikkimesen, Sherpas absitzen, ihre Kopfbedeckungen abnehmen und sich verneigen. In der Ferne blinkt der vielgeschossige Potala, zeitweiliger Wohnsitz des Dalai Lama und Klosterburg, Zentrum und Sinnbild der herrschenden Theokratie im Land. Aus einem Felsrücken im Talgrund schwingt sich der mächtige Bau elegant in die Höhe, überragt in weitem Umkreis alles und schwebt förmlich zwischen Gipfeln und Talboden. Sogar Schäfer ist sprachlos. Die Deutschen tun es ihren Begleitern gleich, sitzen ab und verbeugen sich schweigend. Bald darauf erreichen sie den verabredeten Treffpunkt an einer Brücke über einen Zufluss zum Kyichu. Es ist erst 10 Uhr morgens, sie sind zu früh. Akhey wird zur Erkundung der Lage vorausgeschickt. Man wartet, kickt nervös Steinchen in den Fluss, läuft unruhig auf und ab, blinzelt hinüber zum nördlich am Hang gelegenen Kloster Drepung, eines der drei sogenannten Staatsklöster Tibets und mit zeitweise 10 000 Mönchen größtes seiner Art, oder bestaunt wieder die aufragenden rotweißen Mauern des „Vatikan von Tibet“, wie Schäfer den Potala gerne bezeichnete.

Akhey kehrt nach etwa einer Stunde zurück und berichtet betreten, dass direkt am Eingang zur Stadt ein Beamter des Kashag als Begrüßungsabordnung warte. Die Expedition solle in einer Reihe auf ihn zureiten. Und schließlich, um das Maß der schlechten Nachrichten voll zu machen, hatte der niedere Beamte gleich mitteilen lassen, dass der Regent in den nächsten Tagen wegen dringender religiöser Verpflichtungen keine Zeit haben werde, die Deutschen zu empfangen. Man konnte dieses Szenario als eine grobe Beleidigung interpretieren, man konnte es auch einfach als Machtdemonstration der Engländer begreifen, was es wohl auch war. Jedenfalls schäumte Schäfer, das sei nicht akzeptabel und kein angemessener

Blick von den südlichen Berghängen auf die tibetische Hauptstadt Lhasa. Im Vordergrund fließt der Kyichu. Seit über 1300 Jahren ist Lhasa das religiöse

Zentrum des Landes, Sitz der Dalai Lamas und der theokratischen Verwaltungshierarchie.

Der durchbrochene Chörten bildet das westliche Eingangstor nach Lhasa. Der nach links ziehende Felsrücken geht dann über in den Hügel, der den Potala trägt.

Empfang für eine Abordnung des Deutschen Reichs. Aber er hatte keine Wahl.

So passierte der Tross mit zusammengebissenen Zähnen und etwas zwanghaft lächelnd den ebenfalls freundlich lächelnden und sich verbeugenden Beamten, man tauschte Katags aus und durchritt den mächtigen, durchbrochenen Chörten, der als Westtor Lhasas fungierte, direkt an der tiefsten Stelle des vom Potala herabstreichenden Bergrückens und dem südlich anschließenden Chakpori-Hügel, Sitz der Lhasaer Medizinschule. Die SS-Expedition Ernst Schäfer hatte Lhasa erreicht, was noch ein halbes Jahr zuvor alles andere als wahrscheinlich erschien. Doch von all den Widrigkeiten bis hierher berichtet Schäfer in seinen offiziellen Publikationen nichts. Bei ihm bleibt der Einzug nach Lhasa ein Reigen von Impressionen, Bildern, Szenen, Farben und Gerüchen. Der erste Tag in der tibetischen Hauptstadt endet dann doch noch mit einer Begrüßung durch Offizielle: Die Gesandten Nepals, Major Bahadur Bista, und Chinas, Chang Wei-pei (die einzigen Staaten, die eine Art Botschaft in Lhasa unterhielten) stellen sich den Deutschen vor.

Der Potala lag damals knapp einen Kilometer westlich der Innenstadt mit dem zentralen Barkhor-Platz und dem bedeutendsten Heiligtum des Landes, dem Jokhang-Tempel, Nabel Tibets und Ziel Tausender Pilger. Direkt südlich der Stadt floss vielarmig der Kyichu, und zwischen seinem Ufer und dem Stadtzentrum lagen einige prächtige Anwesen, Villen wohlhabender tibetischer Familien oder auch Gästehäuser der Regierung, so wie Tredilingka, das den Deutschen für die kommenden Wochen als Unterkunft dienen sollte. Etwas weiter außerhalb, zwischen dem Potala und dem Sommerpalast des Dalai Lama, Norbulingka, stand auch das wesentlich größere Haus der britischen Gesandtschaft, Dekyi Lingka.

Lhasa, das war 1939 eine Stadt mit rund 25 000 Einwohnern, und in den drei großen umliegenden Staatsklöstern Ganden, Drepung und Sera lebten schätzungsweise noch mal so viele Mönche. Die Hauptstadt des Landes im fruchtbaren Kyichu-Tal war seit rund 1300 Jahren das Herz und Zentrum Tibets, aus Rhasa, „Ort der Ziegen“, war damals Lhasa, „Ort der Götter“, geworden.

Abgeschieden durch weites Ödland, Wüsten und hochragende Bergketten im Herzen Asiens gelegen, bot das *Dach der Welt* schon seit jeher allein aufgrund seiner naturgegebenen Isolation breiten Raum für Träume und Phantasien fremder Reisender. Seit der Mitte des 17. Jahrhunderts beherrschten Dalai Lamas als höchste Inkarnationslinie der Gelugpa-Schule das Land, vereinigten weltliche und religiöse Autorität und bildeten mit dem mächtigen Klerus der Staatsklöster das umfassende System der tibetischen Theokratie. War das Land bis Ende des 18. Jahrhunderts noch durchaus offen für einreisende Ausländer gewesen – so hielten sich etwa mehrfach katholische Missionare länger in Lhasa auf, ebenso wie hin und wieder europäische Kaufleute –, verbot die tibetische Regierung nach einem feindlichen Einfall nepalischer Gurkhaeinheiten und deren Vertreibung durch herbeigerufene chinesische Truppen 1792 endgültig die Einreise von Ausländern.

Nach einer langen Reihe entbehrungsreicher und aufwendiger Versuche von weißen Ausländern im 19. Jahrhundert, Lhasa zu erreichen – die durchweg scheiterten –, hatte der Nimbus des Unerreichbaren dann seit der britischen Younghusband-Expedition 1904 mächtig eingebüßt, und seit den 1920er-Jahren gab es immer wieder vereinzelte Reisende, die den Potala mit eigenen Augen erblicken durften. Doch nach wie vor war Tibet im westlichen Bewusstsein ein Land, über dessen Natur, Menschen, Religion nur wenig bekannt war und entsprechend mehr phantastische und teils haarsträubende Gerüchte umliefen.

Die Expedition von Ernst Schäfer, Bruno Beger, Karl Wienert, Ernst Krause und Edmund Geer hatte nun in Lhasa Quartier genommen, aber für die Engländer wie für das offizielle Tibet besaßen sie den Status von Touristen. Die wissenschaftliche Expedition durfte und konnte nun als solche gar nicht mehr in Erscheinung treten, erst recht nicht unter dem Etikett einer von der SS und Heinrich Himmler beauftragten Unternehmung. Was also tun? In der allgemeinen Hochstimmung über das erreichte Ziel beschlossen die Deutschen, sich denn dann auch wie Touristen zu benehmen. Alles andere würde sich von selbst ergeben. Diese gewisse Lockerheit der Deutschen bescherte ihnen tatsächlich in den kommenden Wochen viele Sympathien unter den tibetischen Notabeln. Und sie boten damit auch ein gewisses Kontrastprogramm zum strengen und jederzeit auf diplomatische Etikette bedachten britischen Gesandten Hugh Richardson, der sich in seinen Reports mehrfach über das äußere Erscheinungsbild und das unangemessene Auftreten der Deutschen beschwerte.

Die begaben sich derweil erst mal auf eine Stadterkundung. War Lhasa das ganze Jahr über Ziel großer Karawanen und Hunderter Pilger, so jetzt, Ende Januar, erst recht. Das tibetische Neujahrsfest, Losar, stand unmittelbar bevor, das mit Abstand bedeutendste Fest im tibetischen Jahreslauf. Neben Händlern und Pilgern zog das mehrwöchige Losar auch Musiker, Schauspieler, Prostituierte und Bettler in die Metropole. Sie kamen mit Yakkarawanen geritten, zu Fuß, wenige Vornehme in Sänften getragen. Nicht wenige hatten wochenlange Anreisen über viele Hundert Kilometer hinter sich.

Sie alle und noch andere Völkerschaften traf man in buntem Gemisch tagsüber auf dem Lingkhor, dem 15 Kilometer langen Pilgerweg rund um Lhasa und Potala, den fromme Tibeter einmal täglich im Uhrzeigersinn umrunden. Hier wurde zigtausendfach das „Om Mani Padme Hum“-Mantra gemurmelt und durch unendliche Drehungen der Gebetsmühlen für das Wohl aller lebenden Wesen vervielfältigt, manche Pilger mit schützender Lederschürze und Holzplatten an den Händen durchmaßen tagaus, tagein den Lingkhor mit Niederwerfungen und ihrer Körperlänge.

Krause bediente Foto- und Filmkamera, und dies umso ausgiebiger, da die Fremden durchweg mit unbefangener Freundlichkeit betrachtet und begrüßt wurden. Er filmte auch Szenen, die ihn fast die Kamera absetzen ließen. Denn sie passierten die Stätte der „Himmelbestattungen“, die traditionelle Art der tibetischen Totenbestattung, bei der die Leichen zerstückelt, teils die Knochen regelrecht zermahlen und Horden von Geiern zum Fraß vorgeworfen werden. Die Nüchternheit, mit der die Ragyapas, die abgeschlossene Zunft der Leichenzerteiler, diese Arbeit anscheinend wie ein profanes Handwerk verrichten, irritierte die Männer der SS.

Schäfer scheint regelrecht angewidert: „So findet man auf diesem kurzen Wege alles, was die tibetische Menschheit an Abschaum zu bieten vermag ...“ Trotzdem schickte er Akhey wenige Tage später ins Ragyapa-Lager mit hundert Rupien, um einen menschlichen Schädel zu erstehen, doch aus dem Geschäft wurde nichts.

Die fünf nahmen den Rückweg durch das Zentrum von Lhasa, vorbei am zentralen Heiligtum, dem Jokhang-Tempel (erbaut 639), der auch von einer kürzeren Pilgerstrecke umschlossen ist, dem Barkhor. Daneben reihten sich die Werkstätten und Läden der Stadt, Waren und Werkzeuge vor den Häusern. Handel, Arbeit und Feilscherei fand auf der Straße statt. Nicht nur Tibeter betrieben hier ihre Läden, Nepalis, Inder, Kaschmiris, Chinesen und Mongolen waren darunter, Buddhisten wie Moslems. Und so weitgereist wie ihre Verkäufer waren auch viele der angebotenen Waren, Kleidung und Stoffe in allen Formen, Farben und Qualitäten, Waffen wie Dolche und Schwerter, medizinische Salben, Kräuter, Teppiche, Pelze, religiöse Preziosen wie Gebetsmühlen und -kränze, Gold- und Silberschmuck, Perlen, Korallen, Küchenutensilien, Butterlampen, Seife, Ziegeltee, Yakfleisch, Whiskey und – was Schäfer am meisten erstaunte – Beck's Bier aus Bremen.

Bei der Rückkehr in ihr Heim Tredilingka fanden die Deutschen zu ihrer Überraschung ein üppiges Begrüßungsgeschenk des Kashag vor: 500 Eier, fünf Säcke Reis, noch mal so viel Mehl und drei große Ballen Yakbutter. Und schließlich gab es noch eine Einladung der chinesischen Gesandtschaft für den nächsten Tag. Der Reigen der diplomatischen Verpflichtungen hatte begonnen.

Besucher aus fremden Ländern waren damals eine Rarität in Tibets Hauptstadt und erfreuten sich deshalb einer besonders großen Neugier in allen Bevölkerungskreisen – außer vielleicht bei sehr konservativen Klerikern, die grundsätzlich alles Übel den Fremden anlasteten. Innerhalb der Lhasaer Oberschicht war es eher ein gesellschaftliches Ereignis ersten Ranges, ausländische Besucher gebührend zu begrüßen und zu bewirten. In den nächsten Tagen folgte ein Besuchsprogramm bei den Notabeln der Stadt in festgelegter Reihenfolge – je wichtiger der Gastgeber, desto später erfolgte der dortige Besuch – und nach fein abgestimmter Etikette.

Mit dem zwar als Spion verdächtigten Rabden Kazi hatten die Deutschen einen intimen Kenner der tibetischen Sitten und Gebräuche zur Seite, der sie unterrichtete, um größere Peinlichkeiten zu vermeiden. Kleinere wohl nicht zwangsläufig, sieht man doch im Expeditionsfilm Schäfer bei Begrüßungen und dem Übergeben der weißen Katag-Schals immer wieder seinen Tropenhelm mit den großen SS-Runen lüften.

Der tibetische Adel umfasste vielleicht 200 bis 250 Familien, die auf dem Land große Güter und Tierherden besaßen, deren Abgaben und Steuern die Grundlage ihres Wohlstands bildeten. Die Aristokratie lebte fast ausschließlich in Lhasa, die wohlhabendsten in großzügigen Villen etwas außerhalb der eigentlichen Stadt. Mag Tibet damals ein Land der tiefen Gläubigkeit gewesen sein, in dem eine Theokratie Alltag und Staatsgeschicke lenkte, die Notabeln

Lhasas bezeichnete Schäfer nicht zu Unrecht als Epikuräer, „der Sublimierung der leiblichen Genüsse der diesseitigen Welt ganz und gar verhaftet, als wenn es kein anderes Leben zu erwarten gäbe“.[57]

Neben kostbarer Kleidung, Schmuck und für tibetische Verhältnisse prächtig ausgestatteten Villen bezog sich dieses Epikuräertum vor allem auf Speis und Trank. Mehrstündige Gelage mit Dutzenden Gängen waren eine Lieblingsbeschäftigung des Adels, viel hatte man hier von der chinesischen Kultur trotz aller sonstigen Animositäten mit dem Reich der Mitte übernommen, und wer es sich in Lhasa leisten konnte, beschäftigte chinesische Köche. Aus einer wohlkomponierten Speisenabfolge:

> „Kandierte Reisflädchen, um den Appetit anzuregen. Aprikosenscheiben, Datteln und Orangen, um die Stimmung zu heben. Lischifrüchte, um die Verdauung zu fördern. Getrocknete Krabben, um die Peristaltik zu heben. Gesalzene Erdnüsse, um den Magen geschmeidig zu machen. Melonenkerne, um die Würmer zu töten. Rosinen, um vor Erkältung zu schützen. Chinesischer Seetang in pikanter Sauce, um von Heiserkeit und Schwermut zu befreien. Grüne und schwarze Eier, um die Säfte zu steigern. Rettiche und Gürkchen in Essigtunke, um die Wahrheit zu fördern. Schweinespeck, gezuckert, um lustig zu werden. Bohnenkeimlinge mit Hammelfleisch, um die Triebe anzuregen. Leber gedünstet, um den Stoffwechsel anzuregen. Chinesischer Schinken, um das Gleichgewicht zu wahren. Fleischklößchen im eigenen Saft, um Selbstbeherrschung zu üben. Schweinebauch mit Sojasauce, um Widersprüche auszuschalten. Yakzunge in pikanter Sauce, um den Redefluß in Schranken zu halten. Schafnieren mit Chili und Paprika, um das Wasser zu halten ...“

Dazu reichten sogenannte Chang-Mädchen ständig aufgefüllte Gläser mit dem leicht moussierenden Gerstenbier und riefen „Trinket euer Gnaden!“, was dann auch besser befolgt wurde. Kleinere Gesangs- und Tanzeinlagen unterbrachen diese üppigen Festmahle. Die fünf Deutschen besaßen in Lhasa bald einen guten Ruf, weil sie keiner Einladung aus dem Weg gingen, sich tapfer mit Stäbchen durch 40 Gänge kämpften und erst recht keine Chang-Runde ablehnten. So trivial es klingt, die deutsch-tibetische Begegnung von „östlichem und westlichem Hakenkreuz", wie Schäfer sie gerne nannte, war zuallererst eine alkoholgeschwängerte Festsause. Schäfer war sich der Situation voll bewusst:

> „Unsere fragwürdige Berühmtheit und gleichzeitige Beliebtheit ist zum Teil darauf zurückzuführen, daß wir uns in kürzester Zeit zu wahren Tschangspezialisten entwickelten, je mehr unsere Eigenschaften als unentwegte und standhafte Tschangtrinker in der Heiligen Stadt berühmt wurden, desto mehr gewinnen wir an Achtung und Einfluß."[58]

Das war nicht Hugh Richardsons Spielwiese. Schäfer witterte seinen Vorteil, denn er wollte unbedingt erreichen, dass ihre Aufenthaltserlaubnis für Tibet verlängert wurde. Entscheidend für ihr Ansehen in Lhasa war dann aber neben ihren Steherqualitäten im Chang-Konsum „Doctor-Sahib" Beger und sein Medikamentenkoffer. Lange Schlangen Hilfesuchender bildeten sich oft schon morgens vor Tredilingka und Beger tat, was er konnte, zwar widerstrebend, aber im Bewusstsein der daraus resultierenden Vorteile.

> „So schwierig und zeitraubend diese Nebentätigkeit auch war ... so hatte sie doch die positive Seite, daß sie mich mit dem einfachen Volk enger in Berührung brachte und sie uns viele Gegenstände der dinglichen Kultur für die Sammlung einbrachten."[59]

In der Tat auch das vielleicht wertvollste und bedeutendste Stück an tibetischen Ethnographica, einen 108-bändigen Kanon buddhistischer Literatur, den Lhasa-Kanjur in traditioneller Fertigung – allein neun Mulis waren nötig, um das wertvolle Geschenk zu transportieren. Beger verdankte dieses Präsent den drei Söhnen der angesehenen Familie Phala, denn er hatte sich intensiv um die Behandlung ihrer erkrankten Mutter bemüht.

Bei ihren diplomatischen Pflichtbesuchen begegneten die Deutschen auch einem weiteren Mitglied dieser einflussreichen Familie, denn ein Onkel besagter Phala-Brüder, Kalön Lama, bekleidete den Posten des Mönchsministers im vierköpfigen Kashag, dem Ministerrat und mächtigsten Gremium in Tibet. Als „edlen, warmherzigen Mann von tiefer Herzensbildung" erleben sie den Shape (= Minister), der auch umgekehrt ein großes Interesse an Informationen aus dem Ausland zeigt.

Ganz anders dagegen verlaufen die Einstandsbesuche beim Senior-Shape Langchunga wie auch bei seinem Kollegen, dem Shape Böndong. Der laut Schäfer „Misanthrop, Pessimist und Querkopf“ verkündet „mit säuerlicher Miene und im Brustton der Überzeugung, alle europäischen Einflüsse verdürben Klima und Charakter“. Nicht weniger kühl und distanziert verlief der Besuch beim erst 29-jährigen, aber trotzdem erzkonservativen Ministerpräsidenten (Lönchen) Yapzhi Langdün, der allerdings in Lhasa damals aufgrund seiner beschränkten intellektuellen Fähigkeiten als völlig einflusslos galt.

Wie schon erwähnt, war die tibetische Gesellschaft und insbesondere der weltliche Adel in jenen Jahren tief gespalten zwischen Modernisierern, die technische Innovationen ins Land holen wollten, Kontakte zum Ausland suchten und eine eigene Armee zur Verteidigung gegen chinesische Machtansprüche befürworteten. Und dagegen standen die Konservativen – in einer Reihe mit den meisten Klosteräbten – die allein in der Abschottung und Bewahrung des Status quo die Bestandsgarantie für Tibet als Hort der Religion sahen. Insofern ist es nicht verwunderlich, dass sich die erfreulichsten Besuchskontakte für die Deutschen mit den prominenten Vertretern der Reformer und ihren Familien entwickelten. Da waren etwa die sogenannten Rugby-Boys, vier Tibeter, die auf Vorschlag des damaligen Political Officers Charles Bell 1913 für eine Ausbildung nach England gegangen waren. Drei von ihnen lebten noch in Lhasa und waren über Wochen bei den Deutschen gern gesehene Gäste, Kyiby Wangdu, Telegraphiespezialist und Kenner klassischer europäischer Musik, Rinzin Dorje Ringang, der Ingenieur geworden war und das neue Wasserkraftwerk in Lhasa betreute, das den ersten Häusern der Stadt Strom lieferte.

Und schließlich Khenrab Künsang Möndrong oder kurz Möndro, Mönch und hoher Beamter, zuständig für die Polizei in Lhasa. Möndro war eine außergewöhnliche Erscheinung: Groß, humorvoll, perfekt Englisch sprechend, offenherzig und interessiert, hatte er bereits einigen Ausländern als Begleiter, Dolmetscher oder sogar Beschützer in Lhasa gedient und bleibende positive Eindrücke hin-

Tsarong Dzasa, ehemaliges Regierungsmitglied und Militär, galt damals als reichster und einflussreichster Mann in Tibet. Er entstammte keiner aristokratischen Familie, erlangte seine Position durch Förderung durch den 13. Dalai Lama. Tsarong wollte die Öffnung und Modernisierung Tibets vorantreiben und diente vielen ausländischen Besuchern als Kontaktperson.

terlassen. Trotz Mönchsgelübden war er den besagten Tafel- und anderen Sinnesfreuden nicht abgeneigt und machte sich gerne über verkrustete Strukturen der tibetischen Verwaltung lustig, kurz ein hedonistischer Querdenker bis Zyniker, als Mönch wie als Tibeter eine Ausnahmeerscheinung.

Dann war da noch Tsarong Dzasa, ehemaliger Minister, ehemaliger General und ehemaliger Vertrauter des verstorbenen 13. Dalai Lama, ein Mann der Superlative. Er galt als reichster Bürger des Landes, ebenso als einflussreichster und mächtigster, aber ganz sicher war er derjenige, der eine Öffnung zur westlichen Kultur vehement anstrebte. Alle ausländischen Besucher Tibets in diesen Jahrzehnten berichteten von der beeindruckendsten Persönlichkeit des Landes, dem „uncrowned King of Tibet“, als den ihn auch die Engländer betrachteten. Tsarong besaß eine bewegte Biografie, Aufstieg und Fall in der politischen Gunst lagen bei ihm nah beieinander. Nun, mit Mitte 50, hatte er sich aus den aktiven politischen Geschäften zurückgezogen, suchte aber immer noch den Kontakt zu allen Ausländern, die Lhasa besuchten, und deshalb natürlich auch zu den Deutschen – doch pflegte er auch einen engen Austausch mit der britischen Gesandtschaft.

Der Reigen der Einstandsbesuche inklusive des Austauschs von Katags, langer Höflichkeitskonversation, ausufernden Banketten und üppigen Gastgeschenken neigte sich dem Ende zu, die Lhasa-Aristokratie hatte die Gelegenheit ausgiebig genutzt, die trinkfesten, bärtigen Männer mit den Hakenkreuzfähnchen zu erleben. Man konnte fast den Eindruck haben, als ob diese willkommene Unterbrechung des Lhasa-Alltags wie eine Art Society-Event seine erste Attraktivität langsam wieder verlor. Aber war da mehr als Party? Heinrich Himmler jedenfalls erwartete das.

Audienz beim Regenten

Schäfer versuchte seinem ersten Bericht aus Lhasa an den RFSS schon eine gewisse politische Note zu geben. Er interpretierte die Unzahl der Geschenke an Schweinemumien, getrockneten Schafen,

Reissäcken, Tsamba und Pferdefutter als Ausdruck der „tiefen und offenherzigen Freundschaft" der tibetischen Regierung.

> „Es ist ein gutes Gefühl, daß die Macht des Deutschen Reiches heute wieder bis in die entlegensten und weltabgeschiedensten Teile des asiatischen Kontinents ihren Glanz entsendet ... wir können stolz sein, daß die tibetische Regierung, die ihr Land bisher allen Vertretern der weißen Nationen verschließt, gerade uns Deutsche zum allerersten Male ihre Geheimnisse offenbart und das Leben in der Hauptstadt und den riesigen Klosterstädten zu zeigen gewillt ist."[60]

So Schäfer in der ihm eigenen Übertreibung und teils wahrheitswidrig in seinem Brief nach Berlin. Für einige Tibeter waren sie in erster Linie ein Objekt der Neugierde und eine willkommene Abwechslung zu den Briten. Für andere eher ein vorübergehendes Ärgernis aus dem Ausland, aber mehr über die wahre Haltung den Deutschen gegenüber wissen wir nicht.

Als eine Wissenschaftsexpedition oder erst recht als eine Gesandtschaft der arischen Herrenrasse auf der Suche nach vergessenen Cousins im Osten nahm sie wohl kein Tibeter wahr. Bekannt waren sie in Lhasa als die „deutschen Offiziere". Es gibt nur zwei autobiographische Werke von Tibetern aus jener Zeit, die im Westen veröffentlicht wurden. In einem werden die Deutschen kurz erwähnt. Tsewang Pemba – der erste Tibeter, der im Westen, in London, Medizin studierte – schrieb in „Young Days in Tibet" über seine Kindheit in der Hauptstadt.

> „Eines Tages kam eine Gruppe merkwürdig aussehender Reiter in die Stadt. Sie waren absolut keine Tibeter. Sie hatten blondes Haar, blaue Augen und dreckige, ungepflegte Bärte ... wir hörten, dass es Deutsche seien. Die Engländer waren immer sehr erpicht, ihr Prestige in Tibet aufrechtzuerhalten und machten das immer mit viel Pomp und Zeremonien. Sie wären im Traum nicht darauf gekommen, so abgerissen aufzutauchen wie diese Deutschen. Und sofort kursierten Geschichten über die Deutschen unter den Leuten von Lhasa. Es hieß, sie sammelten Läuse und würden einen sixpence für eine bezahlen. Ich muss sagen, dass viele tibetische Bettler, die Massen von Läusen beherbergten, dann über Nacht Millionäre hätten werden müssen ..."[61]

Der Regent, der junge Reting Rinpoche, hatte seine religiösen Übungen in Abgeschiedenheit nun beendet und lud die Deutschen zur Audienz in seine Residenz. Man kämmte die Haare, stutzte die Bärte und holte die Ausgehanzüge aus der Transportkiste. Das komplizierte Ritual des Katag-Austauschs wurde den fünf Deutschen von Rabden nochmals speziell für diese besondere Visite eingepaukt. Und ein angemessenes Sortiment an Geschenken für das Staatsoberhaupt wurde gepackt: ein Fernglas, Medikamente, Konfekt, deutscher Bernsteinschmuck, künstliche Edelsteine der I.G. Farben und ein Radioapparat. So gewappnet, begab man sich auf den Weg.

Beobachtet von strengen mönchischen Leibwächtern und geleitet von nickenden Dienern gelangt die Delegation des westlichen Hakenkreuzes endlich in den in Rot gehaltenen Thronraum des Regenten. Reting Rinpoche ist jung, 27 Jahre alt, und übt sein Amt als Regent seit fünf Jahren aus. Ein kleiner, schmaler Mann mit leicht linkischen Bewegungen und einer wenig einnehmenden äußeren Erscheinung, mit weit abstehenden Ohren, fliehendem Kinn und sehr prominenter Nase. Dieser Machthaber ist alles andere als unumstritten. Richardson bezeichnet ihn einmal als „hoffnungslos korrupt“, er missbraucht sein Amt zu allerlei sexuellen Eskapaden trotz zölibatärer Gelübde und entledigte sich ohne Skrupel aller Kritiker oder Konkurrenten. Ein Sprichwort machte in Anspielung auf den Regenten damals in Lhasa die Runde: „Nachdem er den Berg gegessen hatte, war sein Hunger noch nicht gestillt. Nachdem er den Ozean getrunken hatte, war sein Durst nicht gestillt.“ Die einzige Stärke seiner Position an der Staatsspitze ist das Vertrauen, das der verstorbene und hochgeschätzte 13. Dalai Lama diesem jungen Mann entgegengebracht hatte – warum auch immer. Die Deutschen irritiert sein Obergewand aus gelbem Wildleder und mehrere an der Wand hinter ihm drapierte Pistolen, aber hier und jetzt gilt es vor allem, die Etikette und damit das Gesicht zu wahren. Geschenke und endlose Höflichkeitsformeln werden ausgetauscht („Ist es erlaubt, sich nach dem Wohlergehen eurer Heiligkeit zu erkundigen?“), zu mehr dient diese erste Begegnung nicht. Schäfer übergibt die Gastgeschenke und einen Katag:

„Es ist ein glückliches Zeichen für uns als erste Deutsche in der Hauptstadt des Heiligen Landes Gäste zu sein ... wir kommen als Sendboten gegenseitigen Verstehens und nicht zuletzt, um die reine Philosophie der großen Religion in der heiligen Stadt zu studieren. Da das Hakenkreuz auch für uns Deutsche höchstes und heiligstes Sinnbild bedeutet, so stehe unser Besuch unter dem Leitspruch: Treffen des westlichen und östlichen Hakenkreuzes in Freundschaft und Frieden. Möge sich die hochherzige Freundschaft, die nun zum ersten Mal in der Geschichte angebahnt wird, uns allen zum gegenseitigen Nutzen gereichen."[62]

Es gehört zu Schäfers besonderen Fähigkeiten, mit wortreichen, anbiedernden Deklamationen Menschen, von denen er sich Vorteile erhofft, zu beeindrucken. Auch der Regent fühlt sich geschmeichelt, nickt und lächelt. Er wird in den kommenden Wochen den Deutschen außergewöhnliche Vorzüge gewähren. Nicht als Erster findet auch der Regent besonderen Gefallen am blonden Hünen Beger. Er krault dessen Haupthaar und bittet ihn, Mitglied seiner Leibwache zu werden. Dafür könne ja ein geeigneter Lama mit nach Deutschland reisen, um dort die buddhistische Lehre zu verbreiten. Mit dem Versprechen, sich das großzügige Angebot noch zu überlegen, meistert Beger die delikate Situation, und unter diversen Verbeugungen verabschiedet man sich fürs Erste.

Schäfer arbeitet verbissen an einer Verlängerung ihrer Aufenthaltserlaubnis in Lhasa. Die zwei Wochen sind im Zuge der formalen Besuchsreigen im Handumdrehen verflogen. Aber vor allem steht der Beginn des tibetischen Neujahrsfestes kurz bevor. Es wäre ein großer Erfolg für die Deutschen, wenn sie diesen Ereignissen beiwohnen dürften. Nur dem englischen Political Officer Charles Bell war das bislang vergönnt gewesen. Die Entscheidungsträger in Lhasa wollen umworben werden. Kaiser berichtet Schäfer, er habe gehört, einer der Kashag-Minister habe sich in Sachen Gastgeschenken seinen Kollegen gegenüber benachteiligt gefühlt, da müsse man nacharbeiten. Gesagt, getan. Neuer Besuch, weitere Geschenke. Auch der einflussreiche und prinzipiell den Deutschen gewogene Tsarong wird erneut umschmeichelt, mit einem üppigen Gastmahl im Haus der Deutschen.

Auch die Rugby-Boys sind dabei, Tsarongs Schwiegersohn Jigme Taring, damals eine Art Schatzkanzler, ein reicher Kaufmann aus Osttibet, Pangdatshang – später einer der Anführer des tibetischen Widerstandes gegen die chinesische Okkupation – und der chinesische Gesandte Chang Wei-pei. Es fließen Tee, Whisky, Likör und natürlich Chang. Der feuchtfröhliche Abend nimmt seinen Lauf, unter neckisch drapierten SS- und Hakenkreuzwimpeln spielt das Grammophon deutsche Weisen und der Alkohol fließt.

Wei-Pei erklärt, dass der deutschen Sitte *Auf Ex!* in China das Spiel *Trockene Tasse!* entspricht, was er dann auch zur allgemeinen Belustigung mehrmals zelebriert. Ein schwer angetrunkener Möndro singt später „Forty Green Bottles“ aus dem Erinnerungsschatz seiner Schulzeit in England und tanzt dazu. Nun setzt Schäfer zum diplomatischen Vorstoß an, ob sich die ehrwürdigen Herren beim Kashag für einen längeren Aufenthalt der Deutschen einsetzen würden. Klar doch!, schallt es unisono zurück. Schon tags darauf bringt ein Bote von Tsarong die Meldung, dass die Erlaubnis bis zum 8. März verlängert wurde, das wäre der zweite Tag des tibetischen neuen Jahres. Trotz dicker Köpfe war die Party-Politik also erfolgreich. Wie schreibt Schäfer später so voller Überzeugung: „Vom ersten Tage an geben wir uns alle erdenkliche Mühe, uns in das seltsame Gefüge der tibetischen Gesellschaft und des tibetischen Staatswesens einzufügen, ganz so, als ob wir selbst dazu gehören.“ Aber er versucht nicht nur durch Trinkgelage zu antichambrieren. Er nutzt all diese gesellschaftlichen Ereignisse, ob mehr oder weniger alkohollastig, um für das neue Deutschland zu werben und gegen die Briten Stimmung zu machen.

Hugh Richardson entging das alles nicht, weder die Sympathien, die man für die Deutschen in manchen Kreisen Lhasas hegte, noch Schäfers Sticheleien gegen das Empire. Einen Anlass lieferte Richardson selbst. Aus seiner Sicht war es angesichts der politischen Weltlage und der in Tibet im Speziellen selbstverständlich, alle ein- und ausgehende Post der Deutschen zu überwachen. Außerdem kontrollierten die Engländer mit ihrer Radiostation den Funkverkehr. Nun war der chinesische Gesandte Wei-pei so sehr von der deutschen Gastfreundschaft angetan, dass Schäfer ihn direkt bitten konnte, die chinesische Funkanlage zu benutzen und damit die Engländer zu umgehen. Der Chinese gab seine Zustimmung.

Tatsächlich erreichten Funksprüche Schäfers das deutsche Konsulat in Shanghai. Schäfer bat im Namen der „German SS-Expedition" in Berlin um weitere Geschenke, um die anspruchsvollen Notabeln in Lhasa für Deutschland günstig zu stimmen. In geheimen Dossiers versuchte sich Schäfer an politischen Analysen, die nicht unbedingt richtig waren, aber einmal mehr belegen, dass diese Unternehmung von Beginn an mehr war als eine wissenschaftliche Expedition.

> „Ziemlich klares Bild von der politischen Situation in Lhasa erhalten. Seit der Eroberung Lhasas 1904 hat man sich nach den Wünschen der britisch-indischen Machthaber zu richten. Man ist unter der Regierung des klugen Regenten in ein Stadium der Verachtung der englischen Regierungsmethoden eingetreten, wollen die Gebiete bis Gyantse wieder unter eigene Botmäßigkeit bekommen. Russische Einflüsse nicht festzustellen, China gegenüber verhält sich Lhasa abwartend und man scheint mit einer Eroberung Chinas durch Japan zu sympathisieren."[63]

Glaubte Schäfer wirklich, den britischen Gesandten in Lhasa hintergehen zu können? Schon im Februar unterrichtete der seinen Chef Basil Gould:

> „Sie haben ein gutes Verhältnis zu den Chinesen aufgebaut und senden jetzt Nachrichten nach Deutschland über die Funkstation in der chinesischen Gesandtschaft. Außerdem scheinen die Deutschen ihre Propaganda den tibetischen Offiziellen gegenüber darauf zu beschränken, ihnen zu versichern, daß Deutschland die mächtigste Nation der Welt sei. Ihren eigenen Leuten gegenüber sind sie nicht so zurückhaltend. Denen erzählen sie, dass die Briten unglaubwürdige Leute sind, die nie das sagen, was sie wirklich meinen."[64]

Schäfer konnte oder wollte eines nicht verstehen: Die Männer der tibetischen Oberschicht, die den Deutschen sympathisierend entgegentraten, waren die gleichen Kreise, die das Land grundsätzlich öffnen und modernisieren wollten. Sie waren den Briten gegenüber ebenso aufgeschlossen wie den Deutschen, sie waren nur über den langsamen Fortschritt in der Etablierung eines unabhängigen eigenständigen Staates Tibet enttäuscht. Da konnte eine weitere Unterstützung aus dem Ausland nicht schaden. Über die Diktatur im „neuen Deutschland“, ihre Verbrechen und die wachsenden Spannungen mit Deutschlands Nachbarstaaten wusste man in Tibet so gut wie nichts. Als Rabden Khazi in einem Gespräch Tsarong über die Verhältnisse genauer informierte und die Gründe für die Spannungen zwischen Schäfer und Richardson erklärte, soll Tsarong die Hände gefaltet und gesagt haben: „Es darf keinen weiteren Krieg zwischen diesen Nationen geben, sonst wird die Welt zerstört werden.“ Pro-Deutsch bedeutete für diese Tibeter nie ein Anti-Britisch. Warum auch?

Diplomatische Fingerübungen

Ungefähr in diesen Tagen erschien in Deutschland ein ausführlicher Artikel über die Zwischenergebnisse der Expedition, verfasst vom Kontaktmann in Deutschland, dem SS-Hauptsturmführer Konrad von Rauch, der betonte:

> „Die erste Deutsche SS-Tibet-Expedition steht unter der Schirmherrschaft des Reichsführers SS, Heinrich Himmler, und wird als solche persönlich von ihm ganz besonders gefördert. Setzt er sich doch immer wieder mit Rat und Tat für die Expeditionsziele ein, und ermöglicht es durch seine tatkräftige Unterstützung, daß die für jede Expedition so außerordentlich wichtige Verbindung mit der Heimat nicht abreißen kann.“[65]

Der gleiche SS-Offizier von Rauch ließ Schäfer persönlich wissen, dass „er mit gut informierten Personen gesprochen hätte. Diese hätten geraten, wir sollten nach dem Lhasa-Aufenthalt heimkehren. Man erwarte uns im Mai in Deutschland zurück.“ Stand der Krieg schon bevor? Das passte gar nicht in Schäfers Zeitplan.

Es war Ende Februar geworden, das große Neujahrsfest, Losar, stand unmittelbar bevor. Rund einen Monat lang herrschte in Lhasa Ausnahmezustand. Religiöse Feste und familiäre Feiern gingen Hand in Hand, große Staatsempfänge wechselten sich ab mit Prozessionen, Gebeten und Befragungen des Staatsorakels. Den Abschluss fand der

Festmonat in einem großen Volksfest außerhalb der Stadt mit Bogenschießwettbewerben, Ringkämpfen und Reiterspielen. Zwei Tage blieben den Deutschen noch bis zu ihrer Abreise. Man hatte ihnen erlaubt, an den Eröffnungsfeierlichkeiten im Potala teilzunehmen – eine für sich genommen große Ehre – aber zu Mönlam müssten sie die Stadt verlassen haben, da könne man nicht für ihre Sicherheit garantieren, hieß es.

Mönlam, dieser alte Brauch, hatte sogar für viele Tibeter einen unangenehmen Unterton. Eigentlich *Mönlam Chenmo*, wörtlich „Großes Gebet", war ursprünglich eine vom Gründer der Gelugpa-Schule im 15. Jahrhunderts eingeführte Tradition der gemeinsamen Gebete und Disputationen für Mönche. Es ist hier nicht der Ort, um die Gründe für die schleichende Verwandlung in diese Lama-Bacchanalien im frühen 20. Jahrhundert zu analysieren. De facto bedeutete Mönlam 1939 schlicht Mönchsherrschaft. Für drei Wochen übernahmen die Mönche der Staatsklöster das Regiment in der Hauptstadt. Und das galt unumschränkt und war wörtlich zu verstehen. Mönlam hatte zu teils grotesken Auswüchsen geführt, als ob Tausende, das Jahr über gezügelte und kontemplative Mönche in einem dreiwöchigen Rausch von Enthemmung mit teils Willkür, Gewalt und Sex eine Art seelisches Korrektiv zu Klosterdefiziten benötigten. Einige Angehörige der Oberschicht verließen zu Mönlam ihre Anwesen in Lhasa und verrammelten die Häuser. Der 13. Dalai Lama hatte besonders schwere Auswüchse zu Mönlam geahndet, doch er war nun bereits seit sechs Jahren tot.

Doch der Regent hatte einen besonderen Gefallen an den Deutschen gefunden. Jedenfalls gestattete er ihnen, nach der Teilnahme am großen Neujahrsfest im Thronsaal des Potala am zweiten Tag des neuen Jahres bis zum Abschluss von Losar bleiben zu dürfen. Für die Zeit des Mönlam stellte er ihnen eine mit Knüppeln bewaffnete Mönchsgarde als Leibwache zur Seite. Die Deutschen frohlockten. Was Richardson dachte, ist nicht überliefert.

Gleich tags darauf hatten sich die Deutschen samt ihrer Schutztruppe am Lingkhor eingefunden, um den Einmarsch der Mönche zu beobachten. Schäfer zeichnete wie so oft seine Bilder in übergrellen Farben.

„In dichte Staubwolken gehüllt, rollen die Priesterhorden vorüber und werfen uns haßerfüllte Blicke zu. Übler aussehende Menschen kann man sich in der Tat kaum vorstellen, als diese von allen Seiten, auf allen Wegen zu Fuß und zu Pferde dicht an dicht herandrängenden Massen fanatischer, hochmütiger, undisziplinierter und von roher Habgier besessener Priester. Schon der erste Anblick der dunkelroten Massen ungewaschener Staatsparasiten erfüllt uns mit Abscheu und bestärkt den Verdacht, daß der eigentliche Beweggrund ihrer Reise die Frömmigkeit nicht ist ...“

Was sich auch bald beweisen sollte: „Hemmungsloses Treiben überall. Täglich sieht man Lamas trinken, rauchen, spielen, höchste priesterliche Würdenträger feiern Orgien mit Straßenmädchen.“[66]

Trotz dieser vordergründigen Empörung der Deutschen suchten Schäfer und Krause dauernd die besten Positionen, um das exotische Geschehen zu filmen. Und dabei zogen sie dann tatsächlich mehrmals den Zorn von Mönchen und Einheimischen auf sich, sodass Steine flogen und ihre Leibwächter sie aus brenzligen Situationen befreien mussten, wobei alle heftige Blessuren davontrugen, die später von Beger demonstrativ mit dicken Mullbinden verarztet wurden.

Nur einen Tag später endete Mönlam, die Mönchsherrschaft über Lhasa, und prompt traf ein Bote mit einem Entschuldigungsschreiben des Kashag ein: „Der Ministerrat hat von dem bedauerlichen Vorkommnis Kenntnis erhalten und bittet, das Geschehnis als einen Ausbruch einiger nichtswürdiger und räuberischer Mönche zu betrachten und nicht etwa als Ausdruck öffentlichen Unwillens. Die Minister bitten, der ungeteilten Freundschaft der tibetischen Regierung versichert zu sein.“ Diese Regierung hatte anscheinend – nun wieder in voller Machtfülle – auch die formal Verantwortlichen zu einer persönlichen Entschuldigung verdonnert, denn am gleichen Tag stellten sich zwei hohe Lamas des Klosters Drepung in Tredilingka ein, um sich für die Vorfälle zu entschuldigen.

Diplomatisch instinktsicher, nimmt Schäfer die Entschuldigung nicht nur an, sondern gibt seinerseits den zerknirschten Gast des Landes, der zugibt, nicht ausreichend auf die religiösen Gefühle der Bewohner Rücksicht genommen zu haben und sich im Überschwang der Ereignisse habe zur Unbedacht hinreißen lassen. Man trinkt Tee, nimmt einen gemeinsamen Imbiss und scheidet in bestem Einvernehmen. Schäfers taktisches Kalkül geht auf: Das schlechte Gewissen der Regierung führt zu einer für Ausländer einmaligen Erlaubnis: Die Deutschen dürfen auf ihrer Heimreise noch die Ruinenstätten von Yarlung besuchen, Residenz der frühen tibetischen Könige, die alte Hauptstadt und Ort der mystischen ersten Dynastie, an der die ersten Menschen vom Himmel auf die Erde herabstiegen.

Wie Tsewang Pemba in seinen Jugenderinnerungen zu berichten weiß, war der Übergriff auf die Deutschen Stadtgespräch in Lhasa, inklusive vieler Gerüchte und wenig Möglichkeiten zu ihrer Überprüfung:

> „Einmal fand eine heilige Zeremonie in Lhasa statt und die Ausländer wurden gebeten, bestimmte Bilder nicht zu fotografieren, wenn sie mit der Prozession durch die Straßen getragen wurden. Die Deutschen haben sich wohl nicht daran gehalten und begannen trotzdem zu fotografieren. Das Volk griff sie daraufhin an und zerstörte ihre Kameras. Sie konnten froh sein zu entkommen. Dann wurde gesagt, die Deutschen hätten nach Hause gefunkt, um Bomber zu ordern, die Lhasa zerstören sollten, und aus Angst davor hätte sich die tibetische Regierung bei den Deutschen entschuldigt."[67]

Es war nun Ende März und die SS-Expedition Ernst Schäfer musste endgültig Lhasa verlassen. Aber natürlich standen vorab noch einige Abschiedsbesuche auf dem Programm, zuallererst beim Regenten.

Schäfer hatte seinen guten Eindruck vom ersten Besuch beim Regenten für weitere Audienzen genutzt, vertraulich, in kleiner Runde. Im Unterschied zu seinen sonst extrem weitschweifigen Ausführungen schweigt Schäfer sich über diese Begegnungen aus. Indirekt wird durch verschiedene, auch spätere Aktenvermerke deutlich, dass es ihm hier ganz abseits jeglichen Forscherinteresses um politische Beziehungen zwischen Tibet und dem Deutschen Reich geht. So war etwa der Regent an Waffenlieferungen interessiert. Die Briten verweigerten dies standhaft, um das sensible politische Gleichgewicht in der Region nicht zu stören – und solange es in ihrem Interesse lag. Natürlich fragte Reting Rinpoche auch Schäfer, ob es möglich sei, deutsche Waffen zu bekommen. Beger erwähnt dies kurz in seinen Erinnerungen, betont aber, dass Schäfer dieses Ansinnen wegen des „nötigen guten Kontaktes“ mit den Engländern abgelehnt habe und außerdem sofort Richardson von den Wünschen des Regenten informierte, um zu demonstrieren, „wie harmlos man sei“. Der äußert misstrauische Schotte erwiderte nur schmallippig, allein diese Anfrage des Regenten belege ja, dass die Deutschen alles andere als harmlos seien. Die wiederum gaben sich nun beleidigt, aber Aktenvermerke Schäfers an Himmler von Ende 1939 belegen unzweifelhaft, dass Schäfer dem tibetischen Staatsoberhaupt Waffenlieferungen versprochen hatte und damit diese Expedition, wenn sie auch nicht eine explizite Spionageaktion war, so doch auch eine politisch-militärische Komponente besaß.

Richardsons Misstrauen war kein Hirngespinst. Diese Versuche einer politischen Anbahnung von engeren Beziehungen zwischen Deutschland und Tibet beruhten natürlich auch auf Schäfers enormem Ehrgeiz. Er wollte mit spektakulären Erfolgen ins Deutsche Reich heimkehren, die nicht nur seinen Ruf als Naturwissenschaftler festigen würden, sondern seine Karriere in der SS-Hierarchie befördern sollten. Ein paar bislang unbekannte Huftiere des tibetischen Hochlandes oder Finkenarten Nord-Sikkims zu beschreiben, würde seinen Schirmherrn Heinrich Himmler sicher nicht vollauf befriedigen. Ein tibetisches Staatsoberhaupt, das sich von England ab- und dem „neuen Deutschland“ zuwendet, das wäre schon etwas anderes ...

So übergab der tibetische Regent Reting Rinpoche Ernst Schäfer zum Abschied aus Lhasa ein persönliches Schreiben an Adolf Hitler. Warum ausgerechnet an den deutschen Diktator, den Tibet überhaupt nicht interessierte und zu dem Schäfer nie Kontakt besaß, anstatt an den Reichsführer SS zu schreiben, lässt sich durch keine überlieferte Quelle mehr klären. Jedenfalls schrieb der tibetische Herrscher:

> „An den deutschen König, den erhabenen Herrn Hitler. Vom Regenten von Tibet, Reting Hutuktu am 18. Tage des 1. tibetischen Monats im Erde-Hasenjahr abgesandt.

An Herrn Hitler, den deutschen König, der auf der breiten Erde Macht erlangt hat. Es freut mich, dass Ihr Euch wohl befindet und Eure guten Handlungen von Erfolg gekrönt sind. Auch ich befinde mich wohl und widme mich eifrig den Angelegenheiten der buddhistischen Religion und der Regierung. Ich habe nicht nur den Sahib Schäfer und seine Begleiter, die jetzt als erste Deutsche nach Tibet gekommen sind, ohne Behinderung hineingelassen und bin ihnen im wahrsten Sinne des Wortes ein freundschaftlicher Helfer gewesen, vielmehr hege ich auch den Wunsch, die bisherigen freundschaftlichen Beziehungen zwischen unseren beiden Residenzen zu intensivieren. Ich glaube daß Ihr, erhabener König Herr Hitler, mit mir in dieser Angelegenheit übereinstimmend dies für wesentlich und nicht für gleichgültig erachtet. Widmet Eurem Befinden Sorgfalt und benachrichtigt mich von Euren Wünschen ..."[68]

Als Geschenke waren dem Brief ein edler Katag-Seidenschal, eine chinesische Teetasse mit silbernem Untersatz und ein tibetischer Apso(-Hund) beigegeben – wobei sich der Hund als äußerst bissig herausstellte und nie in Deutschland ankam.

Man muss kein geschulter tibetischer Diplomat sein, um in diesem Schreiben eine diplomatische Floskellastigkeit und ein geringes Wissen von den politischen Realitäten zu erkennen. Außerdem waren die Geschenke nach asiatischen Gepflogenheiten als Gabe für eine hochgestellte Persönlichkeit äußerst bescheiden, an der Grenze zur Beleidigung. Schäfer ärgerte sich lauthals über diese Impertinenz, und während der letzten Verabschiedung beim Regenten drei Tage später wurde das Geschenksortiment noch mit ein paar Goldmünzen, einem feinen Mönchsgewand und einem Mastiff aufgewertet.

Trotzdem, in einem Land mit einem so fein austarierten System der Schenkökonomie, wo Gabe und Gegengabe als Ausdruck von Wertschätzung und Anerkennung des sozialen Standes außerordentlich wichtig waren, blieb auch dieses Präsent an „König Hitler“ äußerst bescheiden. Bedenken muss man dabei auch, dass die Schäfer-Expedition von vielen anderen Tibetern seltene und wertvolle Stücke als Geschenke erhielt. Was den Regenten auch immer zu dem sehr formalen Brief wie zu den bescheidenen Gaben bewogen haben mag, ob er aus eigenem Antrieb handelte oder auf Anraten, bleibt unklar. Jedenfalls erhielt Hitler nie den Brief des tibetischen

Staatsoberhauptes, noch sah er eines der Geschenke. Der Brief des Regenten befindet sich heute in der Bayrischen Staatsbibliothek.

Aber es gab auch erfreulichere Abschiedsszenen, darunter natürlich eine feuchtfröhliche Party in der Villa der Großfamilie Tsarong. Zu Begers Erstaunen fanden sich in den Kellervorräten des früheren Generals und Ministers einige Flaschen „echt ostpreußischen Kümmels“, die dem Abend den rechten Schwung verliehen. Schlussbild: „Geer tanzte mit der schönsten der Tsarongtöchter, Wienert beschäftigte sich mit dem Taring-Schwiegersohn am Radio, Krause trank seiner Exzellenz kräftig zu, Schäfer unterhielt sich in einer Ecke neckisch mit der anderen Tsarongtochter, und ich versuchte einer japanischen Zither einige Volksweisen zu entlocken und dazu zu singen.“ Die Deutschen schmetterten dann nicht nur heimisches Liedgut, sondern auch ein kräftiges „Zicke Zacke, hoi, hoi, hoi“. Die Gastgeber nahmen es mit Humor. Nachdem der Hausherr Tsarong vom „Kümmel“ hingestreckt war, zog man sich höflich zurück und lief, weiter Volkslieder singend, durch die Nacht nach Tredilingka.

Als Heinrich Harrer nur wenige Jahre später in Lhasa Aufnahme fand, wunderte er sich anfangs, warum in einigen Häusern der Lhasaer Oberschicht deutsche Lieder angestimmt wurden – bis er den Grund erfuhr: die launigen Trinkrunden seiner Vorgänger. Die Schäfer-Expedition hatte aber neben folkloristischen Eindrücken auch Medikamente und Filmmaterial in Lhasa zurückgelassen, auf das Harrer nun zurückgreifen konnte. Im Nachkriegsdeutschland sind sich diese beiden Tibetreisenden aber erstaunlicherweise nie begegnet.

Zum Zentrum des alten Tibet

Zwei Monate hatten die Deutschen nun in Tibets Hauptstadt verbracht, anstatt der ursprünglich bewilligten 14 Tage, mit einigen adligen Familien Freundschaft geschlossen, eine Beziehung zum Regenten geknüpft und das für Ausländer außerordentliche Privileg genossen, den Neujahrsfeierlichkeiten beizuwohnen. Das hatte zwar alles nichts mit Naturwissenschaften zu tun, aber Schäfer konnte zufrieden sein, trotz einiger verärgerter Mönche oder abergläubischer Tibeter, die ihrem Besuch nur Unheil andichteten.

Richardson atmete zwar auf, doch er sah die Abreise der Deutschen mit gemischten Gefühlen, denn die ihm so unliebsamen Gäste hatten die Erlaubnis des Kashag erhalten, das historisch bedeutsame Yarlung-Tal zu besuchen und abschließend noch die zweitgrößte Stadt Tibets, Shigatse mit dem wichtigen Kloster Tashi Lunpo, derzeit verwaister Sitz des Panchen Lama. Drei Monate würden sich die Deutschen noch auf tibetischem Staatsgebiet befinden, und Richardson konnte sie nicht auf Schritt und Tritt beaufsichtigen. Das bereitete ihm Sorge. Vor allem vor dem Hintergrund der neuesten Weltnachrichten: Hitler hatte Tschechien annektiert.

Nach der Aneignung des Sudentenlandes erpresste Adolf Hitler weitere Zugeständnisse von der Tschechoslowakei. In der Nacht vom 15. März unterzeichnete der tschechische Staatspräsident Hácha in Berlin eine Erklärung, nach der „das Schicksal des tschechischen Volkes und Landes vertrauensvoll in die Hände des Führers des Deutschen Reichs gelegt" würden. Hitler hatte Hácha vorher vor die Alternative gestellt, deutsche Truppen würden in jedem Falle in Prag einmarschieren, eben mit oder ohne Gewalt, im letzteren Falle würde er der Tschechoslowakei eine gewisse nationale Freiheit zugestehen. Hácha gab nach und unterzeichnete. Noch am gleichen Tag, dem 15. März, krachten deutsche Soldatenstiefel durch die Straßen Prags, und anders als in Österreich jubelte hier niemand den Besatzern freiwillig zu. Am 16. März wurde die Gründung des Reichsprotektorats Böhmen und Mähren verkündet.

Der aggressive Eroberungsdrang des deutschen Diktators ließ sich durch eine Appeasement-Politik nicht stoppen. Der britische Premier Chamberlain versicherte nun Polen der englischen Unterstützung für den Ernstfall, und England wie Frankreich intensivierten ihre Rüstungsanstrengungen „The warmaker Hitler!" tönten englische Medien. Falls tatsächlich ein Krieg ausbrechen sollte, solange sich Schäfer und seine Kollegen noch in Tibet oder Britisch-Indien aufhielten, müsste Richardson die Deutschen internieren. Aber wie? Solange sie in Tibet mit Erlaubnis des Kashag reisten, war seine Zugriffsmöglichkeit begrenzt. Auch die SS-Männer hörten englische Nachrichten auf Kurzwelle. Sogar der überzeugte Nationalsozialist Beger war irritiert angesichts der Neuigkeiten. „Mit welcher Begründung waren wir eigentlich in Böhmen-Mähren einmarschiert? Das fragten wir uns.“

Jedenfalls begann Schäfer jetzt einen Plan B auszuarbeiten für den Fall eines frühen Kriegsausbruchs. Auf keinen Fall den Engländern in die Hände fallen, war seine oberste Devise. Stattdessen: Flucht in das ihm teils bekannte Osttibet über die Grenze in das zwar vom Bürgerkrieg und vom Kampf gegen japanische Truppen zerrissene China – aber dort konnte man die mit den Deutschen verbündeten Japaner erreichen. Beim obligatorischen Abschiedsbesuch bei Richardson waren die Fronten mehr als klar:

> „Er zeigte uns wieder, wie sehr er uns hasste. Er teilt uns mit, daß deutsche Truppen Böhmen und Mähren besetzt haben. Wir würden England so in einen Pakt mit der UdSSR zwingen. Uns kam es heiß hoch. Am liebsten hätten wir diesem frechen eingebildeten Fatzke eines in die Fresse gehauen, doch unsere Expedition soll ja zu einem erfolgreichen Ende kommen. Wir sind froh, als wir endlich aus dem Hause des Engländers sind. An eine Freundschaft oder nur Verständigung mit England ist ja nicht zu denken. Das Roß, auf dem dieses Volk sitzt, ist zu hoch. Na, dann geht es eben auf Biegen und Brechen. Besser England stirbt als unser Volk!“[69]

Am 19. März 1939 sattelten die fünf Deutschen und ihre Begleiter in Lhasa Pferde und Mulis. Gesammelte ethnologische Objekte, belichtete Filme und Post gingen vorab mit einer separaten Karawane Richtung Kalkutta. Die Expedition wendete sich nach Südost, um innerhalb von fünf Tagen das Yarlung-Tal zu erreichen. Als kundiger und bewährter Begleiter ging der „Rugby-Boy“ und epikuräische Lama Möndro mit auf die Reise. Trotz des alle bewegenden Abschieds von der Verbotenen Stadt war die Stimmung nicht gedrückt, Beger stimmte sogleich „Muß I denn, muß I denn zum Städtele hinaus ...“ und andere Wanderlieder an. Er war sicherlich froh, seine Medizinertätigkeit beenden zu können, schließlich wollte er ja Schädel messen und abformen. Und auch Wienert wollte nun seine Reihe erdmagnetischer Messstationen weiterführen.

Über einen hohen Gebirgspass gelangten die Expeditionsteilnehmer zurück in das Tal des Tsangpo, nun in Höhe des ältesten Klosters in Tibet, Samye. Wenige Kilometer stromabwärts querten sie den Fluss mit Fähren zum Provinzstädtchen Tsethang, um nach Süden Richtung Yarlung zu reiten. In der für tibetische Verhältnisse dicht besiedelten Region waren die Weißen eine außergewöhnliche Attraktion, da man Menschen dieses Aussehens hier noch nie gesichtet hatte. Immer hing ein Tross neugieriger Kinder an der Gruppe, was Beger zu dem angesichts der realen politischen Verhältnisse in Deutschland dümmlichen Vergleich verleitete: „Ähnlich wird es dem ersten Neger in Berlin gegangen sein."

Mit dem fruchtbaren Yarlung-Tal erreichten sie das Kernland des frühen und mythischen Tibets, ein Landstrich voller Geschichten und Legenden, denn hier residierten nicht nur die ersten historischen Könige Tibets, sondern nach der tibetischen Mythologie hatte die Menschwerdung dort einst stattgefunden.

Und in der gleichen Gegend stieg lange Zeit später direkt aus dem Himmel der erste König Tibets auf die Erde herunter, Nyatri Tsenpo, und erbaute die Festung Yumbhu Lhakhar. Er hatte sechs Nachfolger, die als die „Sieben himmlischen Könige" bekannt sind, da sie immer des Nachts über eine Art Himmelsseil zwischen ihrem Kopf und der Himmelskuppel hinauf- bzw. hinabstiegen. Der achte König durchtrennte durch eine Unachtsamkeit diese Verbindung, und seitdem können sich die Könige Tibets nur auf der Erde aufhalten und dort fortpflanzen – für die SS-Expeditionsteilnehmer eine bemerkenswerte Übereinstimmung mit Himmlers okkultem Glauben an die vom „Himmel herabgestiegenen" Ur-Arier. Der erste historisch belegbare Herrscher Tibets ist im 7. Jahrhundert Songtsen Gampo, der ein rund 200 Jahre existierendes tibetisches Großreich gründete und die Hauptstadt von Yarlung nach Lhasa verlegte.

Der wie eine mythische Feste auf einem schroffen Felsrücken emporragende Yumbhu Lhakhar überragt bis heute die Yarlung-Ebene und gilt als das älteste erhaltene Gebäude des Landes. Knapp zehn Kilometer entfernt zeugen große Schutttumuli von den einstigen Grabanlagen der frühen Könige und nahe gelegene Ruinen, Mauerreste und verfallene Wälle von der frühgeschichtlichen Hauptstadt

Die alte Königsfestung Yumbhu Lhakhar im Yarlung-Tal, das älteste erhaltene Gebäude Tibets, wohl aus dem 7. Jahrhundert. Die Festung gilt als Palast des ersten mythischen Königs Nyatri Tsenpo (200 v. Chr.).

des alten Tibets. Legende und Historie mischen sich in dieser Landschaft, aber wäre hier nicht gerade die Stätte zu finden, an der das alte stolze, „arische“, noch nicht vom Buddhismus und den Lamas korrumpierte Tibet einst sein Zentrum besaß? Das von Heinrich Himmler imaginierte Verbindungsstück zwischen untergegangener Atlantis-/Arier-Kultur auf tibetischem Boden und dem Westen? Kein Ausländer, weder NS-Pseudowissenschaftler und erst Recht kein Tibetologe, hatte bislang diese Ruinenszenerie durchstreift und zu erforschen versucht. Die SS-Offiziere sind ja im Auftrag des „Ahnenerbe“ hier, unter der Schirmherrschaft des SS-Chefs, man hatte es fast während der entspannten Tage in Lhasa vergessen können. Es geht um nicht weniger, als Belege für die weltumspannende Kulturleistung der einzigen „Herrscherrasse“ zu erbringen, der Arier, zu deren Ruhm das neue Deutschland gerade seinen Beitrag liefern wird.

Die SS-Männer fotografieren, vermessen, zeichnen. Schäfer schreibt: „Wie befinden uns hier auf ältestem und klassischstem tibetischen Kulturboden ... die ganzen Anlagen sind noch heute imponierende Zeugen davon, daß Tibets einstigen Königen tapfere Krieger und kühne Soldaten zur Seite gestanden haben.“ Für Schäfer sind die Tibeter „in religiösem Mystizismus gefangen, die früher ein kriegsliebendes und eroberungsfreudiges Volk waren ...“ Schuld am Niedergang sind im NS-Jargon die „lamaistischen Sekten“ und ihr Klerus, wie es der O-Ton des 1943 veröffentlichten Expeditionsfilms sehr deutlich formuliert:

> „So herrscht der Lama über Tibet, von fanatischen Sektierern in Einsiedeleien bis zu stadtartigen Klöstern geben sie dem alten Kulturland ihr Gepräge ... mehr als ein Drittel der männlichen Bevölkerung wird so dem Volkskörper und damit einem arbeitsamen Leben entzogen. Nur wenige nehmen die Härten des priesterlichen Lebens auf sich, die große Masse ist entartet, sie führt in Schmutz und Armut ein durch äußere Formeln geprägtes Leben, während ihre Äbte das Volk erpressen und die wenigen Reichtümer des Landes zusammenraffen.“

Ganz in der Diktion des „Ahnenerbe“schwärmt Schäfer von Yarlung: „Von diesem Ort wurde die Swastika vor 5000 Jahren nach Deutschland gebracht!“ Und auch Beger wittert die alten Verbindungen auf Schritt und Tritt. Im Yumbhu Lhakhar entdeckt er an Statuen Gesichtszüge „... die aus dem Rahmen des Gewohnten fallen. Sie waren die eines Mannes aus Südosteuropa.“[70]

Und so bleibt das Fazit des Zoologen Schäfer über die kulturhistorischen Gegebenheiten bemerkenswert, die er in dieser Form bis zur letzten Auflage seines Buches (1989!) „Fest der weißen Schleier“ beibehielt „... so leuchtet viel Wesensverwandtes auf, so daß man meinen möchte, die Kulturkreise müssten zu einer früheren Zeit in inniger Verbindung gestanden haben ...“. 1939 bleiben ihnen nur wenige Tage für Erkundungen, die Zeit drängt, sie müssen das Yarlung-Tal wieder verlassen, und Schäfer träumt bereits von neuen Expeditionen nach Tibet.

Es ging zurück nach Westen. Mitte April erreichen sie wieder den Yamdrok Yutsho. Die Karawane wird sich teilen: Beger reitet mit dem Gros der Packtiere auf ihrer Anmarschroute weiter über den Karo La nach Gyantse. Schäfer, Krause, Wienert und Geer ziehen weiter nach Westen bis Shigatse. Ein Jahr war die Gruppe nun zusammen unterwegs und Beger genießt das Alleinsein. Beruflich blieben Beger und Schäfer bis 1945 aneinander gebunden, ebenso aber menschlich in Abneigung verbunden. Nicht zuletzt wegen dieser Erfahrungen wird SS-Offizier Bruno Beger bald Heinrich Himmler in einer Denkschrift *seine* Kriterien und Vorschläge für eine wahre nationalsozialistische und erfolgreiche Expedition unterbreiten.

Fast zwei Monate hat Beger in Lhasa seine wichtigsten Arbeiten vernachlässigt: rassische Anthropometrie. Umso intensiver bemüht er sich jetzt auf dem Rückmarch an allen Orten um „Menschenmaterial“. Möndro, der als hoher Lhasa-Beamter auf dem Land großen Respekt genießt und dessen Bitten die Menschen dort gehorchen, hilft ihm dabei. Den Sinn dieser Untersuchungen erkennt der Lama-Beamte trotz Begers Erläuterungen nicht, aber er sieht darin auch keinen Verstoß gegen religiöse oder rechtliche Vorschriften.

Man erinnere sich an Begers „Anthropologisches Forschungsprogramm“ von 1937. Darin waren seine Aufgaben beschrieben als „1. Suche nach fossilen Menschenresten, 2. Suche nach Skelettresten früherer nordischer Einwanderer, 3. Erforschung der gegenwärtigen rassekundlichen Verhältnisse, 4. Die nordische Rasse unter der Bevölkerung ...". Der Anthropologe führte laut Ausrüstungslisten eine Unzahl an Geräten zur Quantifizierung des menschlichen Körpers mit sich. Zangen, Zirkel und Leisten für jede erdenkliche Proportion und Formation: Spirometer, Knochenmessbrett (zur Längenmessung der Röhrenknochen), Unterkieferwinkelmesser, Gaumenhöhenmesser, Augenhöhlenmesser, Schädel-Innenmesszirkel, Schädelzange, Messgerät für den Schädelhohlraum sowie natürlich Farbtafeln für Augen- und Haarfarbe.

Der Wust an gewonnenen Daten wurde dann in ein „Rassekundliches Messblatt" mit rund 50 verschiedenen Positionen eingetragen. Fein säuberlich notierte der NS-Anthropologe Name, Herkunft, Geschlecht. Eine Liste mit rund 400 Namen ist erhalten, das liest sich dann so: „Ang Pelu, weiblich, Alter 20, Beruf Kuli, Volksstamm Sherpa, Herkunft, Nepal, Everest-Region." Wahrscheinlich gelang es Beger so tatsächlich, einen Querschnitt der tibetischen Bevölkerung zu erfassen, wenn man die Liste der erfassten Berufe betrachtet: Yakhirte, Bauer, Karawanentreiber, Ortsvorsteher, Nonne, Lama, Schuhmacher, Teppichweber, Pferdeknecht, Prostituierte, Steinklopfer, Bettler, Kaufmann. Und auch eine Liste seiner oben beschriebenen Kopfabformungen legte Beger säuberlich an – mitsamt Bemerkungen. „Die Tibeterin Gersang aus Lhasa (eine Prostituierte), Augenfarbe 13, Haarfarbe x, Stirnfarbe 6,5 bis 10, Oberarm-Innenseite 6,5. Meine wohl beste Abformung erhielt der Politische Offizier in Gangtok, Basil Gould."[71]

Mögen diese Datenreihen relativ nüchtern und aus heutiger Sicht auch wissenschaftlich völlig sinnlos erscheinen, bekommen sie eine reale Aussagekraft und Bedeutung, wenn der Anthropologe sich selbst bei der Arbeit beschreibt – das nur in vertraulichen Akten. Das primitivste Herrenmenschenbewusstsein bricht sich hier Bahn. Anthropologe Beger über „Brustbilder", denen er eine ethnologische Aussagekraft beimessen will und mit kleinen Geldgaben und wohl auch deutlichen Worten seine Modelle gefügig machte. Er nennt es die „pikante Seite seiner Forschung":

> „Ich muss hier einflechten, dass Brust- und überhaupt Nacktbilder von Frauen und natürlich auch von Männern der verschiedenen Völker für

die Anthropologie ihre Wichtigkeit haben. Dies besonders in Hinsicht auf die Beziehung zwischen Schönheit und Rasse. Es hieße aber dem Leser etwas vormachen, wenn ich nicht zugeben wollte, daß mir diese ‚wissenschaftlichen Aufnahmen' nach mehr als einjähriger Weiblosigkeit ganz besonderen Spaß machten und für mich nicht ohne besonderen Reiz waren. An den Brustbildern hatte auch Barasahib Interesse ... eine der drei anwesenden Tibeterinnen, ein 16jähriges Mädel war schließlich bereit dazu. Es war ja noch ein halbes Kind, eine junge Knospe ... die zweitscheueste war 24, hatte schöne Augen und ein Photographiergesicht. Etwas nachhelfen beim Auskleiden brachte sie auch so weit. O trauriger Anblick, noch so jung und doch hingen ihre Brüste kraft- und saftlos herab, so daß Möndro, der mit glänzenden Augen zuschaute sich nicht enthalten konnte zu sagen ‚Welk wie eine geknickte Blume'. Die hübscheste und bestentwickelte von allen aber schwankte lange hin und her, doch schließlich half alles zureden nichts und alle auffordernden Blicke nichts, sie entsprang ... eine kleine gutgenährte Tibeterin stand auf einmal photografierbereit in etwas schüchterner Stellung in auffallend widerlicher Unsauberkeit (hatte ihre Tage) splitterfasernackt vor mir ..."[72]

Es erstaunt nicht wirklich, dass dieser SS-Offizier wenige Jahre später bereitwillig eine Aufgabe für Selektionen im KZ Auschwitz übernimmt.

Die Konflikte eskalieren

Bald stößt Beger wieder mit seinen restlichen Expeditionskollegen zusammen. Das Ende der Expedition kündigt sich an. Von Shigatse wird sie der Weg nur noch zurück über Gyantse und das Chumbi-Tal zur tibetischen Grenze führen. Doch in diesen letzten Wochen eskalieren die politischen Spannungen mit den britischen Verwaltungsstellen. Schäfer wirkt von Woche zu Woche angespannter. Einerseits will er seinen Aufenthalt in Zentralasien so lange wie irgend möglich ausdehnen, andererseits werden die Rufe aus Deutschland, nun in absehbarer Zeit zurückzukehren, dringlicher.

Aufgrund der täglich eskalierenden Lage in Mitteleuropa misstraut Schäfer den Engländern. Er schnappt Gerüchte auf, eine britische Militäreinheit sei schon unterwegs, die Deutschen zu verhaften. Nichts passiert. Andere Gerüchte bestätigen sich: So wurde Post aus Deutschland mit den angeforderten Geschenken für die Lhasaer Notabeln anscheinend in Gyantse auf Drängen der Engländer gestoppt und als unzustellbar zurückgeschickt. Schäfers Zornesausbruch über die Anmaßung der Engländer nimmt Möndro achselzuckend zur Kenntnis. Ihr Dolmetscher Rabden Khazi – immer als Spion der Briten verdächtigt – hat sich angeblich wegen einer ernsten Erkrankung seines Vaters von der Expedition verabschiedet. Nun stellt sich heraus, dass er es aus politischen Erwägungen klüger fand, sich von den Deutschen zu trennen.

In seiner Impulsivität begeht Schäfer einen Fehler, der die Situation verschärft. Die *Frankfurter Zeitung* bringt am 4. Mai einen Bericht der Deutschen SS-Expedition nach Tibet von Ernst Schäfer. Unter der Überschrift „Auf der Heimreise aus Tibet" berichtet Schäfer wortreich über die Erfolge der vergangenen drei Monate, beklagt sich aber über die Behandlung durch britische Offizielle:

> „Die Briten hätten unsere Post aufgehalten, und es ist sehr bedauernswert, dass sie hier so agieren, wo das Empire dabei ist, jede Minute auseinanderzubrechen ... die freundliche Haltung, die uns hier (in Shigatse) entgegengebracht wurde, ist ein angenehmer Kontrast zu den unfreundlichen Stimmen, die uns aus Britisch-Indien erreichen ... die politischen Bedingungen, vor allem die unverständliche Haltung der Briten zwingen uns, die Expedition bis zum Herbst zu beenden."[73]

Die Nachrichtenagentur Reuters verbreitet den Bericht, und in den kommenden Tagen stürzen sich mehrere englische Zeitungen auf die Geschichte, so der *Evening Standard* und die *Times.* Das zieht Kreise, und am 22. Mai fragt der Unterhausabgeordnete Willie Gallacher, ein schottischer Kommunist, den stellvertretenden Staatssekretär für Britisch-Indien im Rahmen einer parlamentarischen Anfrage, was die Regierung über die Aktivitäten der SS-Expedition in Tibet wisse und inwieweit man von offizieller britischer Seite diese Unternehmung zu verhindern versucht habe? Dürre Antwort von Lieutenant-Colonel Muirhead: „Nein, es ist nicht bekannt, dass es Versuche zur Verhinderung von offizieller Seite in Indien oder

Tibet beim Fortgang der Expedition gegeben hätte.“ Explizite Nachfrage: „Was ist dem Minister über politische Aktivitäten der Teilnehmer der deutschen Expedition bekannt, und hat er die diesbezüglichen Presseberichte wahrgenommen?“ Noch dürrere Replik: „Nein, und man sei ja nicht verantwortlich für Presseberichte.“

Trotz dieser Abwiegelei in London waren die „men on the spot“ in Gangtok, Lhasa und auch in Delhi alles andere als amused. Aus englischer Sicht war damit die Liste von Schäfers Vergehen und Wortbrüchen zu lang geworden, hier war die Zeit des Appeasement abgelaufen. Ärger hatte es von Anfang an gegeben: Die Expedition war ohne britische Einreiseerlaubnis in See gestochen, Schäfer war illegal über die Grenze von Sikkim nach Tibet gereist, er hatte wesentlich mehr Tiere in Sikkim erlegt als erlaubt und sich so den Zorn der Regierung zugezogen, es hatte in Lhasa antibritische Propaganda gegenüber tibetischen Offiziellen und gegenüber den einheimischen Angestellten der Expedition gegeben, man hatte sich nicht an das strikte Jagd- und Experimentierverbot in Tibet gehalten, die Angestellten wurden äußerst schlecht behandelt, offenes Filmen und Fotografieren in Lhasa hatte zu Konflikten mit den Klöstern geführt, Himmler hatte drohende Briefe an englische Stellen gesandt, Schäfer hatte die Behörden in Britisch-Indien mit immer wieder neuen, veränderten Anträgen und Wünschen behelligt und nun der beleidigende Artikel in der *Frankfurter Zeitung*. Der indische Vizekönig Lord Linlithgow schrieb an den Staatssekretär für Indien in London, Lord Zetland:

> „Ich hoffe, Schäfer wird nicht weiter zur Nervensäge. Ich muss gestehen, dass ich nun entschlossen bin, eine grundsätzlich härtere Haltung gegenüber Anträgen von Deutschen für Berg-Expeditionen und ähnlichem in diesem Land einzunehmen. Und ich bin ebenfalls überzeugt, dass wir die Aktivitäten der Deutschen und ihrer Sympathisanten in Indien strenger überwachen müssen ... ich befürchte, wir haben einen Zustand erreicht, bei dem Freundlichkeit unsererseits von den Deutschen als Schwäche angesehen würde und zu Mißverständnissen in der indischen Öffentlichkeit führen würde.“[74]

Lord Zetland notierte handschriftlich am Rand „I agree“.

In Delhi wurde bereits über eine Internierung Schäfers beim Grenzübertritt nach Sikkim nachgedacht, doch Basil Gould bremste: Er werde Schäfer zur Rede stellen, noch auf tibetischem Territorium, während seiner turnusmäßigen Reise Richtung Gyantse, die Anfang Juni beginnen sollte. Ihm, Gould, sei jetzt klar, dass Schäfer „vor allem ein glühender Nazi sei, der die Gastfreundschaft, die wir ihm hier geboten haben, nicht schätzen konnte", sobald es um politische Themen ging. Und es sei nun an der Zeit, ihm unmissverständlich klarzumachen, dass er jetzt und in Zukunft keine weitere Hilfe mehr von den Briten erwarten könne.

Dort in Gyantse waren die Deutschen nun Ende Mai wieder eingetroffen. Man hatte sich tränenreich vom treuen Begleiter Möndro verabschiedet, der zurück nach Lhasa beordert worden war, und stritt sich wieder mit Captain Clifford, der den SS-Leuten zwar das Spiel „wir werfen mit kleinen, spitzen Pfeilen nach einer Scheibe" namens *Darts* beibrachte, aber nach den üblichen Drinks schon darüber spekulierte, wen er im Falle des Kriegsausbruchs von ihnen am ehesten erschießen würde. Clifford fand das witzig, aber es hinderte ihn nicht daran, die Deutschen zu einer Parade zu Ehren des englischen Königs wenige Tage später einzuladen.

Schäfer erhielt die Nachricht, dass Basil Gould die Deutschen in seinem Camp am Dochen See einige Tagesreisen südlich erwarten würde. Es gäbe einiges zu besprechen. Schäfer wurde nervös, denn Details über die angekündigten „hard talks" erhielt er nicht. Dafür meldete sich ihr SS-Verbindungsmann von Rauch aus Berlin und kündigte für die Sommersonnenwende eine Nachricht an. Am Morgen des 22. Juni 1939 erreichte der Funkspruch die Expedition auf der tibetischen Hochebene, und von Rauch befahl unmissverständlich den zügigen Rückmarsch, da man sie alle wieder in Deutschland erwarte. Die verschlüsselte Botschaft war aber klar und wurde durch einen privaten Brief von Schäfers Vater aus Hamburg gestützt: „Man sei in unterrichteten Kreisen der Ansicht, nach der Ernte im September gehe es los ...", sie sollten sich also beeilen. Drei Tage später erreichten sie das großzügige Zeltlager von Basil Gould. Schäfer sprach mit dem Political Officer allein. Der präsentierte ihm mehrere Zeitungsausschnitte, angefangen mit dem Artikel aus

Frankfurt über die Meldungen in englischen Blättern bis hin zu Reaktionen in Indien. Was das solle, wollte Gould wissen, er habe keine Erklärung.

Schäfer wusste bislang nichts über diese Veröffentlichung, hatte er doch einen Bericht an dem ihm bekannten Redakteur in Frankfurt geschickt mit der Maßgabe, damit zu verfahren, wie es ihm gefiele, aber wann und was davon tatsächlich gedruckt worden war, ahnte Schäfer nicht. Umso größer war nun seine Verunsicherung und Verlegenheit. Es blieb ihm nichts übrig, als sich wortreich zu entschuldigen und das Ganze als unüberlegte Reaktion aus Verärgerung über die Postverzögerung zu erklären und geschuldet seinem insgesamt angegriffenen Nervenzustand. Gould nahm das zur Kenntnis.

Aber das war nur ein Teil des Gesprächs. Der zweite Teil betraf den wohl bizarrsten Wunsch des deutschen Expeditionsleiters an die Adresse der Engländer während der vergangenen 12 Monate. Und zwar wünschte Schäfer, seinen Dolmetscher und Diener Kaiser Bahadur Thapa mit nach Deutschland zu nehmen. Der gebürtige Gurkha und sikkimesische Staatsbürger wollte das angeblich. Dieses Ansinnen überhaupt zu formulieren vor dem Hintergrund der Auseinandersetzungen mit den britischen Offiziellen zeugte von einer gewissen Realitätsblindheit Schäfers. Zudem wuchs sich der Wunsch, Kaiser mitzunehmen, zu einer wahren Obsession aus, die zu vielen Spekulationen über Schäfers Motive Anlass gab. Mehrfach bombardierte er die Engländer mit schriftlichen Eingaben und Erläuterungen. Anfangs argumentierte Schäfer rational, er wolle den klugen und sympathischen Mann in Deutschland weiter zum Präparator ausbilden, er könne ihn auch in Zukunft sehr gut als Dolmetscher auf späteren Expeditionen beschäftigen usw. Kaum spürte Schäfer die britische Zurückhaltung dieser Idee gegenüber, wurde sein Ton persönlicher, bittender, fast flehentlich, jedenfalls äußerst untypisch für ihn:

„Sie wissen nicht, wie sehr ich diesen Jungen mag ... meine Freunde haben bereits eine Wohnung in Berlin gefunden. Ich habe meine Frau verloren, ich habe also niemanden mehr. Ich würde ihn auch als mei-

> nen Sohn adoptieren, er hat ein gutes Herz und ist dankbar ... ich hatte viele Enttäuschungen bereits in meinem Leben, ich weiß, daß Kaiser mich nicht enttäuschen würde und ich ihn auch nicht."[75]

Nur einen Tag nach ihrem Gespräch am Dochen See schreibt Schäfer erneut an Gould, entschuldigt sich wiederholt für seine Unhöflichkeit und Überemotionalität. Wieder versucht er in Sachen Kaiser zu argumentieren, er schlägt vor, Geld an den Staat Sikkim quasi als Entschädigung für die Ausbildung Kaisers zu bezahlen, und er bezieht sich auf seine berühmten Vorgänger Sven Hedin und Joseph Rock „who took their best boys to Sweden resp. USA". Doch die Engländer lehnen Schäfers Vorhaben weiterhin strikt ab. Man ist sich sicher, dass Kaiser in Deutschland natürlich im Sinne der NS-Ideologie erzogen und infiltriert würde, um später womöglich als Spion eingesetzt zu werden oder als Propagandist in Radiosendungen in Nepali. Einen Tag später diskutiert Gould mit seinen drei engsten Mitarbeitern die causa „Schäfer". Das Ergebnis war für den Deutschen vernichtend: Sie schätzten ihn zwar als „kraftvoll" und „interessiert" ein, aber menschlich als „eitel bis zur Kindlichkeit, wankelmütig, rücksichtlos bezüglich sozialer Konventionen und Gefühlen anderer und schließlich, vor allem anderen, durch und durch ein Nazi und Politiker, nahezu ein Priester des Nazismus". Laut ihren Informationen war Schäfers Umgang mit seinen Angestellten, inklusive Kaiser: „Pay them well and beat them often."

Die Antwort auch der sikkimesischen Verwaltung war eindeutig: Kaiser Bahadur Thapa erhielt keine Ausreisegenehmigung. Kaiser begleitete die Deutschen bis nach Kalkutta. In den Staatsdienst Sikkims kehrte er nicht zurück, sondern fand bald eine Stelle in der Niederlassung einer deutschen Firma in Kalkutta. Beger erwähnt fast verschämt in seinen Erinnerungen, dass er die Argumentation der Engländer in Sachen Kaiser guthieß, „darüber gab es dann noch einige Diskussionen".

Abschied von Tibet

Aber eigentlich war die ganze Diskussion um Kaiser eine private Angelegenheit Schäfers. Seine Kollegen waren nach den Briefen und den Funknachrichten aus Deutschland mit ganz anderen Sorgen beschäftigt. Sie beschlossen, nun so schnell wie möglich zurück über die Grenze nach Sikkim und Britisch-Indien und dann mit allem Expeditionsgepäck sicher nach Kalkutta und zur sicheren Schiffspassage zu gelangen – hoffentlich noch vor Ausbruch des Krieges. Sie schlugen deshalb auch Goulds Angebot für einen weiteren Aufenthalt in Sikkim als hinterlistiges Ansinnen aus, das nur zu ihrer möglichen Internierung führen sollte. „Ein Gespenst am Himmel: Ein Krieg! Gott verschone unser Vaterland davor!", notierte Beger in sein Tagebuch. Alle spürten: Es war vorbei, die Expedition beendet.

Der Rückmarsch vollzog sich zügig. Wienert erledigte letzte erdmagnetische Messungen, Beger versuchte sich noch an ein paar Kopfabformungen. Es war Sommer geworden, das Chumbital stand in Blüte, Äcker und Felder trugen bereits in den ersten Julitagen Frucht. Der Regen spendende Monsun hatte Südtibet erreicht, und bei windig-nassem Wetter überschritt die Karawane am 3. Juli 1939 den Nathu-La Richtung Sikkim. Auch die Deutschen legten dieses Mal Steine auf den Manihaufen der Passhöhe. „Lha gyal lho!", riefen alle, und schon verschwanden die Höhen und Ebenen Tibets im Wolkenmeer des Monsuns.

In Gangtok musste jetzt die riesige Sammlung der Expedition transporttauglich verpackt und nach Kalkutta verfrachtet werden, eine tagelange Aufgabe für Ernst Geer. Das bedeutete in nackten Zahlen: Über 2000 Samen von Wild- und Nutzpflanzen, einige Hundert weitere Pflanzenexemplare gepresst und getrocknet, 3500 Vogelbälger, 2000 Eier, 400 Säugetierfelle und Schädel, Reptilien, Amphibien, mehrere Tausend Schmetterlinge, Heuschrecken und weitere Insekten. 2000 ethnologische Objekte aus allen Bereichen des tibetischen Lebens, 400 anthropologische Messungen, sechzehn Kopfabformungen, Mineralien, Versteinerungen, mehrere Tausend geophysikalische und meteorologische Messungen, topographische Kartenaufnahmen, 18 000 Meter Schwarz-Weiß- und Farbfilm, 40 000 Fotos.

Dutzende schwerer Kisten wurden über die Kleinbahn hinab nach Siliguri und weiter nach Kalkutta transportiert und auf dem deutschen Frachter *Kandelfels* verstaut. Unversehrt erreichte die Ladung wenige Tage nach Beginn des Zweiten Weltkriegs den Hafen von Triest. Auch einige den Deutschen geschenkte Rhesusaffen und Apso-Hunde überstanden die Passage.

Schäfer ließ es sich nicht nehmen, vor der Abreise aus Indien um eine Abschiedsaudienz beim Vizekönig Lord Linlithgow in Simla zu bitten. Sie wurde ihm gewährt, Staatssekretär Aubrey Metcalfe wollte die Akte Schäfer gerne endgültig schließen. Dummerweise erreichten ihn unmittelbar zuvor erneut Meldungen aus Tibet mit Beschwerden über die Deutschen. Und die kamen nicht von Engländern, sondern von einem Italiener, sogar einem Sympathisanten des faschistischen Regimes in Rom, dem Tibetologen Giuseppe Tucci, der wegen seiner wissenschaftlichen Expertise wiederholt von den Engländern eine Einreiseerlaubnis bekommen hatte. Tucci berichtete an Gould – und der an Metcalfe – von mehreren Orten und Städten, die er besucht habe, wo man sich über Auftreten und Benehmen der Deutschen tief verärgert zeigte, sei es das übermäßige Töten von Tieren jeglicher Art gewesen oder der Umgang mit den Tibetern bei den „anthropologischen Messungen“.

Lord Linlithgow empfing am 19. Juli den Mann, von dem er wenige Wochen zuvor gehofft hatte, er würde nicht zur weiteren Nervensäge, und erklärte ihm in deutlichen Worten, welche Probleme und Peinlichkeiten er der britisch-indischen Regierung durch sein Verhalten verursacht habe. Metcalfe notierte, dass Schäfer schuldbewusst reagierte, sich mehrfach bis zur Grenze der Hysterie entschuldigte und das Thema Kaiser mit keinem Wort mehr erwähnte. Er versicherte, sich darum zu bemühen, das falsche Bild, das durch seine Artikel und Äußerungen entstanden sei, zu korrigieren. Lakonisch meinte Metcalfe, dass Schäfer der längere Aufenthalt in großen Höhe vielleicht nicht gutgetan habe und dass man diese Angelegenheit jetzt wohl als beendet betrachten könne.

In Schäfers Abschlussbericht, verfasst am gleichen Tag (!), liest sich das dann so:

> „Nach diesen letzten Unterredungen mit S. Exz. Lord Linlithgow und Sir Aubrey Metcalfe kann ich nur meinen innigen Dank sagen für das große Verstehen, für alle Hilfe und für eine beinah kameradschaftliche Haltung, die mir, meiner Idee und meiner Expedition gegenüber von allen amtlichen britischen Stellen gezeigt wurde."[76]

Keine Propagandaabteilung hätte es schöner formulieren können, aber trotz aller erzwungenen Schönfärberei den Briten gegenüber glaubte Schäfer selbst fest und in voller Überzeugung daran, dass sich die Deutsche SS-Expedition in Tibet immer angemessen verhalten habe.

Hugh Richardson, der nach dem Krieg zu einem der wichtigsten Köpfe der wissenschaftlichen Tibetologie im Westen wurde und sein Leben lang den Kampf für ein freies Tibet unterstützte (er starb 2000 mit 94 Jahren), schrieb Jahrzehnte nach seinem Zusammentreffen mit der Schäfer-Expedition, er sei damals entschieden gegen eine Einreiserlaubnis für die Deutschen gewesen, doch es wurde ihm aus Simla befohlen, es so hinzunehmen, „1939 war einfach keine Zeit für freundschaftliche Gefühle gegenüber Deutschland" und ja, sie hätten sich tatsächlich „in vielerlei Hinsicht unbeliebt gemacht, in Lhasa und in Shigatse".

In Kalkutta brach am 30. Juli der letzte Tag der Expedition in Britisch-Indien an. Es gab keine weiteren diplomatischen oder politischen Komplikationen, aber nur drei Wochen später verhängte die britisch-indische Verwaltung ein Ausreiseverbot für Bürger aus den Achsenmächten. Die fünf Deutschen SS-Männer verließen Indien, und mit einer British-Airways-Maschine ging es über Karachi und Basra nach Bagdad. Von dort flogen sie mit einer Lufthansa JU 52 nach Athen und erfuhren dort, dass das britische Flugzeug, mit dem sie Kalkutta verlassen hatten, wenige Stunden zuvor vor Alexandria im Mittelmeer gesunken war!

Schon in Athen gab es einen begeisterten Empfang durch in Griechenland lebende Deutsche. Zur Überraschung der Tibetfahrer hatte ihr Schirmherr Himmler ihnen seine Privatmaschine *Otto Kissen-*

Heinrich Himmler empfängt die deutsche Tibetexpedition am 4. August 1939 auf dem Flugfeld in München-Riem. Rechts neben Himmler geht Schäfer, links Himmlers Adjutant Wolff.

berth entgegengeschickt, und am 4. August 1939 landeten sie auf dem Flughafen München-Riem. Großer Bahnhof. Himmler ließ es sich nicht nehmen, seine Schützlinge persönlich zu begrüßen, und unterbrach dafür ein Treffen mit dem italienischen Außenminister Ciano auf dem Berghof – wieder ein Beleg, mit welchem großen Interesse der SS-Chef diese Unternehmung begleitete. Weitere SS-Prominenz, Schaulustige und natürlich die NS-Presse war zugegen. „Der Reichsführer SS Heinrich Himmler hat der tapferen Mannschaft, die den deutschen Namen nach fernen, unerforschten Gebieten Asiens getragen hat, sein Sonderflugzeug entgegengeschickt!“

Nach dieser öffentlichkeitswirksamen Begrüßung ging es auf die letzte Etappe, man landete am Abend in Berlin-Tempelhof. Die SS-Expedition Ernst Schäfer nach Tibet war beendet.

Und was war das nun gewesen, diese 16 Monate Asienfahrt unter der Hakenkreuzfahne und dem SS-Wimpel? Das war etwas Entdeckungsfahrt ins Unbekannte, das war sicherlich auch wissenschaftliche Erkundung – wenn auch oft komplett ideologisch durchtränkt –, das war aber ebenfalls ein Stück Geheimdiplomatie und politische Posse. Vor allem war diese so oft unsinnigerweise mystifizierte SS-Expedition eine Ernst-Schäfer-Show. Dieser sowohl extrem ehrgeizige als auch bis zur Unterwerfung opportunistische Mann hatte in einem fort gepokert und improvisiert. Nichts war gesichert zum Zeitpunkt ihrer Abfahrt. Die ganze Unternehmung hätte bereits an den Mauern der britischen Kolonialbürokratie in Simla zerschellen können, oder man wäre vielleicht in Nepal oder Kaschmir gelandet, aber nicht in Tibet.

Sein ganz persönliches Ziel hatte Ernst Schäfer erreicht, er war wieder in sein Shangri-La zurückgekehrt und hatte darüber hinaus als erster Deutscher die Verbotene Stadt Lhasa erreicht. Was wollte er mehr, ein Platz in der Ehrengalerie deutscher Entdecker und Forscher war ihm eigentlich sicher. Aber gleichzeitig blieb er eine willfährige Marionette seines Herrn und Meisters. Mochte Ernst Schäfer im Grunde seines Herzens auch kein gläubiger Nationalsozialist sein – im Unterschied zu Bruno Beger –, so verkörperte er trotzdem den „ardent Nazi“ in Vollendung, sehr zum Gefallen Heinrich Himmlers. Denn schließlich wollte der Tibetfahrer Schäfer im „Dritten Reich“ nicht nur überleben, sondern weiterhin Karriere machen. Und sein mächtiger Mentor würde nun den weiteren Takt vorgeben.

Der britische Geheimdienst fasste die Geschehnisse nach Kriegsbeginn so zusammen:

> „Diese Expedition erledigte sicherlich genuin wissenschaftliche Arbeiten, aber natürlich wurden auch zweifellos Informationen gesammelt, die politischen bzw. militärischen Wert besaßen. Es ist klar, trotz aller anderen Ziele, dass diese Expedition ein Versuch war, Deutschland und dem Nationalsozialismus zu Ansehen zu verhelfen.“[77]

Eingang zum KZ Natzweiler südlich von Straßburg – Ort der Ermordung von 86 von Beger in Auschwitz selektierten Häftlingen

7

Kriegsjahre

Überlebensstrategien der „Wikinger der Wissenschaft“

Wie schon oft zuvor zeichnen die zur Verfügung stehenden Quellen ein janusköpfiges Bild von Ernst Schäfer. Da kehrt der erfolgreiche und nun berühmte Tibetforscher begleitet von großem Applaus und Medienrummel heim nach Deutschland, umringt und förmlich hofiert vom gefürchtetsten und zweitmächtigsten Mann des NS-Regimes und seiner Entourage, wie zwei alte Freunde schreiten Himmler und Schäfer über das Flugfeld München-Riem und sitzen später nett plaudernd beim Empfangsdiner nebeneinander. Schüler und Mentor.

Und nur wenige Jahre später bemüht Schäfer in den Vernehmungen während seiner amerikanischen Gefangenschaft ein ums andere Mal das Bild des so unpolitischen Wissenschaftlers, immer hin und her gerissen zwischen Widerstand und Anpassung. Damals, im August 1939, „kam ich aus der großen Freiheit und bin in der Zivilisation überall angeeckt ...“, berichtet er fast selbstmitleidig seinen Befragern, und dass er beim „Ahnenerbe“ und bei der SS-Führung „als Rebell betrachtet wurde“. Der indische Vizekönig Lord Linlithgow habe ihm noch beim letzten Abschied mit auf den Weg gegeben: „Versuchen Sie, was Sie tun können für den Frieden!“ Zurück in der Heimat spricht er seinen Herrn und Meister daraufhin an. „Himmlers Antwort war nur ein lautes Lachen!“ Verhinderter Friedensbotschafter und vermeintlicher Querdenker hier, SS-Propagandist und williger Offizier im Schwarzen Orden dort – Ernst

Schäfer beherrschte immer das Changieren zwischen egomanischer Übertreibung und devotem Opportunismus.

Alles andere als eine Friedensbotschaft war jedenfalls der Aufmacher im *Völkischen Beobachter* am 5. August 1939, einen Tag nach Rückkehr der Tibet-Fahrer. „Hitler-Delegation in Tibet, ein Bericht von Ernst Schäfer" war die erste Seite übertitelt. Die Engländer hätten wiederholt und gezielt böse und wahrheitswidrige Gerüchte über die Expedition gestreut, so erklärt der Expeditionsleiter den Lesern des NSDAP-Parteiblatts, und weiter, dass sie Gold oder Erdöl in Tibet suchen würden, um die Bodenschätze auszubeuten oder Deutschland aus Sikkim eine Kolonie machen wolle. Lobend erwähnt Schäfer allerdings „als Freund und Unterstützer des Unternehmens" den erfahrenen Empire-Beamten Basil Gould.

In der Tat waren dies abstruse Gerüchte über die Ziele der Deutschen in Asien, aber sie verschleierten hilfreich die Pläne, die nun in den Hinterzimmern der SS-Führung in Bezug auf Tibet ausgeheckt wurden. Vor allem, nachdem die letzten Versuche einer Verständigung mit Großbritannien Ende August abgebrochen wurden und London Warschau im Falle eines Angriffs des Deutschen Reichs auf Polen vertraglich seines Beistands versicherte.

Doch erst mal gingen die fünf SS-Männer getrennte Wege. 16 Monate lang hatte man eine oft enge bis einengende Gemeinschaft geteilt, manchmal widerwillig und zwangsläufig. Nun also Rückzug, Urlaub, zu Familie, Frau, Freunden. Aber das war natürlich nur die Oberfläche. Das NS-Regime stand unmittelbar davor, Europa in den zweiten verheerenden Krieg dieses Jahrhunderts zu führen. Das war Schäfer klar, er war nicht naiv. Er hatte kein Problem mit dem System. Aber Krieg, das behagte ihm nicht. Und was bedeutete das für ihn, als Forscher, als SS-Mann? Experten für Innerasien standen in Kriegszeiten sicher nicht ganz oben auf der Dringlichkeitsskala, es war nicht mehr die Zeit für philologische Analysen des buddhistischen Kanjur, die Sichtung Hunderter Vogelbälger oder die systematische Bearbeitung von ethnologischen Objekten. Und auch Spekulationen über arische Einflüsse in Tibets Frühgeschichte zogen nun nicht mehr so. Zumal Schäfer wie auch Beger natürlich gerne weiter bei der SS Karriere machen, aber gleichzeitig sich nicht unbedingt an der Front verheizen lassen wollten.

Tibetforschung im weitesten Sinne konnte nur noch eine Existenzberechtigung behalten, wenn sie kriegswichtigen Zielen diente. Das musste Schäfer gelingen, und zwar ohne dabei seinen mächtigen Mentor zu verprellen. Ungeduldig setzte er sich noch im August in Berlin an die Schreibmaschine und formulierte ein erstes Konzept über seine weitere Zukunft, das er Heinrich Himmler präsentierte, Überschrift „Das Asieninstitut der SS“.

Was ist kriegswichtige Forschung?

Darin wirft er eingangs die berechtigte Frage auf: „Was mit den Mitgliedern der Expedition bzw. dem Sammlungsmaterial geschehen soll?“ Um dann postwendend selbst die Antwort zu geben: Ein „Asieninstitut der SS“ ist zu gründen, da „keine der heute vorhandenen Einrichtungen unserer wissenschaftlichen oder Universitäts-Institute in der Lage ist, das außerordentlich reichhaltige Material der SS-Tibetexpedition auch nur einigermaßen voll in diesem Sinne auszuwerten“.

Es überrascht nicht, dass Schäfer sich selbst als den kompetenten Leiter solch einer Einrichtung empfiehlt und mit unverdrossenem Selbstbewusstsein erklärt, nur so könne „die Bearbeitung aller Fragen im Sinne der nationalsozialistischen Wissenschaftsauffassung erfolgen. Dieses Institut kann bei richtiger Führung und bei Genehmigung eines ausreichenden Etats die Keimzelle für den Neuaufbau der deutschen Wissenschaft sein.“ Natürlich dient er dem Adressaten des Papiers an, dass das Institut direkt ihm, dem Reichsführer SS, unterstellt wäre und auch das „Ahnenerbe“ beteiligt sein solle. Selbstredend waren am Wunschdienstort Berlin auch Stellen für die Expeditionskollegen eingeplant.

Aber bevor Himmler mit Schäfer dessen Ideen weiter erörtern konnte, kam der Reichsführer SS mit einer eigenen Idee auf seinen Protegé zu. Es ging um eines der bizarrsten Kommandounternehmen der NS-Ära: eine Militäraktion im Rücken der Briten in Zentralasien, um das Empire dort zu schwächen – das Ganze mit Wissen und Duldung der Sowjetunion. Die Ursprünge dieses Plans liegen eher in den Führungsetagen des Auswärtigen Amtes, der Wehrmacht und der Abwehr als in denen der SS. Doch Himmler erfuhr frühzeitig von diesen strategischen Überlegungen. Außenminister Ribbentrop und der Chef der Abwehr Admiral Canaris ventilierten die Idee, Außenposten der Briten zu attackieren und so die militärischen Kräfte des Empire zu zerstreuen bzw. europafern zu binden. Im Fokus der Überlegungen standen Afghanistan und Indien/Tibet.

Himmler – im institutionellen Chaos des NS-Staates immer bemüht, weitere Machtkompetenzen und strategische Positionen zu besetzen – klinkte sich in diese außenpolitischen Pläne ein und gab wenige Tage nach Kriegsausbruch Schäfer zu verstehen, dass er ihn demnächst für ein geheimes Kommandounternehmen in Zentralasien benötigen würde. Vorab allerdings verordnete Himmler dem militärisch völlig unerfahrenen Schäfer und dessen Kollegen Geer und Beger eine zweimonatige Ausbildung bei der SS-Leibstandarte Adolf Hitler in Prag. Dem zuständigen Obergruppenführer Keppler trug Himmler auf, den drei SS-Offizieren die „hervorragendste militärische Ausbildung zuteilwerden zu lassen, die nur möglich ist (Handhabung an Maschinenwaffen, Pionierdienste, Nachrichtenmittel, Fliegerbeschuss, taktische Erwägungen, Sicherung von Märschen und Stellungen etc.)“. Außerdem sei strikteste Geheimhaltung zu wahren.

Schäfer empfand diesen Aufwand als übertrieben und sprach bei Gelegenheit darüber mit Abwehrchef Admiral Canaris. Natürlich erfuhr Himmler sofort von diesem nicht genehmigten Gespräch. Die Reaktion des SS-Chefs mit Datum vom 7. September 1939 aus seinem Sonderzug Heinrich ließ an Deutlichkeit nichts zu wünschen übrig.

> „Was ich für die Vorbereitung rein militärisch für notwendig halte, ist allein meine Angelegenheit, und danach haben Sie sich zu richten ... Wenn Sie soldatische Aufgaben zu lösen bekommen, müssen Sie zunächst zum Soldaten ausgebildet und erzogen werden. Mit ein bisschen Sabotage und Herumsprengen ist es nicht getan.“[78]

Wegen solcher Anraunzer stilisierte sich Schäfer nach 1945 gerne zum Rebell gegen Himmler, dabei waren diese Konflikte ausschließlich in Schäfers eigensinnigem Naturell zu suchen, und seine Motive waren rein persönlicher und egoistischer Natur, gegen die politisch-ideologische Stoßrichtung Himmlers hatte er gar nichts einzuwenden. So fügte sich der ungebärdige Hauptsturmführer, absolvierte seine militärische Ausbildung in Prag und formulierte zum Jahresende ein Konzept für die „Tibet-Aktion", nun in Absprache mit dem Auswärtigen Amt.

Damit setzte er sehr engagiert einen Befehl um, den er in seinen Vernehmungen nach 1945 gern als „Wahnsinnsidee" von Himmler abtun wollte. Schäfer plante ein zehnköpfiges „politisches Vorauskommando" unter seiner Leitung, dem eine größere militärische Einheit folgen solle. Die politische Gruppe würde über Russland nach Chinesisch-Turkestan einreisen, ausgerüstet mit MPs und Gewehren, aber vor allem viel Geld. Zwei bis drei Millionen Reichsmark in Silbermünzen seien erforderlich, um lokale Machthaber und Stammesfürsten gegen England zu gewinnen. Denn, so meinte der Landeskenner zu wissen: „Alle Zentralasiaten gehen nach Geld und sind bereit, ihre besten Freunde sofort zu verkaufen, sobald ihnen von irgendeiner Seite eine höhere Summe bar ausgezahlt wird." Aber schließlich dürfe man auch das starke Argument der territorialen Versprechungen nicht vernachlässigen.

Die Ausreise sollte im Sommer 1940 geschehen, um die günstigsten Wetterbedingungen „für das Überqueren der nordtibetischen Wüstensteppen auszunutzen". Ziel des ganzen Unternehmens sei es, „Aufstände zu schüren und Beunruhigung zu stiften, Sabotage englischer Regierungseinrichtungen wie Eisenbahn, Post, Telegraphen". Schäfer träumte davon und formulierte es auch explizit so, „im Sinne von Lawrence" zu arbeiten (T. E. Lawrence, der britische Offizier, der im Ersten Weltkrieg die Beduinenstämme der Arabischen Halbinsel zum Aufstand gegen das Osmanische Reich bewegen sollte, im Gegenzug für territoriale Unabhängigkeit). Und schließlich brauche er auch „viele Geschenke und 200 Militärgewehre, die ich dem Regenten von Tibet schon versprochen hatte". So klangen jedenfalls die Pläne des Mannes, der noch vier Monate zuvor enthusiastisch dem indischen Vizekönig Lord Linlithgow in die Hand zugesagt hatte, sich für den Ausgleich und den Frieden zwischen England und Deutschland zu verwenden. Eine schlechte Zeit für moralische Integrität.

Nun drängte Schäfer auf Aktion, aber Himmler hatte klar verfügt, das Unternehmen starte erst, „wenn der Krieg mit England länger dauert", was immer das für die Militärstrategen in Berlin heißen konnte, und außerdem liefen vom Auswärtigen Amt aus zähe Verhandlungen mit Moskau über die logistische Unterstützung der Sowjets für das deutsche Kommandounternehmen.

Man kann an dieser Stelle abkürzen, denn das Unternehmen scheiterte oder besser, verlief innerhalb der nächsten fünf, sechs Monate im Sande. Die Ursachen waren vielfältig: Konkurrenz und Animositäten zwischen verschiedenen Institutionen im NS-Staat, die wachsende Abneigung der Sowjetunion, dem Deutschen Reich geheime militärische Aktionen gegen die Briten über ihr Territorium zu gestatten, und schließlich schlicht die exorbitant hohen Kosten, die das Auswärtige Amt monierte. Schäfer war beleidigt, beklagte schon im April, vom Auswärtigen Amt „herabwürdigend behandelt" worden zu sein, und hielt die Aktion nun „für ein totgeborenes Kind". Im Mai 1940 war das Kommandounternehmen „Afghanistan/Tibet" tot, Lawrence von Zentralasien musste wieder kleinere Brötchen backen.

Privat begann für Schäfer in diesem Winter eine neue Zeit. Im Dezember 1939 heiratete er die 19-jährige Ursula von Gartzen aus Hannover. Nachdem er sich im November bei Himmler unterwürfig für die Militärausbildung in Prag bedankt hat, beklagt er sich unmittelbar darauf über sein zu geringes Gehalt für eine Familie, denn er muss „den in meiner Eigenschaft als Tibetforscher leider unumgänglich notwendigen Repräsentationspflichten, die sich auch auf meine Frau übertragen, nachkommen". Er bittet um eine Gehaltserhöhung und ein Darlehen. Beides bewilligt der oberste SS-Führer, der sich in dieser paternalistischen Rolle seinen Untergebenen gegenüber immer gefiel. Schäfer erhält 500,– RM monatlich und 3000,– RM für „die Einrichtung eines Hausstandes". Wie hoch Schäfer im Ansehen Himmlers tatsächlich stand, wird auch an der Verleihung des SS-Ehrendolches und des Totenkopfrings deutlich.

Und schließlich bat Schäfer im Januar ebenfalls erfolgreich um die Erlaubnis, nach München übersiedeln zu dürfen. Dort wollte er sein Institut endlich Wirklichkeit werden lassen, nun auch gerne in enger Zusammenarbeit mit dem „Ahnenerbe“. So kam es, und ab April 1940 residierte Schäfer als Abteilungsleiter des „Ahnenerbe“ und Chef der neu gegründeten „Forschungsstätte für Innerasien und Expeditionen“ in einem großzügigen Jugendstilbau direkt am Isarufer in der Widenmayerstraße. Das Haus war kurz zuvor arisiert worden, der jüdische Besitzer emigrierte, und in seine Wohnung zog „Ahnenerbe“-Kurator Walther Wüst ein. Diese Forschungsstätte war zwar nicht das von Schäfer wenige Monate zuvor großzügig skizzierte „Asieninstitut der SS“, aber er hatte nun einen formalen Rahmen unter der Protektion Himmlers gefunden, der ihm Tibetforschung auf schmalem Niveau und unter Kriegsbedingungen gestattete. Dafür bandelte man gerne wieder mit den Mächtigen und Dilettanten des „Ahnenerbe“ an, die im Frühjahr 1938 so skeptisch gewesen waren betreffend den wissenschaftlich-weltanschaulichen Output der Tibetexpedition. Dieser Vereinigung zur Förderung vornehmlich von Himmler auserkorener (Pseudo-)Wissenschaft geisteswissenschaftlicher Provenienz fühlte Schäfer sich zwar als Forscher haushoch überlegen, aber aus taktischen Gründen war die Anbindung sinnvoll.

Die Gründung des Vereins „Deutsches Ahnenerbe“ fand am 1. Juli 1935 statt. Das zuerst formulierte Ziel war „... die Wissenschaft der Geistesurgeschichte zu fördern“. Das „Ahnenerbe“ war von Beginn an eine von Heinrich Himmler initiierte und beförderte Institution. Sie sollte einerseits einer vom rassisch-arischen Elitegedanken ideologisch inspirierten Zweckwissenschaft dienen und sich andererseits mittelfristig personell und inhaltlich mit den gewachsenen Forschungsstrukturen der deutschen Universitäten verbinden. Und außerdem war Himmler stärker als andere NS-Führer ein erklärter Feind der Kirche. Seine Versuche, eine fiktive arisch-germanische (Hoch-)Kultur gerade als Gegenentwurf zur christlichen wiederauferstehen zu lassen, bezogen sich auf alle Lebensbereiche. Das „Ahnenerbe“ quasi als Kulturinstitut zur Erforschung einer germanischen Prähistorie gehörte ebenfalls zu den Kernaufgaben dieser

SS-Organisation. In Himmler'scher Diktion zusammengefasst lautete das Ziel:

> „... dem Nachweis der arischen von der Zentrale Deutschland und dem Ostseebecken ausgehenden nordischen Menschheit in fast allen Teilen unserer Erde und dem Nachweis der geistigen Weltherrschaft des arischen Germanentums näherzukommen."[79]

Als Fernziel für Himmlers totalen SS-Staat sollte das „Ahnenerbe" die zentrale Schaltstelle zur Deutungshoheit von Wissenschaft werden, einerlei ob Geistes- oder Naturwissenschaften. Es mag da wenig erstaunen, dass gerade vor Kriegsbeginn die Ressourcen des „Ahnenerbe" von Himmler regelmäßig genutzt wurden, um seine esoterisch-okkulten Phantasmen erforschen zu lassen, sei es die Welteislehre, Runenkunde, indogermanische Rechtsgeschichte oder eine Forschungsstätte zur Überprüfung der sogenannten Geheimwissenschaften. In der Konsequenz galt das „Ahnenerbe" natürlich bald in der deutschen Wissenschaftsszene als Spielwiese für Amateure, Dilettanten und Hochstapler. Aber wer mochte das schon aussprechen ... Und andererseits, das „Ahnenerbe" besaß Geld, Einfluss und Kapazitäten, da war die Verlockung groß, unter dem Dach der SS-Organisation die eigene Forschung und Karriere voranzutreiben. Nicht viel anders erging es Ernst Schäfer 1939.

Seit dem 1. Januar firmierten Heinrich Himmler als Präsident des „Ahnenerbe" und Walther Wüst, Indologe und Dekan der Philosophischen Fakultät der Universität München, als Kurator. Die Machtzentrale der Organisation befand sich aber in einer Villa in Berlin-Dahlem. Dort residierte seit Gründung des „Ahnenerbe" – und bis zu ihrem Ende – der Hauptgeschäftsführer Wolfram Sievers, 34-jähriger SS-Standartenführer und absolut loyaler Vollstrecker aller Himmler'schen Anweisungen.[80]

Schäfer, der sich mit Wüst und Sievers vor der Abreise nach Tibet mehr oder weniger überworfen hatte, versuchte nun wieder unter das Dach des „Ahnenerbe" zu schlüpfen, um dort die Kriegszeiten zu überstehen. Er besuchte Sievers zum Gedankenaustausch, wohnte mit Wüst in München sogar im gleichen Haus, und die beiden „Ahnenerbe"-Oberen waren sehr bereit, den einst Aufmüpfigen wieder aufzunehmen, nicht nur weil ihr aller Chef es so wollte, sondern weil Schäfers Popularität in Deutschland als Tibetforscher ihn als „Ahnenerbe“-Mitarbeiter und damit die ganze Organisation schmücken würde.

Auf welches Konstrukt und welche Geisteshaltung sich Schäfer da nun einließ, wird sehr deutlich in einem heute sehr seltenen Druckwerk des „Ahnenerbe“. Als Ernst Schäfer noch mit Lhasa-Adeligen Chang becherte, druckte die Firma Klingspor in Offenbach eine großformatige Denkschrift des „Ahnenerbe“ auf edlem Büttenpapier. Himmler wollte die erste Nummer zusammen mit anderen Druckerzeugnissen Adolf Hitler zum 50. Geburtstag überreichen. Die 30 Seiten in schwarz-roter Frakturschrift sollten „Werden, Wesen, Wirken“ der Forschungs- und Lehrgemeinschaft erläutern. Unter dem Signet der „Irminsul“ wird Gesinnung und Haltung des „Ahnenerbe“ definiert: „... großzügig, wie es deutschen, germanischen Menschen ziemt, niemals engherzig verhaftet in Dogmen und Doktrinen, wahrhaftig und streng in Forschung und Wissenschaft, nationalsozialistisch im Mut zum Bekenntnis.“ Dieser absurde Widerspruch zwischen nationalsozialistischem Bekenntnis und „nicht verhaftet in Dogmen“ macht nur nochmals deutlich: Das „Ahnenerbe“ war der institutionelle Abgesang auf alle ergebnisoffene, forschende Wissenschaft, das Himmler'sche Institut sollte nur noch Belege für längst aus ideologischen Gründen als Wahrheit definierte „Tatsachen“ liefern, nämlich die „rassische Überlegenheit“ der Arier zu allen Zeiten, an allen Orten.

Eine doppelseitige Landkarte befindet sich am Ende der Denkschrift, viele bunte Punkte und Pfeile sollen die umtriebigen Forschungsaktivitäten des „Ahnenerbe“ dokumentieren – das meiste waren Planungen, die nie umgesetzt wurden. Der längste Pfeil schwingt sich im großen Bogen weit nach Osten und landet in Tibet, gemeint ist natürlich die Schäfer-Expedition. Ziel der Abteilung Vorderer Orient ist laut Denkschrift die „Ermittlung der arisch-indogermanischen Einflüsse auf das Werden der Kulturen des Morgenlandes“ und „eine Expedition in die unerforschten Gebiete Tibets wird die Lösung so mancher Fragen auf rassekundlichen, völkerkundlichen, auf zoologischem und botanischem, auf biologischem und geographischen Gebiet bringen". Längst hatten die „Ahnenerbe"-Oberen die Schäfer'sche Expedition trotz gewisser Meinungsverschiedenheiten für sich vereinnahmt.

Himmler führt Regie

Wie stark der Krieg alle bisherigen Gewissheiten und Realitäten infrage stellte, erlebte Schäfer ebenfalls in diesem ersten Kriegswinter. Heinrich Himmler beorderte ihn Ende Januar nach Berlin, um mit Schäfer in seinem Sonderzug Heinrich in die besetzten Ostgebiete, also nach Polen, zu fahren. Es hieß, sein Rat als expeditionserfahrener Forscher sei gefragt, da er sich mit dem Schutz vor starker Kälte aus Tibet ja gut auskenne. Genau damit seien jetzt die deutschen Soldaten im Osten konfrontiert. Schäfer solle helfen. Der zögerte nicht lange, im Gegenteil, er nahm die Einladung dankend an, deutete er sie doch als eine Geste des Wohlwollens seitens seines Gönners. Ziel der Fahrt war der Ort Przemysl in Südost-Polen.

Nach dem Hitler-Stalin-Pakt war die angrenzende Woiwodschaft Wolhynien an die Sowjetunion gefallen. Rund 50 000 Deutschstämmige aus dieser Region sollten nach dem Willen Himmlers nun in die besetzten Ostgebiete umgesiedelt werden – natürlich nach einer rassischen Bewertung und Einstufung durch SS-Rasseprüfer. Das sollte verhindern „dass sich im neu besiedelten Osten Mongolentypen entwickeln. Ich möchte hier eine blonde Provinz schaffen." Doch die großräumigen Umsiedlungen waren ja nur die eine Seite des Polenfeldzugs. Einher damit gingen Vertreibungen und Exekutionen der einheimischen Bevölkerung, der Terror der SS-Einsatzgruppen war Voraussetzung für die Ansiedlung von Volksdeutschen im Osten. Himmlers Sonderzug wurde nun zum Nervenzentrum dieser Ausrottungs- und Besiedlungspolitik, der oberste Befehlshaber konnte so die Umsetzung seiner Anweisungen kontrollieren und überprüfen.

Schäfer wusste natürlich vom Fortgang des Ostfeldzuges, aber er wusste bis dato nichts von den Verbrechen hinter der Front. Das änderte sich nun. An Bord des Zuges befanden sich hochrangige SS-Offiziere, Himmlers rechte Hand Rudolf Brand, sein Adjutant

Joachim Peiper, Himmlers Lieblingsautor Hanns Johst, der über den Ostfeldzug schreiben sollte, und zeitweise einer der Hauptverantwortlichen der Vernichtungspolitik im Osten, Odilo Globocnik. Dieser später für mehrere Vernichtungslager zuständige Sadist berichtete bei einem Abendessen in Krakau in Anwesenheit hoher Offiziere von Wehrmacht und Luftwaffe im Plauderton über Terroraktionen der Einsatzgruppen, wie man „die Insassen einer polnischen Irrenanstalt erschossen habe, aber trotz Temperaturen von zwanzig Grad minus am nächsten Tag immer noch einige lebten ...“ Keiner der Anwesenden widersprach. Und der Obersturmbannführer Peiper berichtete Schäfer nicht minder stolz bei langen Fahrten durch entvölkerte Landschaften Polens, dass die polnische Intelligenz systematisch „exterminiert“ werde und die die „Kartoffeln nun von unten ansehen können“. Himmler selbst hätte mehrfach solche Erschießungen überwacht, die so gründlich ausgeführt würden, „daß es in den nächsten Jahrzehnten keinen Krieg mehr geben werde“. Zweifel kannte Peiper nicht, denn er sei ja Soldat. Schäfer erhielt in wenigen Tagen Einblick in das wahre, blutige Grauen dieses Ostfeldzuges, in die abgründigsten Facetten jenes Systems, in dessen hohlem Zahn er geglaubt hatte, unbeschadet überwintern zu können.

Man mag ihm vielleicht glauben, dass er mit „Abscheu und Entrüstung“ dies alles erlebte, so wie er es seinen amerikanischen Vernehmern nach 1945 zu Protokoll gab. Aber es war zu spät, er hatte den Pakt vor langer Zeit geschlossen, nun war der durch seine Mitwisserschaft ein weiteres Mal befestigt und besiegelt.

Heinrich Himmler war überzeugt, dass es Zeit war, Ernst Schäfer zum wissenden Komplizen zu machen. Die passende Kältebekleidung für die Wehrmacht und die SS spielte keine große Rolle mehr. Die Bindung an den Herrn des Schwarzen Ordens war nur noch enger geworden. Flucht war unmöglich. Mehrmals während seiner Internierung behauptet Schäfer später, dass er tatsächlich an Flucht aus Deutschland dachte und deshalb auch wieder Kontakt zu seinem alten Tibet-Kumpel Brooke Dolan aufgenommen hätte, damit der ihn zu einem offiziellen USA-Besuch als Wissenschaftler einladen solle. Doch nirgendwo in Akten und Nachlässen findet sich dafür eine Bestätigung.

Im Frühjahr 1940 besitzt Schäfer eine Abteilungsleiterstelle im von ihm noch zwei Jahre zuvor als unwissenschaftlich verhöhnten „Ahnenerbe", und Himmler hält ihn an der kurzen Leine. Die Aussichten auf eine wissenschaftliche Karriere an einer deutschen Universität sind mau und seine Unabhängigkeit als Forscher dahin. Gesichert sind allein vorerst sein Gehalt und ein Etat für das Institut. So holt er als Mitarbeiter die Tibetfahrer Beger, Geer und Krause nach München – Wienert war bereits zum Fronteinsatz bei der Waffen-SS eingezogen worden – und einige weitere Wissenschaftler. Beger soll die ethnologische Sammlung bearbeiten und wird dafür vom Frontdienst freigestellt. Nebenbei promoviert er bei dem Berliner Professor Ludwig Ferdinand Clauss, neben Begers Lehrer an der Universität Jena, Hans F. K. Günther, lange Zeit der populärste Rasseforscher im NS-Staat. Schäfer wiederum wird von Himmler zu Vorträgen über die Tibetexpedition vor SS-Leuten durch Deutschland und die besetzten Gebiete geschickt. Nebenher kümmert er sich um seine Habilitation, die er 1942 dann beim „Ahnenerbe"-Kurator Wüst trotz aller persönlichen Animositäten abschließt, „Tiergeographisch-ökologische Studie über das tibetische Hochland".

Die wissenschaftliche Arbeit im Münchner Institut verläuft dagegen im Laufe des Jahres 1940 eher schleppend. Das liegt u. a. auch an Himmlers Direktiven. Er bestimmt jeden Schritt, jede Entwicklung im Münchner Institut, auch gegen die Wünsche Schäfers. Natürlich ist Ernst Schäfer nach der in seinen Augen so erfolgreichen Tibetexpedition an weiteren großen, öffentlichen Auftritten interessiert: Ein Expeditionsbericht soll als Buch erscheinen (er hat sich von seinen Mitfahrern per Vertrag das alleinige Veröffentlichungsrecht zusichern lassen), der große Expeditionsfilm soll fertiggestellt werden und in die Kinos kommen, und er möchte öffentliche Vorträge halten. Doch nach den ersten Presseberichten rund um ihre Rückkehr stoppt Himmler kurz nach Kriegsbeginn all diese Pläne.

Was war Himmlers Motivation? Himmlers persönlicher Referent Rudolf Brandt fasst es für Schäfer im Frühjahr 1940 wie folgt zusammen:

> „Dem Reichsführer SS liegt nun einmal daran, jede Gedankenverbindung Tibet – Dr. Schäfer und die Möglichkeit einer allenfallsigen Wiederholung einer solchen Expedition zu Kriegszwecken aus dem Gedankenkreis der Menschen und damit auch unserer Feinde verschwinden zu lassen. Aus diesem Grund wird der Film zunächst bestimmt nicht erscheinen, ebenso auch nicht das Buch ...“.[81]

Und dann kam Ernst Schäfer 1941 an die Front. Später behauptete er wiederholt in seinen Vernehmungen gegenüber US-Befragern, dass er „strafweise zur Front“ geschickt worden sei. Er versuchte ja, nach dem Krieg sein Image als ungehöriger Rebell gegenüber Himmler zu unterstreichen und bauschte jede seiner Meinungsverschiedenheiten mit dem SS-Chef so auf, als ob er „kurz vor dem KZ stand“. Allerdings gibt es Briefe, in denen Schäfer selbst um einen Fronteinsatz nachsucht: „Ich bitte, veranlassen zu wollen, daß ich baldmöglichst zu einem waffenmäßigen Einsatz komme, damit ich danach sofort wieder als spiritus rector die Zügel meiner Abteilung in die Hand nehmen kann.“ Zuerst ging es für Schäfer im Januar 1941 nach Norwegen in die SS-Kampfgruppe Nord, die dort zum Küstenschutz eingesetzt war. Der „waffenmäßige“ Einsatz folgte dann im Frühsommer in Ostkarelien/Finnland bei diversen Scharmützeln mit Sowjeteinheiten.

Viele Männer aus Schäfers Einheit wurden verletzt oder kamen um, er überlebte, erhielt sogar noch ein EK II und konnte mit Zustimmung Himmlers und dem Stempel „uk-Stellung“ im August an sein Münchner Institut zurückkehren. Eine Strafversetzung war dies nicht, denn Himmler erwartete selbst von hochrangigen SS-Mitgliedern aus der vielschichtigen SS-Hierarchie und -Verwaltung eine Bewährungsprobe an der Front (auch „Ahnenerbe“-Geschäftsführer Sievers absolvierte solch einen Einsatz bei der Leibstandarte Adolf Hitler). Auch Bruno Beger befand sich 1941 im Fronteinsatz, allerdings als Kriegsberichterstatter in einer Kompanie der Waffen-SS. Man traf sich Ende des Jahres wieder im Institut, aber Ernst Schäfer war mittlerweile bekannt, dass der ehrgeizige und extrem linientreue Beger während seiner Abwesenheit in Skandinavien gegen ihn intrigiert hatte.

Bereits am 1. März 1941 hatte Beger Himmler eine „Denkschrift über die erste SS-Tibetexpedition" vorgelegt, die einmal eine Abrechnung über Konzept und Leitung der vergangenen Unternehmung beinhaltete und weiterhin gleich die „Planung einer Forschungsreise einer SS-Mannschaft nach dem Sieg über England". Für Beger war die von Schäfer geleitete Expedition „noch zu individualistisch, um nationalsozialistisch genug zu sein". Die fünf Teilnehmer hätten sich in den Erfordernissen ihrer jeweiligen Forschung ja oft eher gegenseitig behindert als ergänzt, und dass sie als erste Deutsche Lhasa und als erste Europäer das Yarlung-Tal erreicht hätten, verspottet er als reine „Pionier-Expedition". „Solche Ziele können sich auch Vergnügungsreisende, Sportsleute und Zeitungsschriftsteller stecken!"

Und dann entwickelt er den Plan einer „echten" nationalsozialistischen Expedition von maximal sechs Teilnehmern („ganze Kerle") unter der Überschrift „Die nordische Rasse – Indogermanen – in Asien". Fazit der umfangreichen Beger-Denkschrift:

> „Nach nunmehr 8 Jahren seit der Machtübernahme hat diejenige Wissenschaft, deren Erkenntnisse eine Grundlage der nationalsozialistischen Weltanschauung bilden, noch immer keine klare Linie gefunden ... Die Uneinheitlichkeit, in der sich die Rassenkunde darbietet, hat ihrer Anerkennung nicht nur im Auslande, sondern auch ihrer Verbreitung innerhalb des deutschen Volkes selbst sehr geschadet. Die gesamte Anthropologie braucht dringend eine starke und zielbewußte Führung."[82]

Hier empfahl sich ein gläubiger Rassist für große Aufgaben. Schäfer schaltete schnell und vermied trotz seiner Verärgerung eine weitere Eskalation mit Beger, denn die Denkschrift war wohl in der Führungsebene wohlwollend zur Kenntnis genommen worden. Trotz vieler Differenzen, ihrer beruflichen Konkurrenz und konträrer Charaktere fanden Schäfer und Beger aber scheinbar eine vorläufige Arbeitsebene, denn beide blieben mangels Alternativen in der „Ahnenerbe"-Forschungsstätte Innerasien und Expeditionen tätig.

Zwischen persönlichen Intrigen, Fronteinsätzen, kriegsbedingten Sonderwünschen Himmlers und der restriktiven Öffentlichkeitsarbeit für die Expedition blieb die wissenschaftliche Arbeit in diesen

Jahren oft auf der Strecke. Ob die zoologische oder botanische Sammlung, die ethnologischen Objekte, das geophysikalische Datenmaterial oder wertvolle Manuskripte – alle materiellen Erträge der Expedition waren auf verschiedene Institutionen im Reich verstreut und blieben lange nur rudimentär bearbeitet, ebenso wie die vielen Tausend Meter Filmmaterial. Aber es gab Ausnahmen. Kriegswichtige Forschungen hatten allemal Vorrang und wuchsen sogar in ihrer Bedeutung für die SS-Strategen, je näher es auf das Ende des „Tausendjährigen Reiches" zuging.

So etwa die Pflanzenzucht. Saatgut und Samen von mehreren Tausend Sorten Kulturpflanzen hatte die Expedition aus Tibet und Sikkim mit nach Deutschland gebracht – insgesamt 10 Muli-Ladungen, wie Schäfer stolz vermerkte. Darunter Getreide, Früchte und Gemüsepflanzen, Wild- und Zuchtformen, alles in allem ein riesiges Genreservoir für diverse Zuchtexperimente. Außerdem galten Tibet und seine angrenzenden Regionen unter Botanikern als ein Genpool mit besonders großem Potenzial. 1942 forderte Himmler den Aufbau eines Wildsorteninstituts. Die Versorgungslage mit Lebensmitteln nach drei Jahren Krieg wurde zunehmend schwerer, und gleichzeitig suchten die „Ansiedlungsexperten" der SS für die eroberten Ostgebiete geeignete Feldfrüchte. Vor allem die berühmte tibetische 60-Tage-Gerste sollte da Abhilfe schaffen. Bis in Höhen über 4000 Meter wuchs auf der tibetischen Hochebene *das* Grundnahrungsmittel aller Tibeter innerhalb von zwei Monaten von der Aussaat bis zur Ernte, außerordentlich widerstandsfähig gegen Kälte, Sturm und Dürreperioden. Wenn es nun den Zuchtexperten in Deutschland gelang, diese Faktoren mit dem Ertragsreichtum der hiesigen Sorten zu kreuzen, erhoffte man sich das geforderte „Wundergetreide".

Das „Ahnenerbe" bzw. die SS hatte sich vertraglich die Verfügung über alle Ergebnisse und Folgeforschungen der Schäfer-Expedition gesichert, und deshalb forderte Himmler nun, das entsprechende Institut unter seiner Ägide aufzubauen, vorbei an bestehenden wissenschaftlichen Einrichtungen. Die bürokratischen Händel kosteten Zeit, und nachdem als geeigneter Standort das Schlossgut Lannach bei Graz gefunden worden war und die ersten Aussaaten im Boden steckten – darunter „2412 Tibet-Gersten, 197 russische Gersten, 35 deutsche Gersten“ neben Weizen, Hafer, Bohnen, Kürbissen, Mais und Soja –, war es Frühjahr 1944 geworden. Die Ergebnisse der Getreidezuchtexperimente kamen, so erfolgversprechend sie aus Sicht der Züchter gewesen sein mögen, für eine Verbesserung der Lage Deutschlands – man könnte auch sagen einer Verlängerung des Krieges – zu spät.

Der gelernte Landwirt Himmler, der ja auch Kräutergärten und Angorakaninchen-Zucht auf KZ-Geländen betrieb, erteilte Schäfer bald noch eine weitere „kriegswichtige Zuchtaufgabe“, die ein ähnliches Schicksal wie die Tibet-Gerste ereilte. Für die Kriegszüge des Deutschen Reichs waren Pferde ein unverzichtbares Hilfs- und Transportmittel, Zehntausende begleiteten die Einheiten von Wehrmacht und SS. Allerdings waren die deutschen Pferde den harten Bedingungen eines russischen Winters nicht gewachsen, was sich vor 1942/43 offenbarte. Erst danach, also Anfang 1943, beauftragte Himmler wiederum den Zoologen Schäfer, sich um eine widerstandsfähige Pferdesorte zu kümmern, die Futtermangel und wochenlangen strengen Frost ertragen konnte. Natürlich wusste Schäfer, dass die gesuchten Eigenschaften etwa die auf den innerasiatischen Steppen lebenden Przewalski-Pferde erfüllten. Aber er hatte keine. Und konnte auch so schnell keine besorgen. Trotzdem wurde er aktiv und fahndete persönlich im ganzen Herrschaftsbereich des Deutschen Reichs nach „archaischen Pferderassen“, aus deren Kreuzung er hoffte, die gewünschten Eigenschaften zu gewinnen.

Rund 400 Pferde standen im Sommer 1944 zur Verfügung, doch zunehmend stellte sich angesichts des Kriegsverlaufs eher die Frage nach einem überhaupt noch sicheren Standort für solch ein Gestüt. Die gewünschten Standorte in der Ukraine und später in Ungarn wurden von der nach Westen vordringenden Frontlinie überrollt. Schließlich gelangten die Tiere im Februar 1945 im thüringischen Ohrdruf an, nun auch gemeinsam mit Karakulschafen aus Zentralasien, aus deren Wolle Himmler sich besonders wärmende Bekleidung versprach – zwei Monate später im April besetzte die US-Army Ohrdruf.

Sven Hedin und die deutschen Tibetforscher

Zurück ins Jahr 1942. Parallel zu all diesen eher misslichen und schwierigen Entwicklungen seiner Projekte versuchte Schäfer stetig an seiner wissenschaftlichen Reputation und Eigenständigkeit zu basteln. Wir haben schon mehrfach gesehen, dass er etwas beherrschte, was man heute wohl Selbstmarketing nennen würde, wenn auch stets etwas zu großspurig und eingebildet vorgetragen. Im institutionellen Gestrüpp zwischen NS-Bürokratie, SS-Hierarchien und Universitätsverwaltung träumte Schäfer immer noch von seinem eigenen Wissenschaftsinstitut und der breiten Anerkennung als *der* deutsche Tibetforscher. Zwei Namen überstrahlten bislang diese Disziplin unangefochten: der Deutsche Wilhelm Filchner und der Schwede Sven Hedin.

Der in Deutschland ungemein populäre und angesehene Filchner war von seiner letzten Expedition krankheitsbedingt nicht nach Deutschland zurückgekehrt, sondern in Indien geblieben. Britisch-Indien verzichtete auf eine strenge Internierung des 65-Jährigen, der auch im Königreich einen Ruf als ausgezeichneter Wissenschaftler genoss. In Deutschland konnte man dagegen Stimmen hören, die Filchner unterstellten, absichtlich aus Opposition zum NS-Regime nicht in die Heimat zurückgekehrt zu sein – Filchner kam tatsächlich erst 1948 zurück nach Europa und ging dann aber in die Schweiz. Das ist möglich, wurde aber nie belegt, jedenfalls äußerte sich auch Schäfer intrigierend in dieser Hinsicht. Wie auch immer, trotz großer Verdienste und treuer Unterstützer, Filchners Stern sank langsam im offiziellen Deutschland.

Und dann gab es da Sven Hedin. Der mittlerweile 77-jährige Schwede war unbestritten auch international der berühmteste und anerkannteste Erforscher Zentralasiens. Seine wissenschaftlichen und geographischen Erfolge auf diversen Expeditionen in unbekannte Regionen Tibets standen außer Frage und hatten seinen Ruf begründet. Doch so instinktsicher und überlegt er in vielen bedrohlichen Situationen in der Wildnis agierte, so komplett verirrte er sich auf der politischen Landkarte Mitteleuropas. Seine Germanophilie – begründet durch die Studienzeit in Berlin – wandelte sich in eine naive, unkritische Bewunderung des NS-Regimes. Hedin pflegte eine tiefe Aversion gegen die Sowjetunion, aber ebenfalls eine große Abneigung gegen Großbritannien. Auch das trieb ihn in die Arme der deutschen NS-Größen, die den berühmten Schweden natürlich mit offenen Armen aufnahmen, da sich das Regime gerne mit sympathisierenden Ausländern schmückte, denn die waren rar. Schon 1936 hatte Hedin zur Eröffnung der Olympischen Spiele dem Regime als Redner und so zur internationalen Legitimation gedient (s. Kapitel 3).

Häufiger bereiste Sven Hedin das nationalsozialistische Deutschland auch nach Berlin 1936 und tauschte sich regelmäßig mit den Größen des Regimes aus. So war es auch nicht ungewöhnlich, dass der Schwede im März 1940 eine Einladung erhielt: „Im Auftrag des Führers und Oberbefehlshabers der Wehrmacht bittet der Chef des Oberkommandos der Wehrmacht Herrn Sven Hedin, an dem Gedenkakt zu Ehren der Gefallenen des Weltkrieges 1914–18 ... teilzunehmen." Bei diesem Berlin-Besuch traf Hedin Adolf Hitler und wenige Tage später auch Himmler. Der empfing den Asienforscher in der Gestapozentrale an der Prinz-Albrecht-Straße. Hedins Eindruck vom Herrn der SS war – wie es auch schon viele andere Zeitgenossen beschrieben hatten – ernüchternd.

> „Himmlers Gesicht war alltäglich, einfach und uninteressant, und der Kneifer trug nicht dazu bei, das Fehlen eines Ausdrucks von Intelligenz, Wärme, Grausamkeit, Härte oder anderen Eigenschaften aufzuheben ... seine Augen entbehrten des Lebens und der Sehnsucht nach Schaffensdrang."[83]

In seinem „altertümlich und provisorisch" wirkenden Arbeitszimmer begann Himmler die Unterredung mit einem Loblied auf seinen jungen Schützling Schäfer, dessen Expeditionserfolge in Südtibet, dass er die „Wachsamkeit und Verbote der Engländer so geschickt umgehen konnte" und einen wohlgelungenen Film mitgebracht hätte, den Hedin bei nächster Gelegenheit unbedingt sehen müsse. Der Schwede kannte natürlich Schäfers ältere Bücher über seine Expeditionen mit Brooke Dolan, wusste aber nichts von

Himmlers Schirmherrschaft über die jüngste Unternehmung und über dessen „waches und lebhaftes Interesse am Schneeland". Himmler bat Hedin, Schäfer bei Gelegenheit sein Interesse zu bekunden, und der Pionier der Tibeterforschung willigte gerne ein.

Eine Gelegenheit ergab sich bereits wenige Monate später, Anfang November 1940. Wieder weilte Hedin auf offizielle Einladung in Deutschland, es ging um eine Tagung der Deutschen Akademie in München. Beim Essen im Bayerischen Hof vor geladenen Gästen – anwesend waren etwa der bayerische Ministerpräsident Siebert, Hitlers geopolitischer Berater Haushofer, Schäfers Vorgesetzter Wüst und die Fürstin Fugger von Wellenburg – sprach Sven Hedin Ernst Schäfer direkt an und sagte, er werde am Nachmittag „... seinen Freund Dr. Schäfer in seinem Institut besuchen". Wüst „war bei diesen Worten weiß geworden", behauptete Schäfer später. In der Tat besichtigte Hedin zusammen mit seiner Schwester Alma, Haushofer, der Fürstin Fugger und Wüst am gleichen Tag die Widenmayerstraße. Schäfer redete in einem fort, präsentierte gesammelte Ethnographica, zeigte Fotografien und schließlich Teile des noch ungeschnittenen Filmmaterials. Über die Visite des Schweden berichtete die Münchner Presse eingehend. Nur drei Wochen später hatte Hedin eine weitere Audienz bei Himmler in Berlin. Der eröffnete ihr Gespräch wiederum mit dem Thema „Schäfer" und erklärte Hedin, warum er, Himmler, bis auf Weiteres Schäfer ein striktes Veröffentlichungsverbot zu Tibet verhängt habe: „Die Sensation, die er damit hervorrufen könnte, würde in dem alles erfassenden Interesse für den Krieg ertrinken." Außerdem würde Schäfer nach dem Krieg „neue Aufgaben in Zusammenhang mit Deutschlands weitreichenden Plänen bekommen". Dann fuhr Himmler an Hedin gerichtet fort:

> „Ich kann Ihnen nicht genug danken für Ihre Aufmunterung, die Sie ihm haben zuteil werden lassen. Sie ahnen nicht, was es für einen 29-jährigen bedeutet, Unterstützung und Verständnis von einem erfahrenen Veteran zu erhalten."
>
> „Es freut mich immer, wenn junge tüchtige Männer Interesse für meine Jagdgefilde in dem heiligen Tibet zeigen, und Schäfer hat von seiner Reise wertvolle Resultate und Sammlungen mitgebracht."

„Lassen Sie uns übereinkommen, uns um den jungen vielversprechenden Forscher zu kümmern und ihm klarmachen, daß er in den kommenden zwei Jahren sein schon erworbenes Material ausnutzen und für die Wissenschaft fruchtbringend machen muß. Erst dann kann er an neue Pläne denken."

„Schäfer wird nur gewinnen, wenn er sich ganz nach Ihren Anweisungen richtet."[84]

Himmlers Ziel war klar: Er wollte seinen Schützling zum legitimen Nachfolger des weltberühmten Sven Hedin befördern, und gleichzeitig damit die Beziehungen des „Ahnenerbe" zu Schweden intensivieren und somit zu mehr Reputation verhelfen. Hedin schrieb bald darauf Schäfer, dass „durch Ihre bisherigen Forschungen Sie den Beweis gegeben haben, daß Sie in mustergültiger Weise den Beruf des Tibetforschers beherrschen und der richtige Mann der Zukunft sind". In üblicher Übertreibung interpretierte Schäfer dieses Lob in einem Brief an Sievers so, dass Hedin ihn „als seinen Nachfolger nominiert habe und mir sein geistiges Erbe antragen" wolle.

Himmler schickte Schäfer im Frühjahr 1942 nach dessen Fronteinsätzen für eine Woche nach Stockholm, um die Beziehungen zu Hedin und seinen Mitarbeitern wieder aufzunehmen und zu intensivieren. Bei Schäfer wie bei Himmler war mittlerweile die Idee gereift, den geplanten Ausbau der Asienforschung in München „Sven-Hedin-Institut" zu benennen und formell als Reichsinstitut zu deklarieren. Seien es Schäfers bekannte Aufdringlichkeit oder die ebenso notorische, eitle Egozentrik des alternden Forschers, jedenfalls zierte sich Hedin anfangs bei diesem Ansinnen, eine deutsche Wissenschaftseinrichtung nach ihm zu benennen, und er zögerte nicht minder, Schäfer nun explizit als würdigen Erben der Tibetforschung zu adeln.

So taucht in Himmlers Dienstkalender im April 42 die bemerkenswerte Notiz auf, dass Hedin nach dem ersten Einreiseantrag von Schäfer nach Schweden geantwortet hätte „Er kenne Schäfer nicht"! Erst ein weiteres Insistieren von Ribbentrop und des deutschen Kulturattachés führte dann doch noch zur erwünschten Besuchserlaubnis. Doch Hedin kamen Zweifel an seiner Zurückhaltung, als er erfuhr, „meine Weigerung könne nicht verstanden werden und würde die hohen Behörden verletzen, die den Vorschlag gutgeheißen hätten, u.a. das Propagandaministerium, das Unterrichtsministerium und nicht zum wenigsten den Reichsführer SS Heinrich Himmler, der persönlich an tibetischer Forschung interessiert sei“.[85]

Da konnte der bedingungslos naive Deutschenfreund Hedin nicht mehr Nein sagen, und im Juni 1942 wurde in der „Ahnenerbe“-Villa in Dahlem im Beisein von Sievers und Wüst endgültig beschlossen, ein „Sven-Hedin-Institut für Innerasienforschung“ in München zu gründen. Beim Festessen im Hotel Kaiserhof mit der „Ahnenerbe“-Spitze prostete ein äußerst zufriedener Himmler dem eitlen Schweden zu „Durch diesen Namen soll das Institut noch in ferner Zukunft unter dem geistigen Einfluß dieses ersten Pioniers der Innerasienforschung stehen.“ Die offizielle Einweihung fand am 16. Januar 1943 zum 470. Jubiläum der Universität München statt. Sogar Hitler hatte Interesse an der Fühlungnahme Schäfers nach Schweden und zu Hedin – obwohl ihn sonst Tibet überhaupt nicht weiter interessierte – und ließ sich über den Besuch in Stockholm persönlich berichten. Außerdem soll der mittlerweile fertiggestellte Tibetfilm im Führerhauptquartier gezeigt worden sein. Details sind über dieses Treffen allerdings nicht bekannt, es war wohl die einzige Begegnung Schäfers mit Hitler.

Noch im Oktober 1942 wurde Schäfer an der Münchner Uni habilitiert und durfte seine „Ahnenerbe“-Abteilung nun „Lehr- und Forschungsstätte“ nennen. Und schließlich hatte Himmler ihn im gleichen Monat zum Sturmbannführer der Waffen-SS befördert. Je stärker Himmler im Laufe des Krieges im „Ahnenerbe“ die „wehrwissenschaftliche Zweckforschung“ beförderte, desto stärker wurde die Position Schäfers und sein „Primat der Naturwissenschaften“ (Michael Kater) in dieser SS-Organisation. Einen besonderen Vertrauensbeweis des Reichsführers SS erfuhr Schäfer ebenfalls noch in diesem Jahr, denn er wurde gemeinsam mit Sievers und Wüst in den „Freundeskreis Himmler“ geladen. Da in den Vernehmungen Schäfers durch US-Ermittler nach dem Krieg diese Mitgliedschaft und sein Wissen über Aktivitäten des „Freundeskreises“ eine besondere Rolle spielten, sei hier kurz auf die Struktur und Aufgabe dieses Zirkels eingegangen.

Der Freundeskreis des Reichsführers SS

Der „Freundeskreis des Reichsführers SS" war im Umfeld des NSDAP-Reichsparteitages 1933 entstanden, hervorgegangen aus einem lockeren Verbund von Unternehmern rund um Hitlers Wirtschaftsberater Wilhelm Keppler. Seit 1934 wurde der Freundeskreis als exklusiver Zirkel geleitet vom SS-Brigadeführer Fritz Kranefuß. Man konnte dem Kreis nicht beitreten, man wurde dazu geladen. Er sollte der engeren Anbindung von wichtigen deutschen Wirtschaftsführern an die SS dienen, die im Laufe des Krieges zunehmend versuchte, eigene Wirtschaftsbetriebe aufzubauen. Die politische Motivation der einzelnen Wirtschaftsvertreter für die Mitgliedschaft im Kreis dürfte unterschiedlich gewesen sein, unter dem Strich ging es ihnen aber schlicht um bessere Geschäfte durch eine enge Anbindung an den zweitmächtigsten Mann im NS-Staat. Oder, wie es das Freundeskreis-Mitglied Karl Lindemann, Vorsitzender des Aufsichtsrats des Norddeutschen Lloyds in dem Nürnberger Folgeprozess 1947 unter Eid erklärte „... wobei ich heute sagen muß, daß es möglich ist, daß auch Ehrgeiz und eine gewisse Schlappheit dabei waren, die mich veranlaßten, dem Freundeskreis treu zu bleiben."

Hohe SS-Führer, Chefs von Industrieunternehmen und Banken waren in dem Kreis vertreten, insgesamt lassen sich 50 Mitgliedernamen für die Zeit von 1933 bis 1945 identifizieren, ein Who is Who der deutschen Industrie-Elite. Vertreten waren Commerzbank und Dresdner Bank, die I.G. Farben, Rheinmetall, Bosch, Siemens, Viag, Mitteldeutsche Stahlwerke. Der bekannteste Name im Kreis dürfte der des Industriellen Friedrich Flick sein, dessen Konzern einer der größten Profiteure durch NS-Rüstungsaufträge, der Arisierungen und Plünderungen im Osten war. Im sog. Flick-Prozess in Nürnberg wurde Flick Ende 1947 als Kriegsverbrecher zu sieben Jahren Haft verurteilt, aber bereits 1950 schon wieder entlassen. In den Anklagepunkten ging es um Verbrechen gegen die Menschlichkeit,

Zwangs- und Sklavenarbeit, Plünderung in besetzten Gebieten und eben Mitgliedschaft in Himmlers Freundeskreis.

Genau zur Vorbereitung auf diesen Prozess vernahmen die Amerikaner auch den internierten Ernst Schäfer – als Zeugen. Denn seit 1942 gehörte er gemeinsam mit Wolfram Sievers und Walter Wüst als „Ahnenerbe"-Wissenschaftler zum Freundeskreis. Himmler suchte in den regelmäßigen Treffen des Freundeskreises nicht nur die Anbindung an die Wirtschaftselite, sondern wollte diese Männer auch mit dem Geist der SS und dem Kulturauftrag der SS vertraut machen. So erinnert sich Karl Lindemann etwa an Fahrten zur Feier im Quedlingburger Dom an der Grabstätte Heinrichs I., oder zum Sachsenhain bei Verden. Insofern war es nur folgerichtig, dass Ernst Schäfer in diesem Kreis zweimal über seine Tibetfahrt referierte, einmal als Lichtbildervortrag und das nächste Mal mit einer Vorführung des ansonsten noch geheimen Expeditionsfilms „Geheimnis Tibet" am 10. Juni 1942. Die geselligen Treffen des elitären Zirkels fanden üblicherweise zweimal im Monat im „Haus der Flieger" in Berlin statt, bei Cocktail und Abendessen waren politische Themen ausdrücklich tabu.

Bemerkenswert ist noch, dass Heinrich Himmler diesen Freundeskreis als Spendenkasse benutzte, denn seiner Aufforderung, für den Kulturauftrag der SS einen Obolus beizusteuern, wollte sich natürlich niemand aus der Wirtschaftselite entziehen. So konnte der SS-Chef zwischen 1936 und 1944 die erkleckliche Summe von über acht Millionen Reichsmark als Spenden aus dem Freundeskreis auf seinem Sonderkonto „R" bei der Dresdner Bank verbuchen, und ein gewichtiger Teil dieser Summe floss etwa in die Finanzierung der „Ahnenerbe"-Projekte. So wurde auch der Rückflug der Schäfer-Expedition aus Indien aus diesen Mitteln bezahlt, und Schäfer sagt selbst den amerikanischen Ermittlern gegenüber, dass er wisse, dass ein Teil des „Ahnenerbe"-Etats aus einem „Sonderkonto" finanziert worden sei – höchstwahrscheinlich das Sonderkonto „R" des Freundeskreises Himmler.

Eine Filmpremiere und eine Ausstellungseröffnung

Im Januar 1943 beginnt die „Münchner Universitätswoche", die Feierlichkeiten zum 470-jährigen Bestehen der Ludwig-Maximilians-Universität. Großer Bahnhof für den schwedischen Ehrengast, Sven Hedin. Festakt reiht sich an Empfang, NS- und SS-Prominenz ist angereist, bayerische Polit-Prominenz, die „Ahnenerbe"-Leitung und die Universitäts-Honoratioren sowieso. Stehende Ovationen für Hedin, er erhält die Ehrendoktorwürde der Universität aus der Hand von Walter Wüst, in der Urkunde heißt es u. a.: „Sie (die naturwissenschaftliche Fakultät, d. V.) bekundet damit zugleich ihre Verehrung für die edle Vornehmheit des Mannes, der nie gezögert hat, mannhaft für die Geltung deutscher Kultur einzutreten." Bruno Beger hält einen Vortrag über – natürlich – die Rassenkunde Innerasiens: „Gewisse Spuren deuten darauf hin, daß in Zentralasien die ältesten Vormenschen zu suchen seien, die bis auf die Zwischen- und Nacheiszeit zurückgehen ..."

Am Abend gab es vor kleinem Kreis eine Aufführung des fertig geschnittenen Expeditionsfilms, u. a. in Gegenwart von Max Amann, Reichsleiter für die Presse. Der *Völkische Beobachter* berichtete am nächsten Tag überschwänglich:

> „Soeben war der letzte Schlußakkord des Tibetfilms vorüber, flammten in dem kleinen Vorführraum die Lichter auf ... als Sven Hedin aufstand, auf Dr. Schäfer zuging, ihm die Hände schüttelte und mit bewegter Stimme ausrief: Es war großartig, ich beglückwünsche Sie zu Ihrer schönen Arbeit ... es war, als ob ich wieder in die alte Zeit und Gegend zurückgekehrt wäre."[86]

Kein Zweifeln mehr beim alten Tibetforscher Hedin über womöglich zu große Nähe zu NS-Staat und SS-Wissenschaft, kein Zaudern mehr, den 32-jährigen Ernst Schäfer öffentlichkeitswirksam als geistigen Nachfolger zu präsentieren. Ehrengast Sven Hedin posiert im Frack, schaut ernst, ergriffen, Schäfer stramm stets in SS-Uniform.

Am folgenden Sonnabend, dem 16. Januar 1943, gab es für Ernst Schäfer eine weitere Genugtuung. Über drei Jahre nach der Rückkehr aus Tibet konnte endlich der Expeditionsfilm in den Kinos öffentlich gezeigt werden. In München machten an diesem Tag die Sendlinger-Tor-Lichtspiele und der Ufa-Palast an der Sonnenstraße den Auftakt: „Geheimnis Tibet“, 110 Min., gedreht von Ernst Krause auf 16-mm-Schwarz-Weiß-Film, die Schnittregie besorgte Hans A. Lettow, der Sprecher war Horst Preusker, die Musik lieferte der Wiener Dirigent und Komponist Alois Melichar, der für über 30 Filme der NS-Ära die Filmmusik schrieb bzw. dirigierte, am Eröffnungsabend dirigierte Melichar die „Toccata“ von Bach.

Seit Ende 1939 hatten rund 13 000 Meter Filmmaterial bei der Tobis Filmkunst GmbH in Berlin gelegen und auf ihre Bearbeitung gewartet. Himmler hatte allerdings – wie erwähnt – aus kriegstaktischen Gründen jede Veröffentlichung, Werbung und Erwähnung des Films untersagt – sehr zum Missfallen Schäfers, der aus finanziellen wie Karriere-Gründen endlich sein Material öffentlich präsentieren wollte. Doch Himmler untersagt nicht nur die Filmvorführung, auch Vorträge und die geplante Buchpublikation sind bis auf Weiteres tabu für Schäfer. Er wird sogar genötigt, Einladungen zu Vorträgen mit Verweis auf eine schlimme Augenerkrankung abzusagen.

> „Keine Vorträge im Ausland und im Reich. Im Augenblick müssen Sie eine langwierige Krankheit vorschützen, die Sie an der Durchführung solcher Vorträge hindert. Geben Sie mir Bescheid, welche wirkungsvolle Krankheit Sie sich ausgedacht haben ...“[87]

Während Schäfer 1941 an der Front in Skandinavien kämpft, sieht Goebbels eine Rohfassung des Films, ist davon sehr angetan und will den Film während einer Kulturfilmtagung in München zeigen. Himmler beharrt auf einer Präsentation erst nach dem Krieg und setzt sich gegen das Propagandaministerium durch. Schäfer insistiert immer wieder bei Himmler und drängt auf eine endgültige Bearbeitung und Veröffentlichung des Materials, denn der Film könne „Kampfgeist und Widerstandskraft fördern und stählen“. Himmler beharrt auf Geheimhaltung. Niemand – vor allem keine Engländer – soll eine Verbindung zwischen Schäfer, der Tibetexpedition und möglichen zukünftigen SS-Plänen, seien sie militärisch oder politisch, erkennen.

Der RFSS hätte sich die Mühe sparen können. In den englischen Akten liegt ein Papier des Political Intelligence Department vom 1. Januar 1943. Man registrierte dort sehr genau die zunehmenden deutschen Presseveröffentlichungen im Vorfeld der bevorstehenden Uraufführung des Expeditionsfilms und zitiert dann einen älteren Bericht des ehemaligen Associated-Press-Korrespondenten in Berlin, Louis Lochner, der wusste, dass „der Reichsführer SS alle Veröffentlichungen über die Expedition untersagte, bis er es selber erlauben würde. Die Hauptaufgabe dieser Unternehmung war eine politische und militärische und hatte nichts mit der Lösung wissenschaftlicher Fragen zu tun …“[88]

Im Jahr 1942 erlaubte Himmler einige interne Vorführungen des Films, wie etwa die erwähnte im Führerhauptquartier oder die im „Freundeskreis“. Doch bei der Präsentation während einer Orientalistentagung in Berlin im Hörsaal der Gestapo kam es zu einer Panne: Eine anwesende Journalistin der *Berliner Börsen Zeitung* wusste nichts von der Geheimhaltungsdirektive und veröffentlichte eine Notiz über den Film in ihrem Blatt. Himmler war verärgert, änderte daraufhin seine Haltung grundlegend und forderte im Oktober, eine öffentliche Vorführung vorzubereiten. Dann aber mit dem entsprechenden propagandistischen Medienrummel im Vorfeld. Die feierliche Eröffnung des Sven-Hedin-Instituts schien dafür äußerst geeignet. Gleichzeitig sollte eine „Tibetschau“ im Salzburger Haus der Natur gezeigt werden. Schäfer und seine Expeditionskollegen verfassten Texte zum Film, die dann ab Dezember gezielt in der gleichgeschalteten deutschen Presse veröffentlicht wurden, „in sämtlichen Tageszeitungen des Deutschen Reichs bis hinab zum kleinsten Käseblättchen“. Da floss dann aus Begers Feder dümmlicher Rassismus:

> „Die Art wie Tibeter handeln und dabei zu betrügen versuchen, ist in keiner Weise mit den uns bekannten raffinierten jüdischen Betrügereien vergleichbar … sie ist eben tibetisch oder allgemeiner gesagt innerasiatisch, geschieht also im Stile einer Rasse, die mit dem vorderasiatisch-orientalischen Judentum nichts gemein hat … In den Beimischungen europider und nordischer Rase können wir letzte Spuren von seit der Jungsteinzeit aus Mitteleuropa nach Innerasien vorstoßender Indogermanen vermuten.“[89]

Schäfer steuerte politische Erkenntnisse bei: „So war es von jeher Englands Wunsch und Wille, die im religiösen Mystizismus gefangenen Tibeter, die früher ein kriegsliebendes und eroberungsfreudiges Volk waren, zu knechten und zu knebeln ..." oder schlicht vermessene Lügen: „Der Einfluss, den ich nach kurzer Zeit schon auf den Regenten und die Regierung ausüben konnte, ging so weit, daß der Regent den einzigen noch verbliebenen englandhörigen Minister seines Amtes enthob." Kurzum Propaganda auf schlichtestem Niveau. In dem programmatischen Papier „Revolution in der Asienforschung" legte Schäfer noch einmal beredt Zeugnis ab, wie vollständig er sich mit den Prinzipien der SS-Wissenschaft identifizierte.

> „Die Zeiten der Überspezialisten sind vorbei und mit der Unterstützung unseres Reichsführers SS H. Himmler gelang es mir, auf dem Gebiet der Tibetforschung ... eine neue Synthese herbeizuführen, eine Synthese der Geistes- und Naturwissenschaften, die lebensgesetzliche Erfassung eines für uns außerordentlich wichtigen Lebensraumes ... Noch einen anderen Vorteil hat die wissenschaftliche Forschung im wilden Forschungsraum; hier müssen Männer, die Träger der Wissenschaft, ganze Kerle sein, allein schon um sich gegen eine harte, widerspenstige Natur zu behaupten oder sich selbst unter Anwendung von Gewalt durchzusetzen."[90]

Was sollte der Film nun überhaupt, im Januar 1943, im Angesichts des Stalingrad-Debakels und damit dem entscheidenden Wendepunkt des gesamten Krieges, dem Publikum in Deutschland bieten? Natürlich Deutschlands Größe und Überlegenheit zeigen, trotz aller schlechten Nachrichten von den Schlachtfeldern im Osten. Und Ablenkung durch Exotik. So titelten und besprachen die deutschen Zeitungen alle in euphorischen Tönen das Bildwerk aus einer fernen Welt: „Fünf Deutsche auf dem Dach der Welt", „Mit der Kamera in der Verbotenen Stadt", „Wikinger der Wissenschaft", „Die friedliche Eroberung Lhasas", „Der wunderbare Groß-Kulturfilm unserer SS-Männer". Das Propagandaministerium vergab an den Film die Prädikate „staatspolitisch wertvoll, künstlerisch wertvoll, kulturell wertvoll".

Zwischen Wien und Hamburg fanden zuerst Premieren in den Gau-Hauptstädten statt, in enger Zusammenarbeit mit den SS-Dienststellen vor Ort, und wenn immer möglich, war Ernst Schäfer dabei anwesend. Und der Film funktionierte tatsächlich, normale Kinogänger genauso wie NS-Offizielle liefen zuhauf in das „Geheimnis Tibet". Bis Anfang 1944 erlebte der Film auch in kleinen Städten und Orten seine Aufführung, in Deutschland wie in den besetzten Gebieten. Auch nahm Schäfer nun wieder seine Vortragstätigkeit auf, und 1943 erschien im Bruckmann-Verlag sein Buch „Geheimnis Tibet", ein Text-Bild-Band, gewidmet dem Reichsführer SS, als Ergänzung zum Film.

Auch wenn sein Mentor Himmler an dem Expeditionsbuch erst bestimmte Passagen kritisierte und ändern ließ, und auch wenn er Schäfer in seinem (Geheimhaltungs-)Wahn im Laufe des Jahres 1943 erneut Restriktionen in Sachen Vortragstätigkeit auferlegte, aus Ernst Schäfer war in Deutschland „Tibet-Schäfer" geworden, eine Marke, populär und prominent, bekannt und geschätzt bei Größen des Nazi-Staates, etabliert als systemtreuer Wissenschaftler mit einem eigenen Institut, persönlich geadelt vom Tibet-Pionier Sven Hedin. Mittlerweile war er Vater dreier Töchter und mit gerade mal 32 Jahren bereits im Zenit seiner Karriere als „Tibetforscher" angelangt. Er hatte sich nicht einfach im „hohlen Zahn des Raubtieres eingenistet", sondern er fraß dem Monster begierig aus der Hand. Doch an den mörderischen Kriegsfronten begann in diesen Tagen der langsame Niedergang des Deutschen Reichs, und es dauerte nur noch wenige Wochen, da waren Tod und Bomben auch in München angelangt.

Doch zurück zum Januar 1943. Nach den Festivitäten in München fuhren Hedin und sein Tross nach Salzburg. In der Gauhauptstadt leitete der Zoologe, SS-Obersturmbannführer und Himmler-Vertraute Eduard Paul Tratz das Haus der Natur, ein Museum, das er bereits 1924 als „Salzburger Naturkundemuseum" gegründet und seit 1939 in das SS-„Ahnenerbe" überführt hatte. Über Plünderungen in Museen und Sammlungen in Osteuropa und Enteignungen jüdischen Besitzes stockte das Haus der Natur seine Bestände in diesen Jahren auf. Schon lange hatte Tratz zu Schäfer und Beger den

Kontakt gesucht, damit deren Tibetexponate in seinem Museum ausgestellt würden. Himmler hatte letztlich zugestimmt und eine „Tibetschau“ wurde erarbeitet, die sich dann als jahrelanger Publikumsmagnet – auch noch nach dem Krieg – erwies. Kernstück der Präsentation waren drei große, detailreiche Dioramen, in denen vor der eine weite Steppenlandschaft suggerierenden Wandmalerei Szenen des tibetischen Lebens nachgebildet waren. Kleidung, Waffen, Alltagsgegenstände der Inszenierung stammen aus den Expeditionssammlungen, die enorm naturalistisch gestalteten Köpfe der Protagonisten wurden anhand der Beger'schen Abformungen vom Bildhauer und Präparator Wilhelm Gabel geschaffen.

Der Ehrengast Sven Hedin sollte nun die „Tibetschau“ in gebührender Form eröffnen, Bruno Beger an seiner Seite: „Der betagte Mann ließ sich einen Sessel bringen, setzte sich vor das große Diorama, das ich gestaltet hatte. Tränen rannen über seine Wangen und er sagte: ‚Das ist mein Abschied von Tibet‘“.[91]

Beim abendlichen Festakt im Schloss Kleßheim gab Hedin wieder den unverbrüchlichen Freund des NS-Regimes. „Der Geist des Führers ist im deutschen Volk überall lebendig und verankert!“, wurde er zitiert und die *Salzburger Zeitung* fügte hinzu: „Die Dioramen im ‚Haus der Natur‘ machten seine eigenen Erinnerungen an Tibet lebendig, noch stärker als der Film ...“ Das war nicht nur Hedins sentimentaler Abschied von Tibet, sondern auch sein letzter Besuch in Deutschland während der NS-Diktatur. Schäfer als Tibetforscher war nun endgültig geadelt, und als Direktor übernahm er sein „Sven-Hedin-Institut für Innerasienforschung“.

Das Institut bezog noch im Januar 1943 ein Gebäude der Münchner Universität an der Ludwigstraße, das Georgianum, früher Sitz der Theologischen Fakultät. Das formale Konstrukt war kompliziert: Haushaltsrechtlich war das Sven-Hedin-Institut der Ludwig-Maximilians-Universität zugeordnet, und da es ein Reichsinstitut war, erhielt es Geld aus dem Etat des Reichserziehungsministeriums. Parallel blieb aber auch die „Ahnenerbe-Forschungsstätte für Innerasien und Expeditionen“ in der Widenmayerstraße bestehen. De facto leitete Schäfer beide Einrichtungen, die sich personell und hinsichtlich ihrer Aufgaben überschnitten. In der Satzung des neuen Instituts heißt es unter 3. „Zweck ist die totale Erforschung des innerasiatischen Lebensraumes. Der Erforschung dienen insbesondere Expeditionen in diesem Raum und die wissenschaftliche Auswertung der Ergebnisse dieser Expeditionen." Nach Schäfers Vorstellung eines „synthetischen"(!) Forschungsansatzes schuf er nun im Institut die Abteilungen „Mensch", „Tier", „Pflanze" und „Erde".

Trotz weiter bestehender Reibereien mit Beger hatten die beiden Konkurrenten unter dem Dach des „Ahnenerbe" eine Art Zweckbündnis geschlossen, sodass Beger nun die Abteilung „Mensch" leitete. Ebenso brachte Schäfer ihren Expeditionskollegen Wienert als Chef der Abteilung „Erde" unter und Fotograf Krause wurde auch im Institut in exakt dieser Funktion als Leiter der Abteilung Foto & Film wieder angestellt. Auch für den fünften Tibetfahrer, den Logistiker und Materialwart Ernst Geer, fand sich ein Posten in München, allerdings als Nichtakademiker in einer untergeordneten Funktion. Insgesamt arbeiteten 1943 20 Festangestellte im „Sven-Hedin-Institut" unter der Leitung Ernst Schäfers.

Schäfer war es letztlich durch geschicktes Taktieren gelungen, sich sowohl in der SS-Hierarchie zu etablieren wie auch in der Struktur der Universität München. Im Organigramm des „Ahnenerbe" von 1943 war das „Sven-Hedin-Institut" der Forschungsstätte beigeordnet. Ernst Schäfer bestimmte damit über die größte Einzelabteilung im „Ahnenerbe" und wurde zur mächtigsten Figur der Organisation neben Wüst und Sievers. Sein Ehrgeiz und Opportunismus hatten sich ausgezahlt, sein Wissenschaftlerethos hatte er längst den Erfordernissen der faschistischen Gesinnungsforschung geopfert.

Das Sonderkommando K

Es ist an dieser Stelle noch ein weiteres Unternehmen zu erwähnen, bei dem Heinrich Himmler hoffte, Schäfer einmal adäquat einzusetzen. Doch auch dieses Projekt scheiterte im Zuge der Kriegsentwicklung.

Es beginnt bereits Ende 1941. Da hatte „Ahnenerbe"-Geschäftsführer Sievers Himmler gebeten, Schäfers „Forschungsstätte Innerasien" in München zu besuchen. Der Besuch fand dann aber erst im Frühling des darauffolgenden Jahres statt. Himmler zeigte sich nach der Visite in der Widenmayerstraße „höchst befriedigt" und ordnete an, dass „die gesamte Tibet- und Asienforschung hier zentral zusammengefasst und stärkstens ausgebaut werden soll".[92] Das sagte Himmler am 29. April 1942, und seine Weisung hing unmittelbar mit den Eroberungserfolgen der Deutschen im Osten zusammen. Die Offensive der deutschen Truppen war im Winter zum Erliegen gekommen, doch nun sollten sie erneut auf breiter Front vorrücken. Hitler gab die Devise zur „Zerstörung der sowjetischen Wehrkraft" und zur Eroberung der kaukasischen Ölfelder um Maikop aus. Man stellte sich in Berlin auf einen langen Feldzug gegen die Sowjetunion ein, der ausreichende Nachschub an Treibstoff war dafür ausschlaggebend. Im Sommer hissten deutsche Gebirgsjäger auf dem Elbrus-Gipfel die Reichskriegsflagge. Doch dann bleibt der Vorstoß stecken, die Ölfelder um Baku am Kaspischen Meer erreichen die Deutschen nicht mehr.

Zeitgleich wird die Deportation und Ermordung der europäischen Juden intensiviert, und Himmler genehmigt den „Generalplan Ost", der die Umsiedlung von rund 30 Millionen Menschen der „slawischen Völker" nach Sibirien und die Ansiedlung von „Germanen" in den besetzten Ostgebieten vorsieht.

Am 10. August erlässt Himmler den Befehl für eine „Totalerforschung" des Kaukasus. Eine umfangreiche „wehrwissenschaftliche Expedition" sollte in die Gebirgsregion reisen, die im Koordinatensystem der „Ahnenerbe"-Strategen als biologisches und geographisches Bindeglied zwischen Europa und Zentralasien fungierte. Federführend für dieses bislang größte Unternehmen des „Ahnenerbe" sollte natürlich Schäfers „Forschungsstätte Innerasien" sein. Die fortan aus Geheimhaltungsgründen nur noch als „Sonderkommando K" titulierte Expedition entfachte innerhalb des „Ahnenerbe" große Aktivitäten, einmal wegen der bereits 1940 gescheiterten Geheimoperation gegen Britisch-Indien über Tibet, und zudem mussten die wehrfähigen Wissenschaftler immer mit ihrer Einberufung rechnen, falls ihre jeweiligen Arbeiten als nicht mehr kriegswichtig eingestuft wurden – und das konnte schnell geschehen.

Schäfer arbeitete schnell und legte bald einen Plan für das Kommando vor, eine extrem überdimensionierte Mischung aus Militäroperation und Forschungsexpedition, wobei diese hauptsächlich Rassenkunde beinhaltete. Und wie so oft suchte Schäfer sein Heil in maßloser Übertreibung, wenn er seinen Entwurf einleitet: „Die zentrale Erforschung des Kaukasus-Gebietes lt. Befehl des Reichsführers-SS ist wissenschaftlich und weltanschaulich von noch nicht abzusehender Wichtigkeit und Tragweite!" Schäfer sah in dem noch sehr nebulösen „Sonderkommando K" die mögliche Bewährungsprobe für seinen neuen Expeditionsstil. In typisch Schäfer'scher Manier wurden die Abteilungen Erde, Mensch, Pflanze und Tier als Aufgabenfelder benannt, aber der eindeutige Schwerpunkt lag bei „Mensch", verantwortet vom Anthropologen Bruno Beger. Er und acht Kollegen sollten sich um die „Durchforschung der kaukasischen Stämme" kümmern. Dieses aufgeblasene Konstrukt las sich dann so:

> „Rassengeschichtliche, rassenbiologische, rasenseelenkundliche, rassenökologische und rassengeographische Aufgaben, ebenfalls Forschungsaufgaben auf rasenphysiologischen, -hygienischen und -anatomischen Gebiet, die Forschungsaufgaben der beteiligten Rassenseelenkundler in engster Zusammenarbeit mit den beteiligten Bildhauern, Museologen und Rassenkundlern."[93]

Die abstrusen Dimensionen des Schäfer'schen Vorschlags werden angesichts der geforderten Militäreskorte deutlich: „45 Mann mit Bewaffnung, darunter nötige Handwerker, Hauptlager mit Baracken für 100 Mann, Fernschreibeverbindungen, 30 Volkswagen, 10 LKW, Kradräder, ein Fieseler Storch (ein Propellerflugzeug, Anm. d. V.)." Es folgt eine 12-seitige Ausrüstungsliste, darunter allerlei Skalpelle und fünf „Fleischmaschinen". Um die „rassenkundlichen Untersuchungen" zu erleichtern, dachte man sogar an „Spiele, Lego, Glasperlen, Buntstifte und ein Schallplattengerät"[94].

Während sich Schäfer in den Spätsommerwochen schon um das nötige Personal für den Kaukasus-Einsatz bemüht, kommt aus dem Himmler-Hauptquartier in der Ukraine Ernüchterndes. Da heißt es: „Die Anforderungen, die Schäfer personell und sachlich stellt, sind im Augenblick völlig unerfüllbar. Er wird auch vom Reichsführer SS persönlich die notwendigen Weisungen erhalten.“ Doch bevor hier ein weiterer Konflikt zwischen Himmler und Schäfer erwächst, schafft die Kriegsentwicklung neue Fakten. Die militärische Lage an der Ostfront verschlechtert sich für die Deutschen zusehends, und damit sinken die Aussichten, dass das „Sonderkommando K“ überhaupt noch in Marsch gesetzt wird. Noch hoffen Schäfer und Beger auf eine Abreise nach Weihnachten, doch dann beerdigt Stalingrad auch diese Pläne. Am 2. Februar kapituliert die Nordgruppe der 6. Armee, die verheerendste und längste Schlacht des Zweiten Weltkriegs ist beendet. Nur zwei Tage später – und kurz nach der feierlichen Eröffnung des Sven-Hedin-Instituts – schreibt Heinrich Himmler an Schäfer:

> „Lieber Schäfer! Sie wissen aus Wehrmachtsberichten und sonstigen Nachrichten, wie die militärische Lage zurzeit ist. Danach ist es völlig ausgeschlossen, daß Ihr Unternehmen in den kommenden Monaten starten kann. Ich habe daher das SS-Führungshauptamt angewiesen, die Kommandierung der zum Sonderkommando abgestellten Mannschaften aufzuheben und sie zu einem anderweitigen Einsatz zu verwenden.“

Beger war enttäuscht. „Nun ist das gekommen, was zwangsläufig nach Stalingrad kommen musste. Unser Sonderkommando K steht vor der völligen Auflösung.“[95]

Natürlich musste jeder öffentlich den baldigen Umschwung des Kriegsschicksals beschwören und damit den erneuten möglichen Einsatz Richtung Kaukasus. Aber wer glaubte daran noch wirklich? Trotzdem gelang es Schäfer, auf dem Papier ein „Waffen-SS-Sonderkommando K“ noch bis Ende 1944 aufrechtzuerhalten und so zu verhindern, dass seine wichtigsten Mitarbeiter im „Sven-Hedin-Institut“ zur Front eingezogen wurden. Die hatten sich im Frühjahr 1943 gerade im „Georgianum“ häuslich eingerichtet, als bereits ein erneuter Umzug anstand. Dabei ging es vordergründig um Schutz vor den nun zunehmenden Bombenangriffen der Alliierten auf München, aber auch einmal mehr um neue, ehrgeizige Pläne von Ernst Schäfer. Der wollte nämlich ein Schloss in den Alpen beziehen.

Schloss Mittersill

Während des Besuchs der Tibetschau im Haus der Natur im Januar 1943 traf Schäfer in Salzburg auch den dort zuständigen NS-Gauleiter Gustav Adolf Scheel. Sie sprachen bei dieser Gelegenheit über Schäfers Pläne, das Schloss Mittersill im Pinzgau dem Sven-Hedin-Institut anzugliedern. Schon im Oktober zuvor hatte Schäfer Himmler von seiner Idee einer „ökologisch-biologischen Außenstation" erzählt und bald darauf bei Scheel in Salzburg vorgefühlt, ob er das historische Gemäuer oberhalb der Ortschaft Mittersill für sein Institut nutzen könne. Der Gauleiter war begeistert von den Plänen und überlegte gleich gemeinsam mit Schäfer, zusätzlich eine Ausbildungsschule für Expeditionsteilnehmer dort im alpinen Gelände aufzubauen und dafür Land im südlich zum Großvenediger ziehenden Habachtal zu kaufen.

Auch „Ahnenerbe"-Geschäftsführer Sievers befürwortet den Plan und schreibt Schäfer, dass das Institut die Nebengebäude des Schlosses mit Büros und wissenschaftlichen Laboratorien belegen sollte, Wasser und Stromversorgung müssen repariert werden, 200 000 RM stellt das „Ahnenerbe" dafür zur Verfügung. Doch erst mal musste Gauleiter Scheel die formelle Verfügungsgewalt über das Schloss Mittersill erlangen, das bislang nicht der Partei oder der SS gehörte.

Das burgartige Areal, 150 Meter oberhalb von Mittersill auf einer flachen Hangterrasse gelegen, geht in seinen ältesten Bauteilen bis auf das 12. Jahrhundert zurück. Seine heutige Gestalt erhielt das Schloss durch einen Wiederaufbau im 16. Jahrhundert nach Zerstörungen im Laufe eines Bauernaufstands. Ursprünglich Sitz eines bayrischen Adelsgeschlechts, wechselte das Schloss aber bald in das Eigentum des Fürstbischofs von Salzburg, der das Anwesen über Jahrhunderte besaß. Nach mehreren privaten Besitzerwechseln gehörte das Anwesen Mitte der 30er-Jahre einer Liechtensteiner Bank, und der österreichische Unternehmer Baron Hubert von Pantz etablierte dort 1934 gemeinsam mit adligen Freunden den exklusiven „International Sport & Shooting Club", der für zwei Jahre ersten

Adresse für Industrielle, Filmstars und Adlige aus aller Welt wurde – Henry Ford, Coco Chanel, Faruk von Ägypten, der Herzog von Windsor, Clark Gable, Rita Hayworth und andere Prominente standen auf der Gästeliste. 1937 verbrachte Königin Juliane der Niederlande hier die Flitterwochen mit ihrem Gemahl Prinz Bernhard.

Die exklusive Kundschaft floh nach dem Anschluss Österreichs im März 1938, Baron von Pantz emigrierte in die USA, und im Juli 1938 zerstörte ein Brand infolge Blitzschlags große Teile der Anlage. Doch das Schloss befand sich noch im Besitz der Firma Societé Immobilière Mittersill A.G. in Vaduz, Liechtenstein. Nach einigen Verhandlungen gelang es Gauleiter Scheel, die Liegenschaft zu mieten und sie dann dem Sven-Hedin-Institut als neuen Sitz und Untermieter zu überlassen.

Die Büroräume des Instituts an der Münchner Ludwigstraße wurden durch Bombenangriffe am 13. Juli 1944 zerstört, nicht besser erging es an diesem Tag dem Haus Widenmayerstraße 35, das ja immer noch als Unterkunft der „Forschungsstätte Innerasien“ fungierte. De facto zogen beiden Einrichtungen aber bereits im Juli und August 1943 aus München auf das Schloss Mittersill. Schäfer wird im Wintersemester 1943/44 zwar noch im Vorlesungsverzeichnis der Münchner Universität aufgeführt, aber ob er jemals dort vor Studenten gelesen hat, ist zweifelhaft. Er bittet bei verschiedenen Stellen um Geld für die nötigen Instandsetzungen, „die Ausbesserungsarbeiten werden mit eigenen SS-Leuten durchgeführt“, betont er. Aus dem Reichsministerium für Erziehung und Volksbildung erhält das Institut 1943 rund 200 000 Reichsmark Jahresetat für alle Verwaltungsaufgaben. Im August 1943 erfolgt der formelle Umzugsbefehl für das Institut nach Mittersill. Alle Sammlungen, wissenschaftlichen Gerätschaften, Bücher, Akten und auch das Materialdepot des „Sonderkommandos K“, bislang in Baracken in Dachau untergebracht, werden bis Ende August von München in den Pinzgau verlegt.

20 Mitarbeiter des Instituts ziehen ebenfalls mit um, manche leben auf dem Schloss, manche in der Umgebung, darunter sind die bekannten Tibetfahrer Beger, Wienert, Krause und Geer, daneben auch der Indologe Helmut Hoffmann, der Botaniker Volkmar Vareschi, der Zoologe Ludwig Bohmann und der Präparator Willi Gabel.

Schäfer lebt mit seiner Frau Ursula und den Kindern in einer Wohnung im Schloss.

Im März 1944 trafen in Mittersill 15 weibliche Häftlinge ein, die über das KZ Ravensbrück und das KZ Mauthausen als Arbeitskräfte auf das Schloss verlegt wurden. Alle Frauen waren wegen ihrer Mitgliedschaft bei den Zeugen Jehovas interniert. Neun von ihnen wurden bald in die Instituts-Außenstation Lannach bei Graz (Pflanzenzüchtung) geschickt, die anderen sechs blieben für Hilfstätigkeiten im Schloss Mittersill, bis zur Befreiung durch amerikanische Soldaten. Der Brief einer der Frauen aus jenen Tagen ist erhalten: „Ich sende Euch allen herzliche Grüße aus den hohen Alpen, wo ich mich schon zwei Jahre befinde. Ich reinige die Zimmer auf einem alten Schloß, das weit fern in den Bergen nahe der italienischen Grenze liegt. Ich bin geistig und körperlich gesund, es geht mir hier gut ..."

Im Mai 1944 besuchte Heinrich Himmler das Schloss. Im Anschluss an die eingehende Besichtigung erklärte der SS-Chef, dass „Mittersill ständige Forschungsstätte und Expeditionsschulungslager bleiben" solle.

Eine Dienstreise

Als in München im Sven-Hedin-Institut bereits die Vorbereitungen für den Umzug nach Mittersill begannen, begab sich der Institutsmitarbeiter und SS-Hauptsturmführer Bruno Beger am 6. Juni 1943 auf eine Zugfahrt nach Osten. Sein Ziel war das KZ Auschwitz, seine Aufgabe ein „Sonderauftrag des Reichsführers SS", eine Selektion. Der überzeugte Rassist und ehrgeizige SS-Offizier Beger war dabei, sich an einem Mordkomplott zu beteiligen, über das ein Richter 30 Jahre später gegenüber Beger sagen sollte: „Das Makabre an diesem Verbrechen sucht seinesgleichen." Dieser Gedanke kam in der Welt des 32-jährigen Anthropologen nicht vor. Er wähnte sich auf einer Mission, der Überlegenheit der arischen Rasse endlich zum Siege zu verhelfen, den gerechten „Rassenkrieg" gegen die „minderwertigen Untermenschen" im Osten zu gewinnen. Mit allen Mitteln. Ja, auch Beger wollte den „totalen Krieg". Später, nach dem

Krieg, bestritt er immer wieder, zu diesem Zeitpunkt von den geplanten Morden gewusst zu haben.

Die Vorgeschichte zum „Auftrag Beger“ beginnt 18 Monate zuvor mit der Einweihung der Reichsuniversität Straßburg am 23. November 1941. Bei diesem Festakt mit mehreren Hundert Gästen der NS-Prominenz und linientreuen Wissenschaftlern war auch „Ahnenerbe“-Geschäftsführer Wolfram Sievers zugegen. Am Abend führte er im Anschluss an einen Empfang ein längeres Gespräch mit dem jüngst ernannten Direktor des Anatomischen Instituts der Universität, August Hirt. Der 43-jährige Anatom und SS-Mann hatte sich in der Medizin einen gewissen Ruf durch Forschungen am sympathischen Nervensystem und der Intravitalmikroskopie erarbeitet, galt aber als unkollegial, arrogant und extrem karriereorientiert.

Eine schwere Gesichtsverletzung aus dem Ersten Weltkrieg bescherte Hirt Artikulationsprobleme und eine wenig anziehende Erscheinung.

Sievers suchte bewusst den Kontakt zu Hirt. Einmal wollte das „Ahnenerbe“ linientreue Wissenschaftler eng an die SS-Wissenschaftsorganisation binden, und zudem erhoffte sich Sievers in diesem Falle auch Vorteile durch Hirts Forschungsinteressen. Der hatte nämlich vor Kurzem noch versucht, bei der Militärärztlichen Akademie in Berlin über Mittel gegen Intoxikationen mit den Giftgasen und Kampfstoffen Phosgen und Lost (Senfgas) zu forschen, war dort aber abgeblitzt. Das „Ahnenerbe“ stand wie bereits erwähnt seit Kriegsbeginn unter stetigem Rechtfertigungsdruck. Forschungen über das vermeintlich „goldene Germanenzeitalter“ waren – trotz Himmlers extremer „Ariosophie“ – in Kriegszeiten zumindest entbehrlich. Gefragt war zunehmend kriegswichtige, wehrwissenschaftliche Zweckforschung. Sievers umschmeichelte Hirt und machte ihm unwiderstehliche Angebote – jedenfalls für einen gewissenlosen Mediziner, als der sich Hirt nun Schritt für Schritt entpuppt. Die Sprache wird deutlicher, Sievers notiert bald nach dem Straßburger Treffen: „Hirts Interessen gehen weit über die eigentlichen Aufgaben eines Anatomen hinaus. Seine Forschungen sind seine Lieblingskinder ... so wichtig und unerläßlich die Tierversuche sind, müssen ihnen als letztlich ausschlaggebend Menschen-Versuche folgen.“

Und noch kurz vor dem Jahreswechsel erfolgt direkt aus Himmlers Büro an Sievers bzw. Hirt die Bestätigung, man möge dem Anatom „die Möglichkeit geben, mit Gefangenen und mit Berufsverbrechern, die sowieso nicht mehr in Freiheit kommen und mit den für eine Hinrichtung vorgesehenen Personen Versuche jeder Art anstellen, die seine Forschungen fördern können". Im Juli 1942 folgt ein „Geheimbefehl", von Himmler unterschrieben:

> „Ich beauftrage das Ahnenerbe a) ein Institut für wehrwissenschaftliche Zweckforschung zu errichten, b) Die Forschungen des SS-Hauptsturmführers Prof. Dr. Hirt in jeder nur möglichen Weise zu unterstützen und alle einschlägigen Forschungen und Arbeiten in gleicher Weise zu fördern c) die notwendigen Apparate, Geräte, Hilfsmittel und Mitarbeiter bereitzustellen bzw. zu beschaffen ..."[96]

Dieses war nichts anderes als eine Blanko-Ermächtigung für medizinische Menschenversuche. Und jegliche ethischen Vorbehalte, Grenzen und Hemmnisse lösten sich auf, anscheinend über Nacht. Was hier folgte – wie auch in anderen KZs und umfassend dokumentiert im Nürnberger Ärzteprozess –, war eine völlige Pervertierung der medizinischen Ethik und in der Praxis pure sadistische Menschenquälerei. Als Versuchsmaterial hatten Sievers und Himmler erst an die „in Dachau gegebenen Möglichkeiten" gedacht, doch dann nahm man das KZ Natzweiler-Struthof etwa 50 Kilometer südlich von Straßburg ins Visier. Dort, auf einem abgelegenen Höhenrücken der Vogesen, hatte die SS im Mai 1941 ein Konzentrationslager eingerichtet, nachdem in der Nähe Vorkommen von rotem Granit gefunden worden waren, ein für viele NS-Repräsentationsbauten begehrtes Baumaterial. Bislang waren das Hotel Le Struthof und die umgebenden Höhenzüge bei den Straßburgern zum Wandern und Skifahren beliebt. Nun zogen sich terrassenartig angelegte Gefangenen-Baracken den abgeholzten Berghang empor, eingezäunt von elektrisch geladenem Stacheldraht. Das knapp einen Kilometer entfernte Hotel diente SS-Leuten als Unterkunft.

Die KZ-Häftlinge schufteten als Steinbrucharbeiter. Über 50 000 Menschen aus ganz Europa durchliefen das Lager, die meisten waren politische Gefangene, über 20 000 starben durch die Lagerbedingungen oder wurden ermordet. Dort führten Hirt und seine Assistenten ab November 1942 Menschenversuche mit Senfgas bzw. mit möglichen Gegenmitteln durch, barbarische Quälereien an über 150 Menschen. Die meisten Versuche verliefen tödlich, Überlebende wurden in die Vernichtungslager deportiert, um Mitwisser zu beseitigen.

Es ist dieser August Hirt, der wenige Wochen vor dem Beginn der Menschenversuche einen Brief an den „Lieben Kameraden Beger“ schreibt – man kannte sich bereits von Arbeiten für das Rasse- und Siedlungshauptamt der SS und war per Du – und ihn nach Straßburg einlädt, um weitere Pläne zu besprechen. Denn Hirts Forschungseifer bezog sich nicht nur darauf, zu erkunden, wie hilflose Menschen auf die Behandlung mit Giftgas reagieren, sondern ihn trieb auch der Wunsch nach einer Aufstockung der Anatomischen Sammlung der Reichsuniversität, am liebsten mit Schädeln. Denn:

> „Nahezu von allen Rassen und Völkern sind umfangreiche Schädelsammlungen vorhanden. Nur von den Juden stehen der Wissenschaft so wenig Schädel zur Verfügung, daß ihre Bearbeitung keine gesicherten Ergebnisse zuläßt. Der Krieg im Osten bietet uns jetzt die Gelegenheit, diesem Mangel abzuhelfen. In den jüdisch-bolschewistischen Kommissaren, die ein widerliches, aber charakteristisches Untermenschentum verkörpern, haben wir die Möglichkeit, ein greifbares wissenschaftliches Dokument zu erwerben, in dem wir uns die Schädel sichern.“

Und die Denkschrift zögert auch nicht, genau zu beschreiben, wie das vonstattenzugehen habe:

> „Nach dem herbeigeführten Tode des Juden, dessen Kopf nicht verletzt werden darf, trennt er [also ein Mediziner, d. V.] den Kopf vom Rumpf und sendet ihn, in eine Konservierungsflüssigkeit gebettet, in eigens zu diesem Zwecke geschaffenen und gut verschließbaren Blechbehältern zum Bestimmungsort. An Hand der Lichtbildaufnahmen, der Maße und sonstigen Angaben des Kopfes und schließlich des Schädels können dort nun die vergleichenden anatomischen Forschungen, die Forschungen über Rassenzugehörigkeit, über pathologische Erscheinungen der Schädelform, über Gehirnform und -größe und über viele andere mehr beginnen.“[97]

In einer etwas später erstellten Fassung dieses Berichts wurde dann noch angefügt: „Für die Aufbewahrung des so gewonnenen Schädelmaterials wäre die neue Reichsuniversität Straßburg ihrer Bestimmung und ihrer Aufgabe gemäß die geeignete Stätte." Diesen Passus hat laut einer späteren Aussage von Hirts Sekretärin er selbst nachträglich angefügt.

Daraufhin gab Himmler Sievers die Anweisung, Hirt aufzusuchen und ihm nochmals mitzuteilen, dass der Reichsführer-SS ihm für seine Versuche „alles zur Verfügung stellt, was er benötigt". Und dem an seinem eigenen Lost-Gift Erkrankten ließ Sievers zur Gesundung fünf Kilogramm beste Äpfel und Apfelsinen aus Bozen senden. Trotzdem ist bis heute nicht völlig gesichert, ob diese Denkschrift aus der Feder von Hirt oder von Beger stammt, Indizien sprechen für die eine wie die andere Autorenschaft. Was aber auch wenig verwunderlich ist, denn letztlich arbeiteten hier zwei Brüder im Geiste mit einer ähnlichen perversen Besessenheit – auch wenn Beger eine direkte Mittäterschaft an Menschenversuchen nicht anzulasten war.

Der Planungsfortgang für diese anatomische Sammlung in Straßburg lässt sich anhand der Quellen nicht mehr in allen Einzelheiten nachvollziehen. Sicher ist nur, dass sich das verantwortliche Dreiergespann Sievers-Hirt-Beger bis zum Herbst 1942 zu zwei entscheidenden Änderungen entschlossen hatte: Da die erhofften Schädel getöteter politischer Kommissare nicht so einfach von der Ostfront eintrafen, wie erwartet, kam man auf die Idee, sich das Material aus einem KZ zu besorgen. Und des Weiteren war nun nicht mehr von Schädeln die Rede, sondern von vollständigen Skeletten.

Sievers besucht Ende August erneut das KZ Natzweiler, trifft Hirt, fährt anschließend nach München und spricht auch mit Beger. Laut seinen Notizen wurde dabei mit „Kamerad Beger die Frage der Zusammenstellung einer anthropologischen Sammlung Fremdrassiger besprochen". Für Beger überschneidet sich dieses Projekt zeitlich mit dem Himmler-Befehl für das „Sonderkommando K", und dem wird er sicherlich Priorität gegeben haben, sollte er doch im Kaukasus als Leiter der Anthropologischen Abteilung die rassenkundlichen Untersuchungen durchführen. Doch auch Sievers und

Hirt planen weiter. Am 2. November 1942 schreibt Sievers an Himmlers persönlichen Referenten Brandt:

> „Wie Sie wissen, hat der RFSS seinerzeit angeordnet, dass SS-Hauptsturmführer Hirt für seine Forschungen alles bekommen soll, was er braucht. Für bestimmte anthropologische Untersuchungen – ich berichtete dem RFSS bereits darüber – sind nun 150 Skelette von Häftlingen bzw. Juden notwendig, die vom KL Auschwitz zur Verfügung gestellt werden sollen ...“[98]

Nun ist auch vom „Auftrag Beger“ die Rede: „Für den Auftrag Beger benötigen wir nach Eingang des Materials unsere Mazerationseinrichtung (Entfettungsofen) zur Herstellung der Skelette.“ schreibt Hirt an Sievers. Brandt informiert Adolf Eichmann über die Pläne des „Ahnenerbe“, alle bürokratischen Hindernisse sind für den Mordauftrag bis zum Jahreswechsel ausgeräumt, nur eine Fleckfieber-Epidemie im KZ verhindert vorerst Begers Abreise nach Auschwitz. Die Kaukasus-Expedition ist seit der Niederlage der Deutschen bei Stalingrad abgeblasen, Beger muss sich umorientieren. Dann, am 23. Mai 1943, informiert Sievers Brandt: „Da jetzt in Auschwitz, wie mir SS-Obersturmbannführer Eichmann mitteilte, zur Zeit besonders geeignetes Material vorhanden ist, wäre der Zeitpunkt für diese Untersuchungen besonders günstig.“ Es sollen nicht nur 150 Todeskandidaten selektiert, sondern vorab auch anthropologische Messdaten erhoben werden sowie, wenn möglich, Kopfabformungen – genau die Arbeiten, die Beger bereits in Tibet eingeübt hatte.

Und nun stand er am 8. Juni 1943 da, inmitten der Baracken im größten Vernichtungslager der SS, und sollte für eine Skelettsammlung 150 Menschen vermessen und selektieren – wovon er 30 Jahre später bei seinem Prozess behauptet, zu diesem Zeitpunkt nichts gewusst zu haben. Der Präparator Wilhelm („Willi“) Gabel und der Anthropologe Hans Fleischhacker aus Tübingen sollen ihm assistieren. Ein Raum im Lazarettbau wurde den Anthropologen zur Verfügung gestellt. Wie Beger in den kommenden Tagen vorging, wie er seine Probanden aussuchte, nach welchen Kriterien er selektierte, ist nicht dokumentiert. Doch es gab Überlebende, die später zu verschiedenen Anlässen als Zeugen aussagten. Da war etwa der Häftlingsschreiber Hermann Reineck, der beobachtete, „wie eine Gruppe SS-Leute im Freien an den Häftlingen mit zirkelartigen Instrumenten Kopfmessungen durchführte." Und Tage später „... nachdem der Transport schon abgegangen war, haben wir durch irgendeine Verbindung erfahren, dass die Häftlinge für eine Skelettsammlung in Straßburg verwendet werden sollten." Eine französische Überlebende beobachtete:

> „Ein Protagonist der Rassentheorien wählte sein Material aus, indem er nackte Frauen jeden Alters vor sich paradieren ließ: Er wollte anthropologische Messungen vornehmen ... er ließ alle Körperteile ad infinitum durchmessen. Man sagte ihnen, sie hätten außerordentliches Glück, ausgewählt zu werden, sie würden Auschwitz verlassen und in ein hervorragendes Lager kommen ..."[99]

Ein fernes Echo von Begers voyeuristischen Untersuchungsmethoden an jungen Tibeterinnen.

Und Willi Gabel sagte später vor Gericht aus, Beger habe ihm nur gesagt: „Wir haben jetzt Gelegenheit, mongoloide Typen anthropologisch zu erfassen ... Im Übrigen hat Dr. Beger eine größere Anzahl von Juden ausgesucht." Von vielen dieser Häftlinge machte Gabel dann Kopfabformungen. Wegen erneuter Seuchengefahr verkürzte Beger seinen Aufenthalt in Auschwitz und reiste bereits am 15. Juni wieder ab. 115 Menschen hatte er selektiert, „... davon 79 Juden, 2 Polen, 4 Innerasiaten und 30 Jüdinnen ..." Die meisten Selektierten waren griechische Juden aus der Region Thessaloniki, andere kamen aus Polen oder Berlin. Sie befanden sich vorerst in Quarantäne. Sievers schrieb am 21. Juni: „Zur weiteren Bearbeitung der ausgesuchten Personen ist eine sofortige Überweisung an das KL Natzweiler erforderlich, was mit Rücksicht auf die Seuchengefahr in Auschwitz beschleunigt durchgeführt werden müsste." Der Transport in das KZ Natzweiler startete Ende Juli von Auschwitz, im Elsass kamen am 2. August nur noch 29 Frauen und 57 Männer an. Was mit den anderen Häftlingen passierte, ist unklar. Beger bekam den Befehl, nun nach Straßburg zu fahren, Hirt Bericht zu erstatten, seine Messdaten abzuliefern und sich dann in Berlin beim Rasse-

und Siedlungshauptamt zu melden. Doch vorher schrieb er an seinen Expeditionskollegen Ernst Schäfer einen Brief:

> „Lieber Ernst, bin seit Sonnabend vergangener Woche zurück. Über meine Auschwitzer Eindrücke muss ich dir noch mündlich berichten. Ich ließ dort Fleischhacker die Arbeiten abschließen. Es sind ja noch im KZ Natzweiler Ergänzungsuntersuchungen, die mehr medizinischen Charakter haben, notwendig. Dabei wird Rübel Hirt assistieren. Gabel wird jeden Tag zurückkommen. Bin gespannt, ob er alle 26 Köpfe noch abformen konnte ... es handelt sich um gute Typen, Übergangsglieder nach Inner- und Ostasien. Der Usbeke, ein großer, gesunder Naturbursche, hätte Tibeter sein können. Seine Sprechweise, seine Bewegungen und seine Art sich zu geben, waren einfach entzückend, mit einem Wort: Innerasiatisch."[100]

Schäfer antwortete:

> „Lieber Bruno, ich hoffe, du bist aus A. wieder zurückgekehrt, wenn dieser Brief in München ankommt. Ich würde es dir jedenfalls wünschen, daß du die Arbeit auf schnellstem Wege erledigen konntest. Ich habe mich jedenfalls über deinen Brief vom 11. Juni ganz besonders gefreut, da ich ziemlich viel an dich dachte, zumal ja der Auftrag kein allzu angenehmer war. Fein, daß du auch mongolische Typen für uns herausgreifen konntest."[101]

In diesen wenigen Sätzen steckt ein eminenter Verdacht, der aber nie sicher belegt werden konnte: Hatte der ehrgeizige SS-Anthropologe Beger seine Mitarbeit für die Hirt'sche Skelettsammlung und das Anatomische Institut in Straßburg davon abhängig gemacht, dass auch er von diesem Verbrechen profitieren konnte? Denn Hirt suchte unzweifelhaft nach Juden, Beger aber vornehmlich nach mongolischen Typen, wie er Gabel gegenüber mehrfach betonte. Das war sein besonderer Forschungsbereich und der des Mittersiller Instituts. Dem Gericht erklärte er Jahrzehnte später lapidar: „Diese Liebhaberei von mir lief nebenher." Wollte Beger über seine Auschwitz-Reise „asiatische Schädel" respektive Skelette für das Sven-Hedin-Institut organisieren? Oder ging es doch „nur" um Schädelabformungen? Und geschah das Ganze in Abstimmung mit Schäfer?

Dass es zu dieser Zeit, also im Sommer 1943, einen Transport von Straßburg nach Mittersill gab, bestätigte 1964 Sievers Referent Wolf-Dietrich Wolff dem Historiker Michael Kater. Und aus dem Juni 1944 ist ein Brief des in Mittersill ebenfalls tätigen Anthropologen Rudolf Trojan an Beger erhalten, in dem er schreibt:

> „Was soll eigentlich mit den Judenschädeln geschehen? Wir haben sie herumstehen und verlieren nur Platz dadurch. Was war ursprünglich damit geplant? Ich halte es für das Vernünftigste, sie so wie sie sind, nach Straßburg zu schicken, die sollen dann sehen, wie sie damit fertig werden können."[102]

Ob das geschah, ist nicht belegbar, und die Amerikaner, die das Schloss Mittersill im April 1945 erreichten, fanden keine Schädel, gleich welcher Art.

Auch die oben erwähnte Mitteilung von Eichmann, in Auschwitz befände sich derzeit „besonders geeignetes Material", weist auf das Beger'sche Spezialinteresse an Innerasiaten hin, denn, so makaber es klingt, Juden gab es in Auschwitz jederzeit in ausreichender Menge. Beger wollte etwas Spezielles, und so selektierte er „mit der liebevollen Sorgfalt eines Käfersammlers" (Michael Kater) jene vier Asiaten: „zwei Usbeken, einen usbekisch-tadschikischen Mischling und einen Tschuwachen". War das die Erklärung für menschliche Schädel auf Schloss Mittersill? Und war der Nachwuchsrassenkundler Beger wesentlich stärker in den Ablauf dieses Verbrechens verstrickt, als es die noch vorhandenen Akten und seine eigenen Aussagen vermuten lassen? Indizien liegen vor, jedoch keine Beweise.

Doch auch das letzte grausame Kapitel der Skelettsammlung des August Hirt muss hier noch berichtet werden. Als die Todeskandidaten ihre Quarantäne in Auschwitz verließen, telegrafierte Sievers an Beger: „Transport ab Auschwitz am 30.7. Setzen Sie sich mit Hirt wegen Arbeitsaufnahme in Verbindung!" Beger antwortete: „Reise Sonnabend. Anrufe unterwegs Ahnenerbe." Er reist von Rüthnick über Berlin nach Natzweiler und erreichte das KZ am 9. August. Dort nahm er nun von den 86 Selektierten Blutproben und fertigte Röntgenaufnahmen. Am 11. August befand sich Beger bereits auf dem Rückweg nach Straßburg. Am Abend des gleichen Tages luden

SS-Männer die ersten 15 Frauen auf einen offenen Lkw und brachten sie zum knapp einen Kilometer entfernten Hotel Le Struthof. Ein direkt benachbartes Nebengebäude besaß einen gekachelten Kühlraum, der zur Gaskammer umgebaut worden war. Man hatte den Frauen gesagt, sie könnten in einer Fabrik arbeiten und müssten vorab nur noch ein Desinfektionsbad nehmen. Der Lagerkommandant Josef Kramer hatte von Hirt eine Lösung von Cyanhydratsalzen (Blausäure) bekommen, die er nun eigenhändig über ein Rohr in die Kammer leitete und dann durch ein Guckloch den qualvollen Tod der Frauen beobachtete.

Kramer beschrieb später vor Gericht ausführlich, wie er den Vorgang mehrmals wiederholte, bis alle 86 Häftlinge getötet waren. Kramer war später noch als Kommandant in Auschwitz-Birkenau und Bergen-Belsen tätig, berüchtigt als „Bestie von Belsen". Nach dem Krieg wurde er im Bergen-Belsen-Prozess zum Tode verurteilt und am 13. 12. 1945 im Zuchthaus Hameln gehängt.

Noch in der Nacht brachte man die ersten Leichen in das Anatomische Institut nach Straßburg, zwei weitere Transporte folgten im Abstand von einigen Tagen. Ein im Institut angestellter Zwangsarbeiter, der französische Apotheker Henry Henrypierre, erkannte schnell den Gastod und sah die eintätowierten Häftlingsnummern. Er konnte sie heimlich notieren, eine wichtige Grundlage für die spätere Aufarbeitung des Verbrechens und folgende Anklagen. „Die Leichen trafen noch warm bei uns ein. Die weit aufgerissenen Augen waren rot unterlaufen. Aus den Nasen sickerte Blut." So schilderte er 1970 als Zeuge den Horroranblick dem Frankfurter Schwurgericht (s. Kapitel 8). Alle Leichen kamen in Konservierungsbecken in 55 prozentiger Alkohollösung. Dann fuhr August Hirt im September zur Kur nach Österreich und erhielt im Anschluss das Kriegsverdienstkreuz II. Klasse mit Schwertern.

Über Monate lagen 86 Leichen dicht gedrängt in den Kachelbecken des Anatomie-Kellers, grotesk verrenkte Rümpfe und Gliedmaßen. Nur eingeschränkt konnten die Arbeiten an Hirts Skelettsammlung beginnen, lange fehlte noch immer eine Mazerationsanlage, und Hilfskräfte wurden an die Front abkommandiert. Aber die rückte im Verlauf des Jahres 1944 von Westen immer näher an Straßburg heran. Im September sinnierte Sievers schon über das Verwischen der Spuren: „Er (Hirt) kann Entfleischung und damit Unkenntlichmachung vornehmen, damit aber ganze Arbeit umsonst, Skelettsammlung als solche nicht auffällig. Weichteile würden deklariert als hinterlassene alte Leichenreste."

Dann kam der Himmler-Befehl, die Sammlung aufzulösen. Was genau sich in Straßburg in den wenigen Wochen bis zum Einmarsch der Franzosen und Amerikaner im Anatomischen Institut abspielte, ist unsicher. Aber sicher waren es barbarische Szenen. Da wurden Köpfe von Rümpfen getrennt, Körper gevierteilt, Goldzähne herausgebrochen, Organe entnommen, eintätowierte KZ-Nummern entfernt. Manche menschliche Relikte wurden verpackt und im Krematorium verbrannt, der bizarre Rest verblieb in den Becken und wurde dort von den Alliierten entdeckt, als sie am 23. November 1944 Straßburg befreiten. Das KZ Natzweiler wurde als Erstes an der Westfront von Alliierten befreit, allerdings war es menschenleer, die SS hatte es bereits geräumt und die Gefangenen auf Todesmärsche Richtung Osten, etwa nach Dachau, geschickt.

Das verborgene Horrorkabinett des Dr. Hirt wurde bald öffentlich bekannt. Am 3. Januar berichtete der Korrespondent der Londoner *Daily Mail* von dem schrecklichen Fund im Anatomischen Institut, Mengen an Leichen und Leichenteilen seien dort entdeckt worden, erste Aussagen deuteten auf ein Kapitalverbrechen hin. August Hirt hatte sich im November nach Tübingen abgesetzt, seine Frau und sein Sohn waren kurz zuvor bei einem Bombenangriff in Straßburg umgekommen. Dort in Tübingen zimmerte er noch eine Rechtfertigungsschrift zusammen gegen die lauter werdenden Vorwürfe. Die „Leichen im Keller" seien danach quasi eine völlig normale Situation für ein Anatomisches Institut, nichts habe dort etwas mit „Rasseforschungen" zu tun. Sievers lobte: „... ganz ausgezeichnet ... geeignet für eine pressepolitische Auswertung".

Das „Ahnenerbe" hatte sein Hauptquartier wegen der zunehmenden Luftangriffe längst aus der Villa in Berlin-Dahlem abgezogen und im Sommer 1943 auf Himmlers Befehl in den kleinen fränkischen Ort Waischenfeld verlegt. Wolfram Sievers versuchte trotz zunehmend schwieriger werdender Verkehrs- und Kommunikationsverbindungen die Kontakte zu seinen diversen „Ahnenerbe“-Einrichtungen im Reich aufrechtzuerhalten, obgleich dieses Unterfangen angesichts der Kriegsrealitäten von Tag zu Tag absurder erschien. Am 19. April erreichten französische Truppen Tübingen, Hirt hatte sich unmittelbar zuvor in den Schwarzwald abgesetzt. In einem Aussiedlerhof bei Schönenbach fand er vorerst Unterschlupf. Da Hirt auch einen Schweizer Pass besaß, nahm man eine Zeit lang an, er wolle dorthin flüchten, aber August Hirt erschoss sich am 2. Juni nahe seines Verstecks. In Straßburg begannen derweil aufgrund der Aussagen von Henry Henrypierre und anderen die Untersuchungen der „Ahnenerbe“-Verbrechen im Elsass. Am 23. Oktober 1945 wurden die Überreste der 86 Ermordeten auf dem Straßburger Nordfriedhof beigesetzt und später auf den jüdischen Friedhof Cronenbourg in ein Massengrab umgebettet.

Nachtrag: Im Sommer 2015 stieß ein Medizinhistoriker, der Hinweisen aus Akten der 50er-Jahre nachgegangen war, im Museum des Gerichtsmedizinischen Instituts der Universität Straßburg auf Präparate, die eindeutig zu den in Struthof ermordeten Auschwitz-Häftlingen gehörten. Auch sie wurden mittlerweile auf dem Friedhof Cronenbourg beigesetzt.

Es sei hier kurz erwähnt, dass Anfang 1942 Wolfram Sievers versuchte, auch Schäfer in die tödlichen Menschenversuche des „Ahnenerbe“ einzubinden. Der vielleicht skrupelloseste SS-Mediziner und extreme Sadist Sigmund Rascher führte an Häftlingen des KZ Dachau Unterdruck- und später Unterkühlungsversuche durch, ebenfalls wie Hirt in Natzweiler unter dem Dach des „Instituts für wehrwissenschaftliche Zweckforschung“ und mit voller Rückendeckung durch Himmler. Sievers beorderte Schäfer nach Dachau, damit der bei einigen Experimenten Augenzeuge werde, und forderte ihn dann auf, diese in Zukunft filmisch zu dokumentieren, und zwar von seinem SS- und Tibetkollegen, dem „Filmoperateur“ Ernst Krause. Schäfer bekannte in seinen Vernehmungen nach 1945 mehrfach, wie geschockt er von dem gewesen sei, was er dort in Dachau gesehen hatte, und dass er eine Beteiligung an solchen Morden unbedingt vermeiden wollte. Es gelang Schäfer tatsächlich durch Aussitzen und Krankmeldung von Krause, den Filmauftrag in Dachau zu umgehen, das makabre Filmdokument wurde trotzdem von einem anderen SS-Mann erstellt. Es scheint, das Ernst Schäfer trotz seines grenzenlosen Opportunismus dem SS-System gegenüber doch noch einen Rest an moralischen Skrupeln gegenüber den Himmler'schen Perversitäten besaß, im Unterschied zu seinem Kollegen Beger.

Das Ende des „Ahnenerbe" in Waischenfeld

Schon am 12. Juli 1943 hatte Himmler den Umzug des „Ahnenerbe"-Personals und seines gesamten Aktenbestands plus wissenschaftlichen Materials an „einen bombensicheren Ort" befohlen, und zwar in den kleinen oberfränkischen Ort Waischenfeld südwestlich von Bayreuth. Man richtete sich im Alten Rentamt im Ortszentrum ein. Der Umzug vom gediegen-großbürgerlichen Villenquartier Dahlem in das bäuerlich-abgeschiedene Waischenfeld kam für die meisten Angestellten des „Ahnenerbe" einem Kulturschock gleich, trotz der kriegsbedingten Gefahren in Berlin. Langeweile machte sich breit, die Verkehrsverbindungen waren miserabel, ebenso die Kommunikationsmöglichkeiten mit der Außenwelt – es gab nur zwei Telefonanschlüsse im Ort, einen beim Bürgermeister und einen im „Ahnenerbe". Da half es auch wenig, dass Sievers, immer um die rechte Gesinnung seiner Untergebenen besorgt, im Sommer 1944 Karten für die *Meistersinger-von-Nürnberg*-Aufführung in Bayreuth besorgte. Die Monate zogen sich dahin, Sievers war viel auf Reisen, um die „Ahnenerbe"-Außenstellen zusammenzuhalten, in Waischenfeld vertrat ihn derweil sein persönlicher Referent Wolf-Dietrich Wolff.

Im April 1945 lag noch Schnee im Wiesenttal, der Winter war lang. Flüchtlinge aus Osten wie Westen kamen nach Waischenfeld und lagerten in Scheunen, Trupps von Zwangsarbeitern und Kriegsgefangenen wurden nachts durch den Ort geschleust. Die Lebensmittel waren knapp, die Einwohnerzahl hatte sich auf 1400 Menschen verdoppelt, es gab fast keinen Treibstoff mehr, der Zugverkehr war zusammengebrochen. Im heraufziehenden Chaos der letzten Kriegswochen wirkte das einst mächtige SS-„Ahnenerbe" mit seinen wissenschaftsideologischen Aufgaben hier inmitten der Fränkischen

Schweiz bizarrer und sinnloser denn je. Tag für Tag ging es immer stärker nur noch um das Naheliegende: Überleben.

Wolff schickte per Kurier verzweifelte Rufe an die Forschungsstelle für Pflanzengenetik auf Schloss Lannach bei Graz mit der Bitte um Beschaffung „... von 20 bis 30 guten Leghörnern zur Sicherung des Eierbedarfs“. Zwei Milchschafe besaß man ja noch in Waischenfeld. Eine Kommunikationsverbindung nach Berlin bestand schon längere Zeit nicht mehr. „Ahnenerbe“-Geschäftsführer Wolfram Sievers war auf sich allein gestellt und hielt sich an eine frühere Weisung von Himmler: Das „Ahnenerbe“-Material dürfe keinesfalls dem Feind in die Hände fallen, egal welchem. KZ-Häftlinge unter Aufsicht von Einheiten des sog. SS-Karstwehrbataillons aus Pottenstein – dort befand sich ein Außenlager des KZ Flossenbürg – schafften deshalb kistenweise Akten und persönliches Gut aus der „Ahnenerbe“-Geschäftsstelle in das Kleine Teufelsloch, einem Teil der weitverzweigten Pottensteiner Teufelshöhle. Das Material wurde eingemauert bzw. eingesprengt, nur kleinere Bestände verbrannte Sievers im Ofen des Alten Rentamts. Ironie der Geschichte: Genau die von ihm verschonten Akten lieferten bald darauf den alliierten Anklägern in Nürnberg die Fakten – vor allem Unterlagen zur Skelettsammlung von Hirt in Straßburg –, die dann auch zum Todesurteil für Wolfram Sievers führten.

Weder wurden in Waischenfeld die Panzersperren hochgefahren noch Felsen gesprengt, um den Vormarsch der Amerikaner zu stoppen. Ein Panzerverband der 3. US-Infanteriedivision unter Generalleutnant John W. „Iron Mike“ O'Daniel rollte auf Waischenfeld zu, doch obwohl die Amerikaner SS-Einheiten dort vermuteten, wurde der Ort nicht mehr beschossen, denn am Morgen des 14. April radelte ein 25-jähriger Waischenfelder der Panzereinheit entgegen und schwang eine weiße Fahne. Die meisten Bewohner hatten sich zuvor in Höhlen der Umgebung versteckt und kehrten nun zögerlich zurück in den Ort. Der Krieg und die NS-Herrschaft waren für Waischenfeld vorbei.

Wolfram Sievers und Wolf-Dietrich Wolff hatten Waischenfeld kurz vor dem Eintreffen der Amerikaner verlassen und versuchten zuerst, sich den SS-Einheiten in Pottenstein anzuschließen, doch die befanden sich bereits in völliger Auflösung. Sie liefen in das zehn Kilometer entfernte Waischenfeld zurück und versteckten sich in den umliegenden Wäldern. Wolffs Aufenthalt wurde schon bald an die Amerikaner verraten und er umgehend verhaftet. Sievers tauchte einige Tage später unerwartet bei seiner Familie auf, die in einer Scheune nahe der Ortsmitte untergebracht war, nachdem die Amerikaner die „Ahnenerbe"-Gebäude beschlagnahmt hatten. Aber am 1. Mai stellte eine amerikanische Patrouille Sievers dann im benachbarten Haus. Der ehemalige Chef des „Ahnenerbe" ließ sich widerstandslos festnehmen, wurde nach Bamberg gebracht, dort erstmals vom Militärgeheimdienst CIC verhört und dann in ein Internierungslager überstellt. Heinrich Himmlers Vision einer germanisch-arischen Wissenschaftsorganisation war endgültig Geschichte.

Unklar ist, wer den Amerikanern den Hinweis auf die versteckten Akten im Teufelsloch gab, doch schon nach wenigen Tagen sicherten US-Soldaten die „Ahnenerbe"-Hinterlassenschaften. Später kam der umfangreiche Aktenbestand – über 70 Kisten – in den Collecting Point nach Marburg, später ins Berliner Document Center, wo er 1960 verfilmt wurde. Diese Unterlagen bilden den Grundstock des heutigen Wissens über das „Ahnenerbe", des Versuchs einer ideologisch-instrumentalisierten Natur- und Geisteswissenschaft im Sinne der SS.

Im Nürnberger Prozess gegen die Hauptkriegsverbrecher wird Wolfram Sievers als Zeuge vernommen. Man lese einmal ein kurzes Stück aus diesen Protokollen, etwa zu dem Thema der Hirt'schen Skelettsammlung, um die Erbärmlichkeit dieser Einlassungen zu erkennen, die Aussagen eines überzeugten Nationalsozialisten, hohen SS-Funktionärs und Himmler-Vertrauten, dem in diesem Moment nichts anderes einfällt, als jede Verantwortung auf Tote wie Hirt, Himmler und Rascher zu schieben.

Nürnberg, 8. August 1946, vormittags, Befragung des Zeugen Wolfram Sievers:

> Major Elwyn Jones: „Woher sollten Sie die Skelette bekommen?"
>
> Wolfram Sievers: „Die Einzelheiten sollte Professor Hirt ..."
>
> Jones: „Beantworten Sie nur meine Frage, Zeuge, denn Sie wissen doch ganz genau die Antwort darauf."

Sievers: „Sie sollten zur Verfügung gestellt werden aus Auschwitz.“

Der Ankläger präsentiert das oben zitierte Schreiben von Sievers an Brandt mit dem Bericht von Hirt zu „Schädeln jüdisch-bolschewistischer Kommissare“.

Jones: „Wie wurde bei dieser Skelettsammlung von Lebenden verfahren?“

Sievers: „Das kann ich im Einzelnen nicht genau sagen. Ich habe bei früheren Vernehmungen darauf hingewiesen, daß zu dieser Angelegenheit Professor Hirt selbst befragt werden sollte ... müsse.“

Jones: „Nun Zeuge, ich möchte Ihnen noch eine Gelegenheit geben, die Wahrheit zu sagen. Sie werden doch diesem Gerichtshof nicht erzählen, Sie hätten nicht gewußt, welche Fortschritte diese Schädel- und Skelettsammlung gemacht hat?“

Sievers: „Das geht aus dem Bericht hervor. Es sind dann Personen für diese Aufgabe auf Anordnung Himmlers zur Verfügung gestellt worden.“

Jones: „Wer hat die Aktion in die Tat umgesetzt? Hatten Sie etwas damit zu tun? Mit der Sammlung der Leichen?“

Sievers: „Nein, überhaupt nichts. Ich weiß auch nicht, auf welche Weise die ganze Angelegenheit entstand, da ich den unmittelbaren Briefwechsel und die Besprechungen die zwischen Himmler und Hirt früher vorausgehend stattgefunden haben nicht kenne. Hirt war ein alter ...“

Jones: „Zeuge! Ich habe Ihnen eine Gelegenheit gegeben, sich vor Meineid zu bewahren; Sie haben sie nicht wahrgenommen.“[103]

Wenige Wochen später steht Sievers dann selbst als Angeklagter vor Gericht. Am 9. Dezember 1946 begann in Nürnberg der sogenannte „Ärzteprozess“ als erster von 12 Folgeprozessen zum Verfahren gegen die Hauptkriegsverbrecher. 23 Angeklagte standen vor Gericht. Nach 143 Verhandlungstagen wurden sieben Todesurteile durch den Strang verhängt, darunter gegen Wolfram Sievers. Das Urteil des von US-Richtern geführten Gerichts machte ihn u. a. verantwortlich für die tödlichen Menschenversuche im „Ahnenerbe“ sowie explizit wegen „der Ausrottung von Juden für die Vervollständigung einer Skelettsammlung“. Am 2. Juni 1948 wurde der langjährige Chef des „Ahnenerbe“ im Hof des Gefängnisses Landsberg gehängt. Bis zum Schluss hatte Sievers noch auf eine Begnadigung gehofft.

„Ahnenerbe“-Geschäftsführer Wolfram Sievers unmittelbar vor seiner Hinrichtung durch den Strick am 2. Juni 1948. Sievers war im sogenannten Nürnberger Ärzteprozess wegen seiner Beteiligung an tödlichen Menschenversuchen zum Tode verurteilt worden.

Kleine historische Skurrilität am Rande: Das „Ahnenerbe e. V.“ wurde erst im November 1955 von Amts wegen aus dem Vereinsregister Berlin gelöscht, wohl weil es formal nicht als nationalsozialistische Organisation eingestuft worden war und weil es „offenbar niemandem auffiel“, so der Historiker Reitzenstein.[104]

Das Ende des Sven-Hedin-Instituts in Mittersill

Die Menschen im Oberpinzgau schauten eher skeptisch zum Schloss Mittersill empor, denn als Dependance der Herrschaft des Fürstbischofs von Salzburg ging von dem Gemäuer meist eher eine Bedrohung als Schutz für die Menschen aus. So wurde 1526 durch ein Söldnerheer des geistlichen Landesherrn ein örtlicher Bauernaufstand blutig niedergeschlagen und die Mittersiller gezwungen, das teils zerstörte Gemäuer wieder aufzubauen. 1943 schaute man ebenfalls argwöhnisch zum „SS-Schloss“ hinauf, man hatte etwas gehört von SS-Wissenschaftlern, die dort auf dem Schloss unter strikter Geheimhaltung an wissenschaftlichen Experimenten arbeiten würden, sah natürlich schwarz uniformierte SSler und hatte auch den Einzug der Frauen aus dem KZ Ravensbrück wahrgenommen, aber ansonsten umgab das Treiben auf Schloss Mittersill ein Geheimnis.

Gerüchte liefen im Ort um, nicht die freundlichsten, da mischte sich Wahrheit mit Legende. Junge deutsche Männer würden sich da auf dem Schloss vor ihrem Fronteinsatz drücken, hieß es, während die Söhne der Bauern vor dem Feinde stehen, obwohl jede Hand in diesen Jahren auf den Höfen gebraucht wurde. Man redete von Pflanzenzucht- und Pferdezuchtexperimenten, mit denen die einheimischen Pferde und das Vieh aus dem Oberpinzgau verdrängt werden sollten. Und dann kam überraschend im April 1944 auch noch Heinrich Himmler mit großer Entourage zu Besuch in das Alpental. Auch Hermann Göring wurde auf dem Schloss gesehen. Warum bloß?

Auch Schäfer nahm zuerst an, dass der Reichsführer SS bereits nach geeigneten Standorten für den letzten Widerstand gegen die Alliierten Ausschau hielt. Man raunte immer wieder von der ominösen „Alpenfestung“ als letztem Rückzugsort der NS- und SS-Elite, wenn Berlin nicht mehr zu halten war, um von dort weiterzukämpfen. Könnte das Mittersill sein? Nein, zur Erleichterung der Mittersiller und vielleicht auch der Mitarbeiter des Sven-Hedin-Instituts ließ Himmler nichts über solche Pläne verlauten und entschwand nach seiner Visite wieder Richtung Berlin. Er glaubte wohl tatsächlich noch an deutsche Wunderwaffen, die Unbesiegbarkeit der Arier und den Endsieg. Fast 600 Mittersiller Männer hatten als Soldaten in den letzten sechs Jahren an der Front gekämpft, 72 waren tot.

Schäfer ging nun in die Offensive. Negative Gerüchte in Mittersill über die Arbeit auf dem Schloss könnten nur schaden. Er lud die Menschen ins Schloss ein, zur Filmvorführung von „Geheimnis Tibet" und auch zur Weihnachtsfeier am 11. Dezember 1944. Er wolle den Menschen „reinen Wein einschenken und die unzähligen Gerüchte, die über uns durch die Luft schwirren, beseitigen". Und dann hält Ernst Schäfer bemerkenswerterweise eine lange, programmatische Rede, wenige Monate vor dem Kriegsende, eine ideologisch aufgeladene Durchhalterede, eine Lobeshymne auf Deutschland, das „Ahnenerbe" und Heinrich Himmler. Er beschwört, wie schon sechs Jahre zuvor am kalten Nathu La in Sikkim das Julfest:

> „Den Sieg der Sonne über das Dunkel, der Lebensglaube des germanischen Menschen, unser Volk kann nicht unterliegen ... 1945 wird die Entscheidung bringen! Die Zeit von jetzt bis zur Beendigung dieses größten aller gewaltigen Kriege der Menschheitsgeschichte werden die härtesten, und so wollen wir dem Führer wünschen, daß ihn seine unbeugsame Kraft nicht verlassen möge."[105]

Aber auch hier im Salzburger Land war die alte Zeit abgelaufen, das „Neue Deutschland", das „Tausendjährige Reich", der blutige Germanenaufstand, alles zerfiel nun in zunehmender Geschwindigkeit. Die Kommunikation mit der „Ahnenerbe"-Zentrale in Waischenfeld funktionierte nur noch sporadisch, nicht anders stand es um die Verkehrsverbindungen, und das ergebnislose Ende der winterharten Gersten- und Pferdezucht haben wir oben schon erwähnt.

Die letzten Kriegswochen waren chaotisch in Mittersill. Das Oberkommando der Wehrmacht Süd und das Oberkommando der Luftwaffe wurden in den Pinzgau verlegt, nach Zell am See bzw. Thumersbach. Immer mehr Menschen aus dem Altreich flohen in die sicheren Alpentäler, aber es waren hier vor allem Größen der Partei, Gauleiter, Gestapomitarbeiter, Wehrmachtsoffiziere, Angehörige des Reichssicherheitshauptamtes, die die Gasthäuser im oberen Pinzgau bevölkerten und ängstlich auf das Vorrücken der Alliierten schauten.

Anfang Mai waren große Gebiete Österreichs noch nicht von den Alliierten eingenommen, doch aus allen Himmelsrichtungen rückten die Befreier zügig vor: Franzosen in Vorarlberg, Sowjets im Burgenland und in Niederösterreich, britische Truppen kamen von Süden nach Kärnten herein, und Einheiten der 7. Amerikanischen Armee nahmen am 4. Mai Salzburg ein, das nach einer Übereinkunft mit Gauleiter Scheel kampflos übergeben wurde. Eine SS-Einheit am Pass Thurn oberhalb Mittersills, der Hauptverbindungsstraße nach Norden Richtung Kitzbühel, erwartete dort den Vormarsch der Amerikaner und hatte Befehl, die Stellung bis zum Letzten zu halten. Mittersills Bürgermeister und der Gendarmerieposten unterhielten insgeheim Kontakte zu Widerstandsgruppen und konnten mit einer fingierten Falschnachricht über die Vorhut der Amerikaner die SSler bewegen, Richtung Gerlospass abzuziehen.

So konnten am 7. Mai mittags erste GIs der „Büffeldivison“ von Norden aus ohne weiteres Blutvergießen in Mittersill einrücken. Am gleichen Tag befreiten die Amerikaner auch das KZ Mauthausen. Wegen der längst zusammengebrochenen Verkehrsverbindungen blieben den weiblichen KZ-Häftlingen im Schloss Todesmärsche erspart und sie überlebten dort das Kriegsende.

Im Februar/März 1945 hatte Schäfer das Schloss krankheitsbedingt kaum noch verlassen. Dann reiste er den heranrückenden Amerikanern entgegen und wurde bereits am 1. Mai in Sauerlach südlich von München als SS-Angehöriger unter automatischen Arrest genommen. Das Schloss selbst und das Institut übergab der mittlerweile 72-jährige Bergsteiger und Forschungsreisende Willi Rickmer Rickmers, ein Spross der Bremerhavener Reeder- und Kaufmannsfamilie, vor Ort an die Amerikaner. Was der seit Langem in München zurückgezogen lebende Rickmers dort in den letzten Kriegswochen zu tun hatte, ist leider unbekannt. Der Präparator Willi Gabel wird zum Treuhänder ernannt und kümmert sich in den folgenden Wochen um einen Transport aller Sammlungsexponate und Bücher aus dem Schloss zum Central Collecting Point in die Münchner Arcisstraße. Über 100 Kisten schaffen Gabel und Rickmers bis Oktober 1945 nach München. Die letzte echte Spur von Schädeln bzw. deren Abformungen findet sich übrigens hier, auf den Eingangskarteikarten des Collecting Point. Da wird im Mai 1946 eine Kiste mit acht abgeformten Schädeln erwähnt, darunter „1 Usbek, 4 Kasachen, 1 Tschuwasik, 1 Talschik, Material Wachs". Gab es mehr davon, was wurde aus ihnen? Die Spur verliert sich hier.

Noch erwähnt sei an dieser Stelle, dass es einen weiteren interessanten Hinweis auf die ominösen Schädel auf Schloss Mittersill gibt, dessen Wahrheitsgehalt allerdings mit großer Vorsicht zu genießen ist. Trotzdem: Der Erfinder des James-Bond-Charakters, der Brite Ian Fleming, hielt sich auf Einladung seines Freundes Ivar Bryce, eines reichen Erben, nach dem Krieg auf Schloss Mittersill in dem wiedereröffneten Jetset-Club auf. Man berichtete ihm bei dieser Gelegenheit, dass die Eigentümer bei ihrer Rückkehr nach dem Krieg Tausende Schädel aus Tibet, Indien und China säuberlich aufgereiht in allen Räumen gefunden haben. Schauergeschichten, mit denen sich das anspruchsvolle Publikum die Abende am Kamin verkürzte? Oder mag dieses obskure Szenario einen Kern Wahrheit enthalten? Es bleibt ein Geheimnis. Welche Art von Schädeln wurden auf Mittersill einst von Schäfer, Beger und Co. verwahrt, und wo sind sie geblieben? Jedenfalls inspirierte diese morbide Geschichte Ian Fleming, verbunden mit der Alpenkulisse Mittersills und den obskuren Versuchen der „Ahnenerbe"-Wissenschaftler, zu dem Versteck und Hauptquartier seines Erz-Bösewichts Ernst Blofeld in „On Her Majesty's Secret Service" von 1963, einer Mischung aus Allergieklinik, Club für skifahrende Aristokraten und geheimem Labor. So weit die literarischen Spätfolgen.

Und schon Anfang Mai 1945 trifft in Mittersill ein Brief der *Societé Immobiliere Mittersill AG* aus Vaduz ein, die ja de facto nach wie vor Besitzerin der Liegenschaft ist. Das Gebäude wird restituiert. Der Eigentümer Baron von Pantz kehrt aus den USA zurück und belebt nach umfangreichen Bauarbeiten im Sommer 1952 seinen exklusiven Jetset-Club wieder, der dort bis 1966 residiert.

... und Bruno Beger?

Beger galt beim „Ahnenerbe“ und beim Rasse- und Siedlungshauptamt (RuSHA) nach seinen Selektionen in Auschwitz und seiner Zuarbeit für Hirt als der Rassenexperte und war bekannt für seine ideologische Linientreue und seinen überbordenden Arbeitseifer. Immer wieder preschte Beger deshalb mit Ideen für neue Forschungsprojekte vor, ohne explizit dazu aufgefordert gewesen zu sein. Ein Grund dafür war sicherlich sein Bestreben, sich vom dominanten Schäfer abzuheben und als gleichwertig in der SS-Führung wahrgenommen zu werden. Beger präsentierte sich in seinen Dokumenten immer wieder als ein radikaler, ja fanatischer Rassist, der bereitwillig seine (Pseudo-)Wissenschaft in den Dienst der SS-Machtpolitik stellte. Sein letzter Profilierungsversuch war das Projekt „Rassen im Kampf“.

Im Sommer 1943 präsentierte er dazu Sievers seine Vorschläge. Beger war überzeugt, dass eine phänomenologische Beobachtung der kämpfenden Soldaten „zur Erhöhung der Wehrkraft unseres Volkes und zur wirksamen Bekämpfung eines fremdrassigen Gegners“ führen würde, denn: „Nirgend kann man die ursprünglichen Äußerungen der Rasse besser festhalten und beobachten als im Kriege.“ Damit könne „unserem Volk viel Blut und Kraft erspart werden“. Weiterhin fordert Beger eine fundierte „Fremdvölker-Forschung“, denn er sorgt sich, dass „infolge mangelhafter Berücksichtigung rassischer Gegebenheiten die gröbsten Schnitzer bei der Behandlung der Fremdvölkischen, die wir nun zu führen oder zu beherrschen haben, gemacht werden“. Und schließlich muss das Ganze ergänzt werden durch die „Mongolenforschung begonnen im Juni 1943 im KL-Auschwitz“. „Es stehen uns in den gefangenen Inner- und Ostasiaten Forschungsobjekte zur Verfügung, wie wir sie in Friedenszeiten nicht wieder so einfach und billig erhalten können.“ Der große Wert dieser Forschungen werde sich erst in der weiteren Zukunft erweisen „in einer Zeit, in der die Einflußgebiete des europäischen und asiatischen Großraums politisch abgegrenzt werden müssen und in einer Zeit später einmal möglicher kriegerischer Auseinandersetzungen zwischen diesen Großräumen“. Hier macht sich Rassist Beger sogar zum Apologeten eines kommenden großen Rassenkrieges zwischen Ost und West, jenseits des aktuell zu erkämpfenden „Endsieges" gegen die „Fremdvölker".

Nicht zu vergessen, in dieser kruden Rassenideologie schwingt immer noch untergründig mit, dass es natürlich die alten nordisch-arischen Prägungen und „Befruchtungen" in Asien gab – wie etwa im tibetischen Adel – und dass diese in einem anstehenden großen Rassenkrieg zu berücksichtigen seien.

Man muss den ganzen Irrwitz solcher wissenschaftsideologischer Konzepte so ausführlich noch einmal Revue passieren lassen, um zu verstehen, wie der rote Faden von den anthropometrischen Messungen im Hochland von Tibet, die menschenverachtenden „anthropologisch wertvollen" Brustbilder von Tibeterinnen und die rassentypologischen Erfassungen des tibetischen Adels über die Selektionen in Auschwitz hin zu Zukunftsperspektiven des großen Rassenkrieges führt.

Die praktische Umsetzung seines „Rassen-im-Kampf"-Plans wollte Beger getarnt in einer Kriegsberichterstatter-Truppe an der Front erledigen, gemeinsam mit seinem Lehrer und Rassenseelenkundler Ludwig F. Clauss, dem neben Hans F. K. Günther einflussreichsten Rassentheoretiker der NS-Ära. Clauss geriet aber wegen seines psychologischen Ansatzes in der Rassenkunde zunehmend in Widerspruch zur reinen NS-Lehre und vor allem wegen einer engen Beziehung zu seiner jüdischen Assistentin, Margarete Landé. Er wurde deshalb im Januar 1943 aus der NSDAP ausgeschlossen und verlor auch seine Dozentur an der Universität Berlin. Trotzdem hielt er weiterhin zu Margarete Landé und versteckte sie bis 1945 an verschiedenen Plätzen, zuletzt in einem Erdbunker auf seinem Grundstück in Rüthnick bei Neuruppin. Bruno Beger lebte mit seiner Frau und den vier Kindern zur Zeit des Parteiausschlusses von Clauss in einem Haus in München-Pasing, das aber bei einem Bombenangriff 1943 zerstört wurde. Die Familie kam nun eine Zeit lang bei Ludwig Clauss unter, und Beger war wohl unterrichtet über das Versteck von Margarete Landé.

Aber Himmler wollte letztlich Clauss die Möglichkeit zur Bewährung geben, um ihn nicht in das Lager des Gegners zu treiben. Deshalb wurden im Frühjahr 1944 Beger und Clauss als Kriegsberichterstatter zur SS-Standarte „Kurt Eggers" eingezogen. In der Folge konnten sie aber weder an der Ostfront noch in Bosnien und Kroatien die von ihnen geplante rassenpsychologische Frontforschung realisieren.[106] Im Herbst 1944 begannen schwere Bombardements der Alliierten, die Handschar-Division löste sich auf, viele Soldaten desertierten zu den Partisanen Titos. Beger überlebte nur knapp bei einem Bombenangriff, Clauss wurde verletzt. Ihren letzten Stellungsbefehl erhielten Beger und Clauss im März 1945 mit der Versetzung nach Norditalien zum Osttürkischen Waffenverband der SS, in dem Kasachen, Tadschiken, Aserbaidschaner, Usbeken und Krimtataren kämpften. Die Einheit war nahe Mailand stationiert. Am 30. April ergaben die ausländischen SS-Soldaten sich einer US-Panzer-Einheit. Beger geriet in amerikanische Kriegsgefangenschaft und gelangte über Lageraufenthalte in Pisa und Livorno zurück nach Deutschland.

Das Ende Heinrich Himmlers ist hinlänglich bekannt. Nach versuchter Flucht, Gefangennahme und seinem Selbstmord mit einer Zyankali-Kapsel in britischem Gewahrsam am 23. Mai 1945 wurde seine Leiche zwei Tage später an einem unbekannten Ort in der Lüneburger Heide verscharrt.

Bruno Beger vor dem Frankfurter Landgericht mit seinem Anwalt Steinacker. Beger war angeklagt wegen Beihilfe zum Mord in 86 Fällen.

8

Nachkriegskarrieren

Verdrängen und uminterpretieren

Ernst Schäfer war seit 1945 in mehreren Kriegsgefangenenlagern interniert, in denen er wiederholt befragt wurde, anfangs von amerikanischen Soldaten des CIC – das früheste Protokoll stammt vom Juli 1945. Schäfer kam zuerst nach Freising, dann nach Oberursel, war schließlich in den Lagern Bruchsal und Ludwigsburg gewählter Lagerführer, dann folgte Moosburg und schließlich Nürnberg-Langwasser.

Das Thema der ersten Vernehmungen war „subversive Tätigkeiten in Asien". Außerdem sollten die Aussagen ein weiteres Licht auf die Versuche der SS werfen, Wissenschaft unter den Bedingungen ihrer totalitären Ideologie zu organisieren. Ein Entlassungsgesuch seiner Ehefrau Ursula aus dieser Zeit wurde abgelehnt. Später wurde Schäfer als Zeuge im Flick-Verfahren verhört, von Befragern des Office Chief of Counsel for War Crimes. Der Prozess gegen den Industriellen Friedrich Flick und einige seiner Mitarbeiter war der fünfte der Nürnberger Folgeprozesse und begann im März 1947. Die Angeklagten wurden diverser Kriegsverbrechen und Verbrechen gegen die Menschlichkeit beschuldigt. Im Dezember 1947 wurde Flick zu sieben Jahren Haft verurteilt, kam aber bereits 1950 wieder frei. Die amerikanischen Befrager interessierten sich vorrangig für Schäfers Wissen über den Freundeskreis Heinrich Himmler, in dem ja auch Flick Mitglied war, die Vorfälle während des Besuchs bei Himmler in Polen kurz nach dem deutschen Überfall und für seine Einblicke in die Menschenversuche Raschers im KZ Dachau.

Auch über die Tibetexpeditionen und Himmlers Interesse daran wurde gesprochen, aber nicht vorrangig. Grundsätzlich signalisierte Schäfer gegenüber den amerikanischen Befragern sofort seine Bereitschaft auszusagen, sowohl um seine Rolle als Widerständler glaubhaft zu untermauern und wohl auch in der Hoffnung, so schneller aus dem Lager entlassen zu werden.

Seine Einlassungen durchzieht ein durchgängiges Muster: Er ist der verkannte Rebell und Widerständler. Es war seine Expedition, er hat sich mit dem „Ahnenerbe" überworfen, Himmler gegenüber auf eigenen Positionen erfolgreich beharrt, er stellte eine eigene Finanzierung der Expedition auf die Beine, er hatte immer gute Beziehungen zu den Engländern usw.

Grundsätzlich spielte Schäfer die Rolle und Bedeutung von Himmler und dem „Ahnenerbe" systematisch herunter und inszenierte sich als Opfer der übermächtigen Verhältnisse – wie so viele andere (Mit-)Täter in diesen Jahren auch. Hier einige Kostproben aus den Vernehmungen:

> „Es entspann sich ein sehr heftiger Kampf mit dem Reichsgeschäftsführer Sievers."
>
> „Nun begann ein Kampf, diese Expedition zu einer ‚Ahnenerbe'-Expedition zu machen, der damit endete, dass ich siegte."
>
> „Ich trat in offenen Kampf gegen Wüst ... ich hatte grauenvolle Auseinandersetzungen mit ihm!"
>
> „Bei Himmler war ich der Rebell."
>
> „Ich habe dieses Kommando hingehalten, um es als Schutzschild zu verwenden um wissenschaftlich zu arbeiten."
>
> „Als ich Klarheit hatte über das System, habe ich auch verschiedene Leute aus dem KZ gerettet."
>
> „Ich stand dicht am Konzentrationslager und an der Vernichtung."[107]

Auch vor Lügen schreckte Schäfer nicht zurück: Er sei nie in der Partei gewesen, er sei nie bei Hitler gewesen, er sei strafweise von Himmler an die Front geschickt worden, es sei ihm gelungen, den Plan hinauszuschieben und zu sabotieren (gemeint ist die Kommandoaktion, über Russland nach Tibet zu gelangen, um gegen die Engländer zu mobilisieren), dabei hat Schäfer sich im Gegenteil bitterlich über jede Verzögerung beklagt.

Schon fast skurril muten Schäfers Beteuerungen an, dass er sich dauernd mit Fluchtgedanken getragen habe, eine Behauptung, für die es nirgends auch nur den Hauch eines Beleges außer seinen eigenen Aussagen gibt. „Abhauen wollte ich 1940 nach Amerika. Ich habe Dolan gebeten, mich einzuladen mit meinem Film. Das klappte aber nicht richtig."

Oder hübsch auch das Szenario aus Mittersill: „Ich hatte ständig ein Kletterseil in meinem Arbeitszimmer angebracht, um aus dem Fenster zu fliehen und eine Kette kleiner Proviantlager in der Gletscherzone der Alpen anlegen lassen, um im Notfalle meine Flucht in die Schweiz zu gewährleisten."

Was blieb, war ein Hauch von Larmoyanz: „Ich bin in der Zivilisation überall angeeckt." „Das Wichtigste war mir, wissenschaftlich zu arbeiten, nachdem die Wehrmacht die jungen Wissenschaftler skrupellos an der Front verbluten ließ."[108] Trotzdem gelang es dem weithin bekannten und gut vernetzten Tibetforscher, während der Zeit seiner Internierung über ein Dutzend eidesstattliche Erklärungen, also Persilscheine, zu seinen Gunsten zu erlangen. Da schrieb etwa Karl Passarge, Staatssekretär im Zentralamt für Ernährung und Landwirtschaft in der britischen Zone: „Jedenfalls bestand für mich niemals ein Zweifel über Schäfers wahre politische Einstellung: Er war ein entschiedener Gegner der SS und des Nationalsozialismus, der sich allerdings der ständigen Übergriffe der Parteiinstanzen, die nun einmal gerade die junge Intelligenz mit Gewalt in ihre Reihen zu zwingen suchten, nicht immer erwehren konnte." Solche und ähnlich lautende Statements lagen von mehreren Vertretern aus der Wirtschaft und der Wissenschaft vor, natürlich auch von früheren Mitarbeitern des Sven-Hedin-Instituts, sogar zwei chinesische Wissenschaftler, die Schäfer noch aus seiner Zeit mit Brooke Dolan in Westchina kannte, verwendeten sich für ihn.

Schäfer, ein Großmaul, Aufschneider und Schwadroneur? Ein gequälter Jekyll-and-Hyde-Charakter? Ein verkannter Oppositioneller in SS-Uniform? Oder einfach ein Opportunist, wie es sie zu Zigtausenden gab, keine Rassisten oder Nationalsozialisten von tiefer Überzeugung, sondern einfach Menschen, die möglichst unbeschadet in diesen dunklen Jahren überleben wollten und deshalb das Lied der Herrschenden möglichst laut mitsangen und mitspielten?

Man merkt den Verhörprotokollen zwischen den Zeilen immer wieder die Ungläubigkeit der Befrager über die Ausführungen Schäfers an. In einem Memorandum vom März 1948 zum Abschluss seiner Befragungen erstellt für den Chef der Special Projects Division wird Schäfer sogar als „rabiater deutscher Expansionist" und „wütender Nazi" charakterisiert, doch scheint es bis zum Ende der Vernehmungen nicht möglich gewesen zu sein, ihn einer klaren Falschaussage zu überführen. Warum? Vor allem, weil die entsprechenden Akten und Unterlagen aus der NS-Zeit noch nicht in ganzer Tiefe ausgewertet sein konnten. Dahingestellt muss bleiben, inwiefern die verschiedenen amerikanischen Stellen der Militärverwaltung ihre Informationen über Beschuldigte vorbehaltlos austauschten.

So begann erst im Frühjahr 1948 für Ernst Schäfer sein Entnazifizierungsverfahren vor der Lagerspruchkammer Nürnberg-Langwasser. Schäfers Anwalt Grube fand seinen Mandanten Ende April in einer seelischen Extremsituation vor, sodass er befürchtete, Schäfer würde „wegen seiner Erregung unter Umständen Selbstmord begehen". Schäfer glaubte nämlich, es läge längst eine Anordnung von General Clay vor, ihn zu entlassen, was aber nicht geschah. Zudem wurden „tatsächliche Aktivisten" bereits dauernd entlassen, was der US-Politik ab 1948 entsprach, nur er nicht!

Am 29.April hatten Schäfer und sein Anwalt einen Termin beim Chef der Lagerspruchkammer, Gleixner. Nach einer ausführlichen Vernehmung empfahl der, den Antrag auf mündliche Verhandlung zurückzunehmen, es werde umgehend ein Spruch im schriftlichen Verfahren erfolgen. Außerdem solle Schäfer „völlig beruhigt sein ... er sei vollkommen im Bilde". Noch am gleichen Tag erging der Bescheid, Schäfer wurde aus dem Lager entlassen und fiel seinem Anwalt weinend um den Hals. Nach dem Spruch der Kammer wurde Ernst Schäfer als Mitläufer eingestuft und zu einer Geldstrafe von 2000,– Mark verurteilt. Seine Strategie war aufgegangen.

Doch Schäfer reicht das nicht. Eine wissenschaftliche Tätigkeit oder eine Arbeit im Ausland wäre für ihn nur mit dem Status „Entlastet" möglich. Er zieht mit seiner Familie in die Nähe von Celle in die britische Zone und erreicht ein Wiederaufnahmeverfahren. Der öffentliche Kläger argumentiert zum Beibehalt des Status „Mitläufer" für Schäfer: „Dadurch, dass der Betroffene die Tibet-Expedition und seine weiteren wissenschaftlichen Arbeiten im Zusammenhang oder gar unter Leitung der SS durchführte, hat er erheblich zur Stärkung des äußeren Ansehens der SS und damit zur Festigung und Erhaltung des Nationalsozialismus beigetragen." Auch durch seine Teilnahme am *Freundeskreis* habe Schäfer „die Taten der SS und des Nationalsozialismus mit seinem Namen gedeckt".

In der mündlichen Verhandlung vor dem Spruchausschuss für Kulturschaffende in Hannover am 13. Juni 1949 präsentiert Schäfers Verteidiger nicht weniger als 16 Persilscheine für ihn und beantragt dessen Entlastung, da er sich „nachweislich gegnerisch betätigt habe". Nach kurzer Beratung des Ausschusses erklärt der Vorsitzende Ernst Schäfer für „Entlastet" gemäß Kategorie V.

Eine Fußnote: Als Illustration zur Gründlichkeit respektive Oberflächlichkeit der Recherche in diesem Verfahren sei die Antwort Schäfers auf die Frage des Vorsitzenden nach dem „Sonderkommando K" erwähnt. Da antwortet er: „... dass es sich dabei um Arbeiten in Obstplantagen handelte ... er habe angegeben, dass er diesen Auftrag wegen Krankheit nicht ausführen konnte."

Ergänzend hier die naive Zeugenaussage des Vaters über seinen Sohn: „... der seit seiner frühesten Jugend an nur seinen wissenschaftlichen Ideen folgte und in seinen Forschungsaufgaben aufging, in politischer Hinsicht ein harmloses Kind war und überhaupt nicht überblicken konnte, welcher Kurs in Deutschland gesteuert wurde."

Der gleiche Mann behauptete auch, der Freundeskreis Heinrich Himmler sei „nur ein Tabakkollegium" gewesen, und dass das Sven-Hedin-Institut vom Sohnemann gegründet wurde, um „sich von der SS freizumachen", was beides nachweislich falsch ist, aber anscheinend diese Spruchkammer nicht mehr interessierte.[109] Denn es war die Zeit der jungen Bundesrepublik angebrochen, das Wirtschaftswunder begann sich zu regen, ebenso zog der Kalte Krieg herauf samt zugehöriger Propaganda. Neue Fronten, neue Feinde. Die Zeit der Entnazifizierung war vorüber bzw. sollte vorbei sein, man hatte genug davon.

Ein Neuanfang …

Es ist Sommer 1949, Ernst Schäfer 39 Jahre alt, verheiratet, Vater dreier Töchter, entnazifiziert und arbeitslos. Eine wissenschaftliche Arbeit, geschweige denn Karriere, scheint aussichtslos. Im Herbst tourt er mit einem Lichtbildervortrag durch deutsche Städte. „Geheimnis Tibet", das Interesse ist groß, die Besprechungen sind meistens gut: „Dr. Ernst Schäfer ließ in seinem Vortrag das geheimnisumwitterte Land in Wort und Bild entstehen!" Die Einladungen zu Vorträgen sind hilfreich, ernähren aber keine Familie. In den Internierungslagern hatte er allerdings Zeit zu schreiben. Und veröffentlicht nun im Vieweg-Verlag in Braunschweig unmittelbar nach seiner Entlastung mehrere Bücher über Tibet. 1949 erscheint „Das Fest der weißen Schleier", ein Bericht über die Erlebnisse in Tibet 1939, dann folgt 1950 „Über den Himalaya ins Land der Götter", sozusagen die Vorgeschichte der Expedition von Sikkim bis vor die Tore Lhasas – das ist die überarbeitete Fassung seines 1943 bereits erschienenen Buchs „Geheimnis Tibet" – und schließlich 1952 „Unter Räubern in Tibet", die kompakte Geschichte seiner beiden früheren Expeditionen in Westchina mit Brooke Dolan. Es sind Texte, die das Bedürfnis nach Exotik, Abenteuer und Geheimnis im Nachkriegsdeutschland bestens bedienen.

Das „Fest der weißen Schleier" erlebt schnell Folgeauflagen. Schäfer pflegt seinen überbordenden, weitschweifigen Stil, aus heutiger Sicht manieriert, gekünstelt und überladen. Und natürlich verliert er kein Wort über „Ahnenerbe", SS, Himmler oder Ähnliches. So beschreibt er zwar in „Über den Himalaya ins Land der Götter" die Wintersonnenwende-Nacht am Tsomgo-See vor dem Übertritt nach Tibet wie 1943, doch der knarzende Kurzwellen-Empfänger ist ebenso verschwunden wie die Ansprache Himmlers über den Äther und die NS-Liedgut in die Nacht trällernden Männer – alles aufgelöst wie eine tibetische Berg-Chimäre, es bleiben nur Impressionen von flatterhaften Elementarwesen in der Abenddämmerung.

Und auch seine Mitreisenden finden in Schäfers Nachkriegspublikationen (fast) keine Erwähnung. Es bleibt: der heroische, einsame

Abenteurer auf dem Dach der Welt, im Kampf gegen die Unbilden der Natur, unerschrockener Erforscher des Unbekannten – als ob er als Kunstfigur einem Karl-May-Roman entsprungen wäre, so inszeniert sich hier Ernst Schäfer.

Quasi als Film zum Buch läuft Ende 1950 der alte Expeditionsfilm in den bundesrepublikanischen Kinos wieder an, nun um zehn Minuten gekürzt und unter dem neuen Titel „Lhasa Lo", ein „abenteuerlicher Expeditionsfilm", wie die Werbung verspricht. Die Kritik ist angetan:

> „Zu einer Zeit, da das geheimnisvolle Hochland jenseits des Himalayamassivs einen der Brennpunkte des politischen Geschehens darstellt, ist dieser Film von besonderer erregender Aktualität. Dr. Schäfer zeigt in packender, filmisch vollendeter Form Aufnahmen, wie wir sie noch nie zu sehen bekamen. Das von Dämonen, Geistern und den allgegenwärtigen Kräften des Lamaismus beherrschte Tibet – es entschleiert sich nicht, aber es zieht uns in seinen Bann. Die grausige Schönheit seiner Landschaft, die Majestät seiner Bauten, die Hintergründigkeit seiner Riten – das verbindet sich in diesem Film zu einem einmaligen Erlebnis."[110]

War da noch was gewesen? Zwölf Jahre zuvor? Anscheinend nicht.

Als der Film anläuft, haben Ernst Schäfer und seine Familie Deutschland bereits verlassen. Nein, es geht nicht nach England und auch nicht in die USA und erst recht nicht nach Asien. Indien erlangte zwei Jahre zuvor die Unabhängigkeit, und in China steht Mao Tse-tung unmittelbar vor der Machtübernahme. Die chinesische KP lässt keinen Zweifel an ihrem Herrschaftsanspruch auf Tibet, und im Oktober 1950 überschreiten Einheiten der Volksbefreiungsarmee die Grenze zum Schneeland. Der kurze Traum der Eigenständigkeit ist ausgeträumt, die Grenzen nach Tibet schließen sich für Ausländer auf Jahrzehnte, viele von Schäfers tibetischen Bekannten flüchten bald ins Exil. Nein, Ernst Schäfer siedelt im Dezember 1949 in eine ihm bislang völlig unbekannte Weltregion um, es geht nach Venezuela. Dort lebt ein Freund aus alten Internatszeiten, Bernd von Steinberg, und betreibt ein Hotel nahe der Küste. Er hat Kontakte zum 1937 gegründeten Nationalpark Rancho Grande.

Schäfer erhält die Gelegenheit, dort im tropischen Bergwald eine biologische Station samt Naturkundemuseum aufzubauen und zu leiten. Hier forscht und arbeitet er die nächsten fünf Jahre und verfasst dabei ein vierbändiges Standardwerk über die Vogelwelt Venezuelas, das allerdings erst nach seinem Tod 1999 veröffentlicht wurde. Außerdem erhält er eine Professur an der Universidad Central de Venezuela in Caracas. Sein alter Traum, als Wissenschaftler an einer Universität tätig zu sein, erfüllt sich doch noch, wenigstens für ein paar Jahre.

... und die Macht der Vergangenheit

1954 vertritt Schäfer Venezuela auf der Internationalen Jagdausstellung in Düsseldorf und lernt dort den ehemaligen belgischen König Leopold III. kennen. Der in seinem Heimatland wegen seiner passiven Haltung beim Einmarsch der deutschen Wehrmacht äußerst unbeliebte König hatte 1951 zugunsten seines Sohnes Baudouin abgedankt – und widmete sich nun seinen Leidenschaften Reisen, Tiere, Jagd, womit er bei Ernst Schäfer auf einen Seelenverwandten traf. Es dauerte nicht lange – Ernst Schäfer war mehrfach Gast auf Schloss Laeken –, und der Zoologe hatte den Ex-Monarchen als Schirmherrn und Sponsoren für ein aufwändiges Filmprojekt gewonnen. Für die damals erhebliche Summe von 60 Millionen Francs (heute rund 2,5 Millionen Euro) sollte Schäfer einen Film über die Wildtiere im Kongo – vor allem über die Berg-Gorillas in den Virunga-Bergen – realisieren, damals noch eine belgische Kolonie.

Leopold und vermögende belgische Unternehmer finanzierten das Projekt, für dessen Realisierung und Vermarktung eine eigene Stiftung gegründet wurde. Fast drei Jahre mit Unterbrechungen wurde im Kongo gedreht, Schäfer war für Idee und Drehbuch zuständig, die meisten Natur- und Tieraufnahmen lagen in der Verantwortung des Filmers Heinz Sielmann, der damals am Beginn seiner Laufbahn stand. Aber auf dem Projekt lag kein Segen. Gruppen belgischer Widerstandskämpfer machten bald über verschiedene Zeitungen publik, mit wem sich ihr Ex-König als Duz-Freund da eingelassen hatte und dessen Filmarbeit nachhaltig förderte. Ein hochrangiger ehemaliger SS-Offizier als Vertrauter des Königs und Leiter einer Filmexpedition im Namen Leopolds? Unmöglich! In Belgien gärte ein innenpolitischer Skandal.

Die geplante Gala-Premiere im Brüsseler Metropol-Theater im Beisein der belgischen High Society fiel dann zwar nicht wegen Schäfer, sondern aufgrund eines Streiks der Gas- und Elektrizitätswerkarbeiter aus, doch schon vorab hatte man Schäfer kaltgestellt. Die besagte Stiftung ließ per Presseerklärung mitteilen, dass die Mitarbeit Schäfers sofort beendet sei und er an keiner Aufführung des Films teilnehmen werde. Schäfer erhielt umgerechnet 80 000 Euro Abfindung, ein Schweigegebot und musste Belgien unverzüglich verlassen. Übrigens scheiterte auch wenige Wochen später ein weiterer Premieren-Versuch in Amsterdam, eingefädelt von der holländischen Königin, an Protesten holländischer Widerstandskreise.

Den Film selbst nahm dann bald die 20th Century Fox in den Vertrieb auf, er lief später weltweit erfolgreich in den Kinos – Titel: „Herrscher des Urwalds" –, wurde in 20 Sprachen synchronisiert und von der Kritik als Anti-Disney gewürdigt, weil er die vermenschlichte Sicht amerikanischer Naturfilme vermied. Heute wird Heinz Sielmann als Schöpfer des Kongo-Films gesehen, Schäfers Name tauchte im Abspann unter einer Vielzahl weiterer Berater auf.

Neue Wirkungsstätte Hannover

Zurück in Deutschland. Die „Tibet-Bühne" hatte hier mittlerweile ein anderer besetzt, der Kärntner Bergsteiger Heinrich Harrer, zwei Jahre jünger als Schäfer und bekanntlich nach der Flucht aus einem britischen Gefangenenlager in Indien 1946 nach Lhasa gelangt, wo man ihn und seinen Begleiter Peter Aufschnaiter freundlich aufnahm, obwohl sie ungebetene Ausländer waren. Im März 1951 wechselte Harrer über den Nathu La von Tibet nach Sikkim, um nicht als Imperialist in die Hände der vorrückenden Volksbefreiungsarmee zu fallen. Nur ein Jahr später erschien in Deutschland sein Weltbestseller „Sieben Jahre in Tibet". Angeblich sind sich die beiden Tibet-Experten nie persönlich begegnet. Schäfer empörte sich nur einmal, als Harrer 1953 das Buch „Meine Tibet-Bilder" veröffentlichte und dabei rund 30 Fotografien der Schäfer-Expedition verwendete, geschossen vom Tibet-Filmoperateur und Harrer-Freund Ernst Krause – so ist es allerdings auch im Vorwort und im Fotonachweis angegeben. Nur von Schäfer fand sich da kein Wort.

Aber Ernst Schäfer war ja Wissenschaftler, habilitierter Zoologe, und er bewarb sich nun auf die Position eines Kustos für Zoologie am Niedersächsischen Landesmuseum in Hannover, also dort, wo er als 19-jähriger Student in den Ferien gearbeitet und Hugo Weigold ihn für die erste Brooke-Dolan-Expedition empfohlen hatte. Beim Bewerbungsgespräch hinterließ er einen „außerordentlich energischen und zielbewußten Eindruck" und wurde eingestellt, auch aufgrund von positiven Gutachten des Bremer Überseemuseums, der Vogelwarte Helgoland und des Senckenberg-Instituts in Frankfurt. Schäfer strebte noch die Übernahme in ein Beamtenverhältnis auf Lebenszeit an, trotz seiner mittlerweile 53 Jahre. Das war prinzipiell möglich, wenn ein entsprechendes Leistungszeugnis von der Museumsleitung vorgelegt würde. Aber nun holte ihn seine Vergangenheit wieder ein.

Der Leiter der Naturkundeabteilung, Professor Fritz Steininger, weigerte sich, Schäfer ein solches Zeugnis auszustellen, da es Verdachtsmomente gäbe, er habe „nur aufgrund seiner SS-Zugehörigkeit und seiner entsprechenden politischen Mission in Tibet in einer damals auch sonst üblichen Weise den Dr.-Grad erhalten". Unabhängig von diesem zu klärenden Vorwurf fällt Schäfers Vorgesetzter in seinem Schreiben an den Regierungspräsidenten auch darüber hinaus ein vernichtendes Urteil über die aktuellen Leistungen des neuen Kustos. Bestimmte Präsentationen im Museum wären in einem „ausgesprochenen Blut-und-Boden-Stil" vorgenommen worden, Schäfer würde sich mehr um den „Abschuß zu präparierender Tiere kümmern" als um deren wissenschaftlich-zoologische Bearbeitung, was zu einem „turbulenten Improvisieren und Vollstellens mit den zufällig gerade erlegten Tieren" führe, und „museologische Vorkenntnisse hat Dr. Schäfer noch nicht zeigen können, so weit sie sich nicht auf die Internationale Jagdausstellung von Herman Göring aus dem Jahr

1937 beziehen", und man müsse sich deshalb die Frage stellen, ob Schäfer überhaupt „bereit und in der Lage ist, an einem die Gegenwartsfragen der Biologie und des Biologie-Unterrichts berücksichtigenden Wiederaufbau der Naturkundeabteilung mitzuarbeiten"[111].

Das war vernichtend. Trotzdem ging Schäfer in die Offensive und beantragte ein Disziplinarverfahren gegen sich selbst, um die Vorwürfe auszuräumen. Dies Scharmützel endete schließlich mit seiner endgültigen Übernahme in das Beamtenverhältnis im Juli 1967 und dem Votum, dass „seine wissenschaftliche Qualifikation außer Frage stehe". Der Frankfurter Zoodirektor Bernhard Grzimek und der frühere SS- und „Ahnenerbe"-Weggefährte Eduard Paul Tratz vom Salzburger *Haus der Natur* hatten sich für Ernst Schäfer eingesetzt.

Die Anstellung im Hannoverschen Landesmuseum bescherte Schäfer aber noch eine andere, unerwartete Gelegenheit: Die Rückkehr nach Asien. Von November 1963 bis zum März 1964 bereiste er Indien und besuchte auch die mittlerweile im Exil lebende tibetische Community in Dharamsala. Eigentlich ging es um verschiedene Exponate, die Schäfer aus Indien für eine Erweiterung des Museums beschaffen sollte. Ziel war eine gemeinsame Ausstellung der Naturkunde- und Völkerkundeabteilung des Museums. Schäfer wollte „das erforderliche zoologische, botanische und ethnografische Material für die Ausgestaltung der in absehbarer Zeit freiwerdenden Räume" beschaffen.

Doch er ließ es sich natürlich nicht nehmen, nach einer Tour durch Süd- und Zentralindien in die Vorgebirge des Himalaya zu fahren. Vor allem aber gab es bereits am Hafenpier in Bombay bei seiner Ankunft ein Wiedersehen mit Kaiser, nach 25 Jahren.

Kaiser betrieb mittlerweile ein Baugeschäft in Kalkutta und begleitete Schäfer auf dessen Indien-Reise, so weit es ging. Und er war beim abschließenden Höhepunkt der Reise dabei, als Schäfer Anfang März in Dharamsala eine Audienz beim Dalai Lama bekam. Als die deutsche Expedition Lhasa im Frühjahr 1939 verließ, befand sich der vierjährige Junge als frisch entdeckte Reinkarnation mitsamt seinem großen Gefolge noch im Anmarsch auf die Hauptstadt. Begegnet waren sie sich bislang nie. Der 29-jährige Dalai Lama lebte jetzt seit fünf Jahren im indischen Exil, viele Tibeter waren ihm gefolgt und vor den brutalen Repressionen der chinesischen Besatzer über den Himalaya nach Indien und Nepal geflohen. Die Lebensumstände waren für die Tibeter in Indien damals noch äußerst mangelhaft, es fehlte an Wohnraum, Arbeit, Medikamenten, Ausbildung.

Jede Hilfe war willkommen, und Schäfer kam als ein Bote des Lions-Club Hannover mit dem Auftrag, Projekte vor Ort finanziell zu unterstützen. „Mögen auch wir wie unsere amerikanischen und Schweizer Freunde den Aufruf verstehen, daß hier keine Almosen zu verschenken sind, sondern daß es darum geht, einen wertvollen Teil der freien Welt zu erhalten." So schrieb Schäfer zum Abschluss seines Berichts. Nun war er Botschafter der demokratischen Werte des Westens geworden. Und er brachte im Gegenzug 140 tibetische Ethnographica mit heim, die heute in der Tibet-Sammlung des Landesmuseums ihren Platz gefunden haben. Für 2000,– DM erwarb er in den tibetischen Flüchtlingslagern religiöse Objekte und Gegenstände der Alltagskultur.[112]

1965 zeigte das Museum die Neuerwerbungen im Rahmen einer Sonderausstellung, Schäfer hielt mehrere Vorträge und zeigte erneut seinen Expeditionsfilm von 1939. Fast überflüssig zu erwähnen, dass in dieser ganzen Zeit von Schäfer immer nur als von dem deutschen Forschungsreisenden die Rede war, der damals „mit einer naturkundlich-wissenschaftlichen Expedition unterwegs" war und das große Glück hatte, „als erster Deutscher die verbotene Stadt Lhasa zu betreten". War da sonst noch was gewesen? Nein, anscheinend nicht. 1970 geht Schäfer in den Ruhestand und zieht in den niedersächsischen Kurort Bad Bevensen. Es wird still um ihn.

In diesem Zusammenhang sei noch eine interessante Fußnote erwähnt, als sich der pensionierte Zoologe und passionierte Jäger noch einmal zu Wort meldete. 1991 erhielt der Bergsteiger Reinhold Messner einen Brief vom ihm bis dato unbekannten Ernst Schäfer. Messner recherchierte damals intensiv für sein Buch über den Yeti, das den Mythen und Legenden über den Schneemenschen des Himalaya auf den Grund gehen wollte. Schäfer berichtete Messner, dass er bereits 1935 bei seinem Vorstoß in das Quellgebiet des Jangtsekiang dem Geheimnis auf die Spur gekommen sei:

„Dort erlegte ich zahlreiche ‚Yetis' und zwar in Gestalt der mächtigen Tibetbären ... 1935 entdeckten die britischen Bergsteiger Smythe und Shipton dann die ersten Yeti-Spuren und veröffentlichten davon Fotos in der ‚London Illustrated News' und ‚Paris Match'. Das war eine große Sensation. Der ‚Schneemensch' beflügelte die Phantasie der Journalisten und eröffnete den Bergsteigern die Finanzierungsquellen für ihre Everest-Expeditionen. Nachdem ich in meinen Veröffentlichungen den ganzen Schwindel aufgedeckt und die Identität des Yeti mit Bildern und Decken meines Tibetbären nachgewiesen hatte, baten mich Smythe und Shipton 1938 händeringend, meine Entdeckung nicht auch noch in der englischen Presse zu veröffentlichen. Das Geheimnis darf nicht gelüftet werden, ‚Die Presse gibt sonst kein Geld mehr für unsere nächste Everest-Expedition.'"[113]

Ein Briefwechsel zwischen Messner und Schäfer folgte, denn der Südtiroler verfolgte genau die gleiche Hypothese zum Yeti, wie Schäfer sie Jahrzehnte zuvor bereits bewiesen zu haben glaubte, die Identität von Bär und Yeti. Messners Fazit nach dem Gedankenaustausch lautete:

„In der Praxis war das Thema viel komplexer, widersprüchlicher, als es Schäfer darstellte. Seine zoologischen Aussagen mögen richtig gewesen sein, aber mit seinem Einsatz für das ‚Ahnenerbe' war seine Glaubwürdigkeit als Wissenschaftler verspielt. In ethnologischer Hinsicht jedoch ging er – zu sehr verstrickt in Vorurteile – der Yeti-Frage aus dem Weg."[114]

Einmal noch tritt Schäfer öffentlich in seinen späten Jahren als „Tibet-Experte" in Erscheinung. 1988 strahlt das ZDF in seiner „Terra-X"-Reihe den Film „Dämonen auf dem Dach der Welt" von Hajo Bergmann aus, darin tritt Ernst Schäfer als Interviewpartner auf. Da sitzt er im heimischen Wohnzimmer im Waidmanns-Outfit auf einem Schaukelstuhl, ein mächtiges Elchgeweih als Jagtrophäe hinter ihm an der Wand, ein Leopardenfell über die Sofalehne drapiert, und berichtet über die Filmarbeiten in Lhasa, als sie damals das Staatsorakel von Nechung in Trance und seine Prophezeiungen filmten. „Es wird Furchtbares geschehen in England und Deutschland ...", raunte damals der Orakelpriester, direkt an Schäfer gewandt.

Und der erklärt 50 Jahre später dem Publikum mit großer Geste und Schauspielerattitüde: „Ich war ja völlig abgeschlossen von der Welt, viele Monate lang von der Tagespolitik Europas, Deutschlands, Englands, Amerikas, Japans, nichts, und deswegen war es für mich ja ein Schock …“ Er richtet sich auf, fasst sich an die Brust, „… ein tiefer, tiefer Schock, der sich nun leider bewahrheitete“.

Das ist natürlich Unsinn. Die Expedition hatte, wie schon mehrfach erwähnt, Postkontakt, Kurzwellenverbindungen, Karawanentransporte nach Indien, abgesehen von diversen Gesprächen mit Engländern, Tibetern oder Chinesen. Dass Ernst Schäfer ein einziges Mal in der Nachkriegszeit, in Schriften, Interviews oder irgendwo sonst sich mit seiner Vergangenheit in der SS, seiner Vertrauensstellung beim Kriegsverbrecher Heinrich Himmler oder seiner – und sei es unfreiwilligen – Unterstützung der Pseudowissenschaften des „Ahnenerbe“ offensiv auseinandergesetzt hätte, ist nicht bekannt. Ernst Schäfer stirbt am 21. Juli 1992. Es erschienen Nachrufe, in den USA, in Venezuela, in Sikkim (von Kaiser Bahadur Thapa) und in Deutschland. Im Journal der Deutschen Ornithologen-Gesellschaft wird Schäfer kritisch gewürdigt: „Ernst Schäfer war zweifellos ein bedeutender, aber wegen seiner engen Verflechtung mit den rassistischen Forschungsplänen der Nazis auch stark kritikwürdiger Tibetforscher.“ Im Zentralorgan der Waidmannszunft *Wild & Hund* ist von politischen Facetten in Schäfers Leben dagegen nichts zu lesen, dort heißt es dafür: „Ernst Schäfer, eine Jäger- und Forscherpersönlichkeit universalen Geistes mit disziplinübergreifendem Grundlagenwissen.“

Ein überfälliger Prozess

Bruno Beger war im Mai 1945 in Norditalien in amerikanische Kriegsgefangenschaft geraten. Über mehrere Lageraufenthalte, u. a. in Nürnberg-Langwasser und Dachau, gelangte er Ende 1946 nach Darmstadt und wurde dort nach einem Spruchkammerverfahren 1948 sofort in die Kategorie V als Entlasteter eingestuft. Anscheinend war den Ermittlern nicht bewusst – oder gar nicht erst bekannt –, dass es sich bei diesem Bruno Beger um jenen SS-Offizier handelte, von dessen Taten Wolfram Sievers in seinen Nürnberger Aussagen zu der Hirt'schen Skelettsammlung gesprochen hatte. Beger blieb unbehelligt. Zuerst konnte er nun – übrigens gemeinsam mit Clauss – in einem von Margarete Landé in Oberursel gegründeten Verlag für Schulbücher arbeiten. Ab 1949 wechselte Beger als kaufmännischer Vertreter in die Papierbranche. Er kümmerte sich um die Neuaufführung des Tibet-Expeditionsfilms in deutschen Kinos, bereiste zusammen mit Clauss 1954 Marokko und Algerien und 1958 Jordanien und Syrien als „anthropologische Expeditionen" und berichtete dann darüber bundesweit auf Vortragsreisen.

Bemerkenswert hinsichtlich ihrer geschichtlichen Blindheit sind Begers Versuche in den 50er-Jahren, das Sven-Hedin-Institut an der Universität München wiederzubeleben, da es ja formal nach wie vor existierte und nicht als NS-Organisation aufgelöst worden war. Im April 1952 und nochmals im Dezember schreibt Beger an den Staatssekretär a. D. Dr. Wende im Bonner Innenministerium und erläutert ihm, dass das Sven-Hedin-Institut als Reichsinstitut dem Berliner Kultusministerium unterstanden hätte und verwaltungstechnisch zur Münchner Uni gehöre. „Sinn und Zweck war die intensive Erforschung Innerasiens und zwar auf allen Forschungsgebieten ...", man „arbeitete mit Fachwissenschaftlern im In- und Ausland zusammen!". SS, „Ahnenerbe", Himmler? Nie gehört. Mit einer gewissen Dummdreistigkeit fährt Beger fort:

> „Die geschilderte Sachlage macht es dringend notwendig, daß der Staat helfend eingreift ... der Unterzeichnete gestattet sich deshalb, das ‚Reichsinstitut Sven Hedin für Innerasienforschung' als bundeseinheitliches Institut wieder zu erwecken. In ihm sollte die Bearbeitung der noch erhaltenen Sammlungen und wissenschaftlichen Unterlagen der Deutschen Tibetexpedition Schäfer wiederaufgenommen werden. Ein solches Institut fehlt heute in Deutschland."[115]

Beger will den Ministerialen zum persönlichen Gespräch treffen, ihm sozusagen als Werbemaßnahme den alten Expeditionsfilm zeigen und bietet sich schlussendlich an, „gerne Personalvorschläge" für das wiederzubelebende Institut zu machen. Mit diesem geballten Unsinn scheint Beger auch zuerst noch auf offene Ohren zu stoßen, im bayrischen Staatsministerium für Unterricht und Kultus meint man im März 1953 zu wissen: „Der Antragsteller Dr. Beger ist dem Ministerium als angesehener und seriöser Geograph und Ethnologe bekannt. Eine Wiedererrichtung des Instituts dürfte zu begrüßen sein." Doch solche Weißwaschungen waren trotz alter Nazi-Netzwerke nicht immer erfolgreich, der neue Dekan des Geographischen Instituts der Universität München, Herbert Louis, beendete letztlich noch im gleichen Jahr diese Posse:

> „Das damalige Reichsinstitut, das den Namen Sven Hedin für sich in Anspruch genommen hatte, wurde, wie allgemein bekannt, vor allem durch die SS und auch besonders von Himmler getragen. Es muß besonders bedauert werden, daß der Name Sven Hedin in diese Sache mit hineingezogen worden ist. Aus diesem Grund erscheint es mir untunlich, ein solches Institut mit dem Namen Sven Hedin wieder entstehen zu lassen. Abgesehen davon würden viele, die die früheren Zusammenhänge kennen, von einem Wiedererstehen der NS-Wissenschaft und auch von deren Vertretern sprechen."[116]

Die universitären Anbiederungsversuche Begers waren damit endgültig gescheitert.

Im März 1960 wurde Beger dann doch wegen Ermittlungen in Sachen der Skelettsammlung in Untersuchungshaft genommen und im August – unter Aufrechterhaltung des Haftbefehls – vorerst entlassen. Warum es dann rund zehn Jahre bis zur Eröffnung des Hauptverfahrens vor dem Schwurgericht des Landgerichts Frankfurt am Main am 28. Oktober 1970 dauerte, ist heute nicht mehr nachvollziehbar. In den folgenden 31 Verhandlungstagen wurden die Vorwürfe wegen Beihilfe zum Mord in 86 Fällen gegen Bruno Beger und Wolf-Dietrich Wolff (Sievers' Referent) untersucht. Dazu wurden 25 Zeugen gehört, u. a. Ernst Schäfer, Ludwig Clauss, Margarete Landé, Henry Henrypierre – der Zwangsarbeiter, der die Häftlingsnummern der Leichen notierte (vgl. Kapitel 7) – und Wilhelm Gabel.

Begers Verteidigungslinie bzw. die seiner Anwälte Steinacker und Eggert war simpel. Er, Beger, habe von den Tötungsabsichten von Hirt und Sievers lange nichts gewusst, für ihn und Fleischhacker sei es immer nur um anthropologische Messungen gegangen und einen Abgleich ihrer jeweiligen Methoden. In Auschwitz dachte er „nie daran, daß rings um mich Verbrechen geschehen". Der Anblick der „unterernährten Gestalten" war (ver)störend, „einfach gräßlich, Eindrücke, die ich mein ganzes Leben nicht vergessen kann". Aber auch in „Auschwitz selbst sei ihm über das Tötungsvorhaben nichts bekannt geworden". Er beteuerte, dass er über „das dortige Leben der Inhaftierten und die Lagerumstände erschüttert war". Gleichzeitig pries Beger vor Gericht seine Leistungen im Rahmen der Tibet-Expedition 1938/39. Da habe er „etwa 400 Leute vermessen, Nepalesen, Tibetaner, Sikkimesen ... die deutsche Bevölkerung war stolz auf unsere Erfolge". Ein möglicher Zusammenhang zwischen der rassistischen „Ahnenerbe"-Anthropologie in Tibet und den Selektionen in Auschwitz schien für Beger völlig abwegig zu sein.

Beger blieb dabei: Dass die von ihm selektierten 115 Häftlinge anschließend vergast werden sollten, wäre ihm erst mit dem Schreiben von Wolfram Sievers an Adolf Eichmann vom 21. Juni 1943 bekannt geworden, also *nach* seiner Auschwitz-Visite und *vor* seinem Arbeitseinsatz in Natzweiler. Danach sei er „zutiefst bestürzt gewesen, unwissend zum Handlanger in einer entsetzlichen Sache geworden zu sein". Dies alles hat Beger in dem Ermittlungsverfahren und bei Vernehmungen zu verschiedenen Zeitpunkten zwischen 1960 und 1970 und dann im Hauptverfahren zugegeben und ausgesagt.[117]

Bewusst gelogen hat der Anthropologe aber wiederholt in den Vernehmungen, als es um seinen Besuch in Natzweiler unmittelbar vor der Vergasung der Häftlinge im August 1943 ging. In den ersten Einlassungen bestritt er noch, überhaupt je mit Hirt wegen der Skelettsammlung zusammengetroffen zu sein, und natürlich wäre er auch nicht zur fraglichen Zeit in Natzweiler gewesen. Später wandelte er seine (immer noch falsche) Aussage dahingehend ab, dass er die Untersuchungen im Konzentrationslager gar nicht habe durchführen können, da die Häftlinge bereits ermordet gewesen seien, so sagte ihm Hirt.

Für das Gericht ging es im Endeffekt bei der Urteilsfindung um eine Abwägung von vielerlei Indizien. Dabei kam es letztlich zu dem Schluss, dass Beger nicht zweifelsfrei nachzuweisen sei, dass er vor oder auch während seines Auschwitz-Aufenthalts von dem Tötungsplan gewusst habe. Für das Gericht war aufgrund mehrerer Zeugenaussagen die Erschütterung Begers über seine Eindrücke in Auschwitz glaubhaft. Die Richter hielten es sogar für möglich, dass Sievers bzw. Hirt Beger aus Geheimhaltungsgründen nicht über den wahren Zweck der Selektionen informiert hätten, sondern in ihm nur den Spezialisten für anthropometrische Messungen à la Tibet sah. Danach wären nur Hirt, Sievers und Himmler in den Tötungsplan eingeweiht gewesen. Die waren alle mittlerweile verstorben und das Szenario nicht beweisbar. Die Urteilsbegründung erwähnt aber gleichfalls, dass viele der erwähnten Indizien auch zuungunsten Begers interpretiert werden könnten. Doch im Endeffekt reiche das nicht zu einer Verurteilung aus.

Anders wertete das Gericht Begers Arbeit an den Häftlingen in Natzweiler unmittelbar vor deren Vergasung im August, da er nun bereits von diesem Plan Kenntnis besaß. „So stark Dr. Beger auch von der ‚Skelettsammlung' abgestoßen gewesen sein mag, so war er doch bei seinem Streben, im ‚Ahnenerbe' nicht an die Seite gedrückt zu werden, nicht bereit, der Häftlinge von Natzweiler wegen persönliche Schwierigkeiten auf sich zu nehmen ... (so) daß er sich schließlich doch bereitgefunden hat, die für ihn in Natzweiler zugedachte Aufgabe zu erfüllen." Damit beseitigte Beger „das letzte Hindernis vor ihrer Vergasung".

Damit hatte sich Beger nach Ansicht des Gerichts der „Beihilfe zum gemeinschaftlich begangenen Mord in 86 Fällen" schuldig gemacht. Allerdings wurde er am 6. April 1971 nur zur gesetzlichen Mindeststrafe von drei Jahren Gefängnis verurteilt, auf die die Zeit der Untersuchungshaft angerechnet wurde. Außerdem durfte er für fünf Jahre keine öffentlichen Ämter bekleiden. Die Staatsanwaltschaft hatte acht Jahre gefordert, die Verteidigung Freispruch. Da ihm außerdem die Internierungszeit direkt nach dem Krieg auf die Strafe angerechnet wurde, erließ man ihm den Strafrest aufgrund guter Führung (20. Strafkammer des Landgerichts Frankfurt vom 11. Juli 1977). Strafmildernd wertete das Gericht: „... die völlige Veränderung der gesellschaftlichen Lebensbedingungen und der Wandel der Anschauungen haben ihn anders werden und die Beziehung zu seinem damaligen Verhalten fast verlieren lassen."

Das Verfahren gegen Wolf-Dietrich Wolff wurde wegen „distanzierter Tatbeteiligung" eingestellt, mögliche Verurteilungsgründe waren verjährt. Der in einem abgetrennten Verfahren ebenfalls 1970 angeklagte Anthropologe Fleischhacker, Begers Kollege in Auschwitz, wurde freigesprochen, eine Mitwisserschaft sei ihm nicht nachzuweisen. Fleischhacker war mittlerweile an der Frankfurter Universität als Professor für Anthropologie tätig, sein Freispruch wurde von Protesten an der Uni begleitet, Studenten boykottierten nach dem Prozess seine Vorlesungen. 1977 wurde er emeritiert.

Für Beger war jede Aussicht auf eine wissenschaftliche Tätigkeit oder Laufbahn mit dem Urteil endgültig verwirkt. Beruflich blieb er deshalb weiterhin in der Papierbranche tätig und in der Region Frankfurt wohnen. Doch das Thema „Tibet" sollte ihn noch weiter beschäftigen, wenn auch aus einem anderem Grund. Mit den beiden Österreichern Harrer und Aufschnaiter hatte Beger nach deren Flucht aus Tibet Kontakt aufgenommen. Und er hielt auch Verbindung zu drei Brüdern der einflussreichen Phala-Familie, die Beger nach der Heilung ihrer Mutter in Lhasa besonders dankbar gewesen waren. Zwei von ihnen lebten später im Schweizer Exil. Und in Hessen lernte Beger den Geschäftsmann Friedhelm Brückner kennen, einen langjährigen Unterstützer der Exil-Tibeter und unermüdlicher Organisator von Besuchen des Dalai Lama in Deutschland.

So kam es 1983, 1984 und 1985 zu drei Begegnungen Begers mit dem 14. Dalai Lama anlässlich von dessen Aufenthalten in Hessen. Nachdem er sich beim ersten Treffen als Mitglied der Schäfer-Expedition vorstellte, die Lhasa 1939 besucht hatte, entstand nach Begers Worten eine „herzliche Atmosphäre". Bereits beim zweiten Besuch des Dalai Lama 1984 in Brückners Privathaus waren auch die anderen Expeditionskollegen eingeladen, doch nur Karl Wienert erschien. Bei dieser Gelegenheit wie auch beim letzten Zusammentreffen im Sheraton-Hotel am Frankfurter Flughafen im Juli 1985 musste Beger dem interessierten Auditorium immer wieder Fragen zu ihrem Tibet-Besuch fast 50 Jahre zuvor beantworten.

Aber es gab noch ein weiteres Treffen, über das Beger selbst nichts berichtet. Im September 1994 trafen im Londoner Grosvenor House Hotel u. a. Heinrich Harrer und Bruno Beger mit dem Dalai Lama zusammen, der ebenfalls geladene Hugh Richardson hatte es vorgezogen, nicht zu erscheinen.

Das sporadische Interesse des Dalai Lama an Beger in den 80er-Jahren dürfte vor allem einem ganz profanen Grund geschuldet sein, denn Beger war jemand (dazu noch einer der wenigen Ausländer), der Tibet vor der chinesischen Okkupation gesehen hatte und von dem der Dalai Lama einiges über das Leben und die Menschen in Tibet und Lhasa erfahren konnte, aus einer Zeit, als er selbst noch ein kleiner Junge war, der im Kloster Kumbum erzogen wurde.

Bemerkenswerter ist eigentlich das, was Beger selbst über diese Begegnungen und die Person des Dalai Lama schreibt. Er spricht von einer „bedeutenden Persönlichkeit, voll Geist und tiefem Wissen und dabei voller Humor ... seine Heiligkeit hat uns viel zu sagen und regt uns zum Nachdenken an. Jede Begegnung mit ihm ist deshalb bewegend und eindrucksvoll."[118] Das sind Beschreibungen des Dalai Lama, die man schon oft gehört oder gelesen hat, aber niedergeschrieben von einem „unverbesserlichen Rechtsradikalen"?

Wie hatte das Gericht 1971 über Beger geschrieben: „... der Wandel der Anschauungen haben ihn anders werden lassen." War hier ein ehemaliger SS-Offizier und ausgewiesener Rassist zum Philanthropen mutiert, der die buddhistischen Grundsätze von Achtsamkeit, Toleranz und Mitgefühl mit allen lebendigen Wesen verinnerlicht hatte? Es fällt zumindest schwer, das zu glauben.

Bruno Beger wurde sehr alt, 98 Jahre, und noch als Greis lebte er selbstständig in einem ansprechenden Appartementhochhaus in Königstein im Taunus. Ich traf ihn dort einmal zu einem Gespräch, da war er knapp 90 und Witwer, jedoch noch geistig wach und rege. Seine Erinnerung an eine weit zurückliegende Epoche war gegenwärtig zwischen Tibetica, alten Schwarz-Weiß-Fotos aus Sikkim und Lhasa und Kopf-Moulagen auf Regalbrettern. Nein, verstecken will Bruno Beger nichts, er hat ja auch nichts zu bereuen. Kein Mitleid und keine Verantwortung. Ein reines Gewissen.

Trotzig stellt er immer wieder fest, er habe ja „nur" Wissenschaft betrieben, eben „Wissenschaft auf dem Stand ihrer Zeit". Aber das

Anthropologie in Deutschland zwischen 1933 und 1945 eben keine Wissenschaft war, dass dieses Fach durch und durch sich den politischen Zwängen des Rassewahns untergeordnet hatte, dass diese ideologisierte NS-„Wissenschaft" reale Opfer forderte, sich damit schuldig machte und alle ethischen Prämissen ad absurdum führte, das alles kommt ihm nicht in den Sinn.

Vielleicht überlässt man das abschließende Wort zu Bruno Beger der kanadischen Autorin Heather Pringle, die 2002 wohl die letzte Journalistin war, die mit ihm ein Interview führte. Und das sie, wie sie bekannte, sehr verstörte. Nach einem dreistündigen Gespräch, schon im Begriff zu gehen, kam Beger noch auf das Ende seines Prozesses zu sprechen – den er sowieso als Fehlurteil ansah. Er beklagte sich selbstmitleidig darüber, dass das Gericht ihn auch noch die Kosten des Verfahrens zahlen lassen wollte, doch er bekam nie eine Rechnung. Als er nachforschte warum, erfuhr Beger, dass sich darum ein Richter gekümmert habe, ein stiller Sympathisant. Und mit einem Lächeln fügte er hinzu, der Richter wäre der Sohn eines Deutschen gewesen, der an der Wannsee-Konferenz beteiligt war, auf der bekanntlich im Januar 1942 der Holocaust an den Juden geplant wurde. Am 12. Oktober 2009 stirbt Bruno Beger.

Der Fotograf und Kameramann der Tibet-Expedition, Ernst Krause, starb bereits 1987 mit 88 Jahren, der Geophysiker Karl Wienert 1992 mit 79 Jahren und der Techniker und Logistiker Ernst Geer 1996 im Alter von 83 Jahren.

Der sogenannte „Obergruppenführersaal“ im Nordturm der Wewelsburg samt der zentralen Intarsienarbeit, die in jüngerer Vergangenheit unter dem Begriff der „Schwarzen Sonne“ ein Erkennungssymbol der rechtsradikalen Szene geworden ist.

9

Spurensuche

Die „Schwarze Sonne“ taucht auf

Sucht man heute hierzulande nach Spuren der Schäfer-Expedition und ihrer Nachwehen, stellt man schnell fest, es gibt sie, allerdings fragmentarisch, verstreut und manchmal leicht übersehbar. Doch es lohnt sich, ihnen nachzugehen, denn diese heute anscheinend so zusammenhanglos erscheinenden Relikte bilden ein historisches Netz und hängen alle miteinander zusammen.

Mittersill – Keine sichtbaren Spuren mehr

Das gesamte Material aus Schloss Mittersill, von Gabel und Rickmers in über 100 Kisten 1945 in den Münchner Collecting Point gebracht, blieb nicht zusammen. Vor allem Akten und Bücher wurden 1949 in die USA in das Federal Records Center nach Alexandria/Virginia überführt und gelangten erst 1958 zurück nach Deutschland, manches Stück aus der ethnographischen Sammlung soll auch in private Hände gekommen sein. Kurzum, längst nicht für alle Stücke und Überbleibsel aus dem Mittersill-Bestand ist die Existenz bzw. der endgültige Verbleib gesichert.

Das Schloss selbst thront wie eh und je am Südhang oberhalb des Ortes. Seit 2011, nach einer umfassenden Renovierung, beherbergt es ein luxuriöses Hotel. Davor diente es 40 Jahre einer amerikanischen evangelikalen Organisation als Konferenz- und Tagungszentrum und befindet sich nun wieder in einheimischem Besitz. An die

Zeit, als in dem Gemäuer das Sven-Hedin-Institut untergebracht war, erinnert heute auf den ersten Blick nichts mehr. Dort, wo über der Toreinfahrt einst ein Yakschädel als tibetisches Zitat prangte, hängt heute wieder ein einheimisches Prachtgeweih. Und die möglichen Spuren anderer Schädel sind ja vor langer Zeit verwischt und zerstört worden.

Das Innere der Gebäude ist komplett neu gestaltet, rustikal-luxuriöses Ambiente strahlt das Haus aus, hier und da erinnern Schwarz-Weiß-Fotografien an den Wänden an die Zeit des glamourösen Treffpunkts für den Jetset im „Sport & Shooting Club". Doch man verschweigt die wechselvolle Geschichte des Hauses keinesfalls. In der „Kurzen Geschichte von Schloss Mittersill" auf der eigenen Homepage widmet man sich ausführlich der Zeit der NS-Ära und des Sven-Hedin-Instituts. Auch über die Abstellung der weiblichen KZ-Häftlinge aus Ravensbrück bzw. Mauthausen für Hilfsarbeiten auf dem Schloss wird dort berichtet.

Salzburg – Alte Bekannte im Diorama und später Gesinnungswandel

1959 musste das *Haus der Natur* an seinem alten Standort dem Neubau des Großen Festspielhauses weichen und siedelte in das frühere Ursulinenkloster in Salzburg um. Im Erdgeschoss des Museums, hinter den Dinosauriern, öffnet sich ein dunkler Gang zu zwei prächtigen Dioramen: Die Tibet-Schau mit Exponaten der Schäfer-Expedition wurde am neuen Standort originalgetreu wie zur Eröffnung 1943 wiederhergestellt. Man blickt auf eine weite tibetische Flussebene, flankiert von Bergkämmen, Wattebauschwolken sind an den Himmel getupft. In der Ferne ragt die Feste Yumbhu Lhakhar empor, das älteste erhaltene Gebäude Tibets, das die Schäfer-Expedition als erste Europäer besuchen durfte. Im Vordergrund stehen zwei Zelte nebeneinander, links hockt eine Nomadenfamilie vor einem schwarzen Yakhaarzelt, es wird Tee gekocht, gebuttert, ein Baby gestillt. Rechts dagegen sitzen zwei vornehm in Brokatgewänder gekleidete Männer im Eingang eines Adelszeltes, die Reisenden essen und unterhalten sich, ein Bittsteller verneigt sich vor ihnen und fragt vielleicht nach etwas Tsamba. Man schaue auf die Gesichtszüge einiger Figuren der Szenerie. Sie sind persönlich, naturalistisch und individuell.

Im Zelt sitzen Tsarong und Möndro, der „ungekrönte König von Tibet“ und der epikuräische treue Begleiter der Schäfer-Expedition. Beger dufte 1939 ihre Köpfe abformen und seit 1943 bieten ihre künstlichen Doppelgänger Tausenden Museumsbesuchern eine kurze Impression des Lebens im Schneeland. Ein Publikumsmagnet war diese Schau über Jahrzehnte, hier erfreute sich zur Eröffnung Sven Hedin an der gelungenen Darstellung *seines* Tibets, und auch der Dalai Lama betrachtete bewegt dieses Diorama, als er 1992 Salzburg für ein paar Tage besuchte und die Ausstellung „Tibet und die Götter des Himalaya“ eröffnete.

Über die historischen Hintergründe des Dioramas, der Kopfabformungen und der Verbindungen des *Hauses der Natur* mit dem SS-„Ahnenerbe“ hätten der Dalai Lama und die Besucher zu der Zeit nichts erfahren können. Noch bis Ende der 90er-Jahre erschien der Museumsleitung eine Aufklärung über die Genese dieser Schau als unangemessen.

Wie rechtfertigte das der Direktor des Hauses noch 1998: „Würden wir bei der Tibetschau nun dazuschreiben ‚Ahnenerbe-SS-Expedition‘, dann müssten wir sicher längere Erklärungen machen, damit die Leute das verstehen, die ja keine Ahnung haben von dieser Zeit. Wir würden bei den einen Aggressionen erzeugen und für die anderen wäre die Tibetschau wahrscheinlich eine Wallfahrtsstätte. Das möchte ich nicht haben.“ Es war also schlicht bequemer, die Besucher im Unklaren zu lassen. Ein Sinneswandel setzte endgültig erst ein paar Jahre später ein, und heute informiert eine Leuchtschrift unter den Dioramen über den historischen Kontext:

> „Die hier ausgestellten Gegenstände sowie die nach dem Leben gefertigten Gesichtsabformungen stammen von einer unter der Schirmherrschaft Heinrich Himmlers und der SS stehenden Tibetexpedition, welche 1938/39 das damals hermetisch von der Außenwelt abgesperrte Land besuchte. Die Expedition stand unter der Leitung von Dr. Ernst Schäfer. Mit dabei war auch der Rassenanthropologe Bruno Beger, der

> Schädelmessungen an zahlreichen Tibetern vornahm. Beger setzte seine rassenkundlichen Untersuchungen während des Krieges an jüdischen KZ-Häftlingen fort und wurde 1970 wegen Beteiligung an vielfachem Mord rechtskräftig verurteilt ... Das Haus der Natur distanziert sich ausdrücklich von den NS-Verbrechen ehemals beteiligter Personen."

Das war anscheinend erst über 50 Jahre nach dem Ende der NS-Ära so möglich.

Natzweiler – Neuer Gedenkstein für die Opfer des „Ahnenerbe"

Manche Erinnerungsarbeit benötigt anscheinend mehr Zeit. Das sieht man auch rund 500 Kilometer westlich von Salzburg auf den Höhen der Nordvogesen. Vor dem früheren KZ Natzweiler befinden sich schon seit Längerem ein Museum und eine Gedenkstätte samt Friedhof. In einer Holzbaracke wird die Geschichte des Lagers erzählt, und in einer Glasvitrine liegt der originale Brief, in dem „Ahnenerbe"-Geschäftsführer Wolfram Sievers ankündigt, dass „... 150 Skelette von Häftlingen bzw. Juden notwendig sind, die vom KL Auschwitz zur Verfügung gestellt werden sollen". Die Ankündigung der Morde in Hirts Auftrag und mit Begers Beihilfe in Auschwitz. Rund 170 000 Menschen besuchen jährlich das ehemalige Lagerareal Natzweiler und sein Museum. Weit weniger Besucher finden den Weg zum einige Hundert Meter entfernten Hotel/Restaurant *Le Struthof* und seinem unscheinbaren, grauen Nebengebäude, etwas abseits der Hauptstraße. „Gaskammer" sagt der Wegweiser nüchtern.

Dort ist der Raum, in dem Lagerkommandant Josef Kramer und seine SS-Schergen die 86 aus Auschwitz überstellten Häftlinge im August 1943 mit Giftgas in mehreren Durchgängen umbrachten. Man kann in die engen, gekachelten Räume hineingehen. Direkt vor dem schmalen Haus stehen zwei wuchtige Granitblöcke mit angeschraubter Gedenktafel. Am 26. April 2015 kam Frankreichs Präsident François Hollande nach Natzweiler, um sie einzuweihen. Eine Tafel listet die 86 Namen der Opfer auf, von Bella Alaluf bis

Walter Wollinski – ein Verdienst des Autors Hans-Joachim Lang und seinen peniblen Recherchen für das Buch „Die Namen der Nummern“. Eine späte, aber notwendige Erinnerung.

München – Tibetica im Magazinschrank

Die Masse der ethnologischen Sammlungsstücke von 1938/39 wird heute im Münchner *Museum Fünf Kontinente* verwahrt – das ist das ehemalige Museum für Völkerkunde. Nach dem Krieg und der Überführung aus Mittersill lagen die ethnologischen Stücke lange Zeit im Central Collecting Point in der Münchner Arcisstraße, bis sie über Zwischenstationen 1974 schließlich in den Besitz des Museums übergingen.

Der Kurator für Ost- und Zentralasien, Bruno Richtsfeld, schließt im weitläufigen Magazin Schublade um Schublade auf und zeigt auf die Objekte. Alles von der Schäfer-Expedition, erklärt er. Auf kleinen Etiketten mit dem Aufdruck „Deutsche Tibetexpedition Ernst Schäfer“ sind fein säuberlich Datum und Ort des Erwerbs vermerkt, fast 2000 Objekte sind in einer Inventarliste erfasst. Meist kümmerte sich ja Bruno Beger um den Erwerb der Stücke, sei es, dass er sie kaufte oder als Gegengabe für medizinische Behandlung geschenkt bekam. Religiöse Stücke haben sie fast keine mitgebracht, sagt Bruno Richtsfeld, einerseits verkauften Tibeter damals nicht einfach leichtfertig sakrale Gegenstände, und andererseits war der Etat Begers zum Ankauf für Ethnographica begrenzt (s. Vorwort).

Haushaltswaren, Schmuck, Waffen, Musikinstrumente, Möbel, Kleidung und Teppiche, das bildet das Spektrum der Beger'schen Sammlung. Wobei auch seltene Stücke darunter sind, so etwa ein schellenbesetzter Postläuferstab oder auch sikkimesische Holzmasken für religiöse Tänze. Das wertvollste Präsent ist sicher der 108-bändige Kanon des tibetischen Buddhismus, der *Kanjur*. Das von 300 Jahre alten Holzdruckstöcken gefertigte Kompendium liegt heute in der Bayerischen Staatsbibliothek in München, handgedruckt auf Büttenpapier, eingefasst in gekehlte Holzdeckel, eingeschlagen in Seidenstoff.

Berlin I – Arisierte Villen für das „Ahnenerbe“

Die ruhige Seitenstraße mit Baumbestand und kleinem Kopfsteinpflaster gehört auch im Villenquartier von Berlin-Dahlem zu den nobleren Adressen. Dort, in der Pücklerstraße in Sichtweite des Grunewalds, residierte die Zentrale des „Ahnenerbe“ bis zum kriegsbedingten Umzug nach Waischenfeld. Seit Februar 1939 hatten Reichsgeschäftsführer Wolfram Sievers und seine Mitarbeiter dort eine äußerst großzügige Villa auf einem knapp ein Hektar großen Grundstück bezogen – eine 1938 arisierte Immobilie. Nach der Enteignung konnte die „Ahnenerbe“-Stiftung die Liegenschaft für einen Bruchteil des eigentlichen Wertes erwerben, finanziert durch Himmlers Hausbank, die Dresdner Bank. Historisch bemerkenswert ist, dass im damaligen Schriftverkehr davon die Rede ist, dass „der Führer vor kurzer Zeit die Pläne zur Errichtung eines neuen großen Gebäudes für das ‚Ahnenerbe e.V.‘ in Detmold-Lippe genehmigt hat“, also in der Nachbarschaft von Himmlers SS-Ordenszentrum Wewelsburg. Das „Ahnenerbe“ kaufte in der Folge noch weitere Nachbargrundstücke im gleichen Straßenkarree, darunter auch Sievers Privathaus. Dieses gesamte „Ahnenerbe“-Areal umschloss eine ebenfalls an der Pücklerstraße gelegene, bereits 1933 arisierte Villa, in der dann ein linientreuer Zeitungsverleger einzog und die heute als Wohnsitz des Bundespräsidenten dient.

Im Februar 1944 – das „Ahnenerbe“ war bereits nach Franken umgezogen – zerstörten Fliegerbomben die Villa fast vollständig. Nach dem Krieg betrieb der frühere Eigentümer eine Restitution und einigte sich Mitte der 50er-Jahre mit der Stadt Berlin auf eine finanzielle Entschädigung. Die Grundstücke des früheren „Ahnenerbe“-Geländes wurden dann von der Stadt verkauft und neu mit Privathäusern bebaut. Kein Hinweis deutet dort heute mehr auf die historisch bedeutsame Vergangenheit dieser Liegenschaften in Berlin-Dahlem hin.

Berlin II – Hunderte Vogelbälger in Schubladen

Das Berliner Naturkundemuseum ist ein weitläufiger, geschichtsträchtiger Bau. An manchen Partien der Außenfassade erkennt man noch die Schuss-Narben des Krieges. Der Komplex aus dem 19. Jahrhundert beherbergt in seinen Magazinen die umfangreichsten naturkundlichen Sammlungen Deutschlands. Hier arbeitete seit 1921 auch Schäfers Doktorvater Erwin Stresemann (damals noch im „Zoologischen Museum Berlin"). Schäfers zoologische Sammlung seiner dritten Tibet-Expedition – Felle, Skelette, Vogelbälger, Insekten – gelangte vollständig in den Besitz des Berliner Museums. Zwei Säugetierpräparate – die Kiangs und das Blauschaf – wurden für die Dauerausstellung hergerichtet und seit 1940 dem Publikum gezeigt. Doch das meiste verschwand während des Weltkrieges und der DDR-Ära in Schubladen und Schränken.

Zwar ist ein Manuskript von Erwin Stresemann bekannt, in dem er die Schäfer'sche Vogelsammlung bearbeiten wollte, doch es blieb unvollendet. Anscheinend, weil Schäfer dafür nötige Daten nie nachlieferte. „Der war vor allem Jäger und vielleicht auch Ökologe, aber sicher kein Taxonom", meint die Ornithologin Sylke Frahnert, die nun, 70 Jahre nach der Schäfer-Expedition, erstmals die Vogelbestände der Schäfer-Sammlung wissenschaftlich aufgearbeitet hat. Hinter meterlangen Schrankwänden und endlosen Reihen von Schubladen verbergen sich die Sammlungsschätze des Museums. Es riecht nach Chemikalien, Sylke Frahnert zieht sich Plastikhandschuhe an. Kleinere Tiere wie Vögel wurden damals meist vor Ort präpariert, hochgiftiges Arsenik war dabei das Mittel der Wahl. Das haftet den Bälgern nach wie vor an.

Sie öffnet eine x-beliebige Schublade. Dutzende bunt gefiederte Vogelkörper liegen dicht gedrängt in Reihe, für den Laien sehen sie alle gleich aus. Das sind alles Feldsperlinge, erklärt die Ornithologin. An den kleinen Krallenfüßen hängen die gleichen Etiketten wie auch an den ethnologischen Objekten in München: „Deutsche Tibetexpedition Ernst Schäfer". Neben Ort und Datum sind bei den Tieren noch der Gattungsname und das Geschlecht vermerkt. Das ist nur ein kleiner Ausschnitt der Sammlung, rund 3500 Vogelbälger brachte Schäfer mit heim, die meisten Exemplare erlegte er in Tibet mit seinem Katapult, einige Hundert stammen aus Sikkim.

Die Sammlung hatte in der Fachwissenschaft immer einen etwas geheimnisumwitterten Ruf, sagt Sylke Frahnert, das lag aber vor allem daran, dass niemand so genau wusste, was überhaupt alles vorhanden war. Zu DDR-Zeiten hatten Wissenschaftler aus dem Westen quasi keinen Zugang zum Museum. Wissenschaftlich besitzt die Schäfer-Sammlung schon einen eigenen Wert, ergänzt sie, denn diese Gebiete Tibet und Sikkim wurden nie ausgiebig besammelt. Ging es Schäfer damals vor allem darum, als Erster eine bestimmte Tierart zu sichten, zu erlegen, zu sammeln, so sind heutige Zoologen vor allem an Biodiversität und der Veränderung von Verbreitungsgebieten bestimmter Arten interessiert. Und da spielen die Südhänge des Himalaya nach wie vor eine große Rolle, stoßen hier doch die biogeographischen Regionen der Paläarktis und der Orientalis auf kürzester Distanz aufeinander.

Und das gilt ebenso für die 365 Objekte der Säugetiersammlung, die die Museumsdatenbank der Schäfer-Expedition zuordnet. „Wir sammeln nach Arten und Gattungen, nicht nach den Anlässen“, erklärt Christiane Funk, zuständig für die Säugetiersammlung, „also sozusagen in diesem Falle völlig ‚wertfrei‘“. Aber die Beschreibungen geben Ort, Zeit und weitere Umstände des Fundes an. Ob es sich um Felle, Hörner oder Schädelstücke handelt, ob um Fuchs, Pfeifhasen oder Tibetgazellen, für den Populationsgenetiker, der über Verbreitung bzw. die Veränderung bestimmter Arten und ihres Genpools forscht, sind diese Exponate nach wie vor interessant.

Gatersleben – Tiefgekühlte Tibet-Gerste

Einer der „Persilschein“-Lieferanten für Ernst Schäfer war 1947 der Agrarwissenschaftler Hans Stubbe, Gründer des Kaiser-Wilhelm-Instituts für Kulturpflanzenforschung, ursprünglich bei Wien ansässig und dann ab 1945 in Gatersleben in Sachsen-Anhalt. Heute firmiert die Forschungseinrichtung an gleicher Stelle als „Leipniz-

Institut für Pflanzengenetik und Kulturpflanzenforschung“. Dort lagern bei minus 18 Grad gut gekühlt von Schäfer in Tibet gesammelte Samen bzw. Saatgut. Noch 320 Varietäten von Weizen und 220 Gersten-Sorten werden in Gartersleben aufbewahrt, zusätzlich ein paar Kohl- und Bohnen-Sorten. Alle paar Jahre werden zu Testzwecken einige Pflanzen aus diesen alten Samen gezogen. Dann gedeiht tibetische 60-Tage-Gerste, einst von den SS-Strategen als winterharter Lebensmittelvorrat für „kriegswichtig“ deklariert und heiß begehrt. Heute ist das Ziel solcher Genbanken, die genetische Vielfalt von Kulturpflanzen zu erhalten.

Fernes Echo oder „Nazi-Tibet-Connection“ reloaded

Aber es gibt nicht nur die verstreuten Relikte, sondern auch so etwas wie ein fernes Echo der Schäfer-Expedition, dies meist gespeist aus dem Nimbus des Mysteriösen, der dieser eigentlich doch sehr diesseitigen Unternehmung unlösbar anzuhaften scheint. Das gilt für die recht harmlosen Gerüchte über die geheimnisvolle Schäfer-Sammlung an Vogel-Bälgern, wie es die Ornithologin Frahnert beschrieben hat, genauso wie für die auch eher unterhaltsame eingangs berichtete Wissenschaftsposse über den bärtigen Buddha aus Meteoritgestein, der angeblich aus Beständen der Schäfer-Expedition stammen sollte, und reicht auch hinein in die ideologisch unappetitlich bis abstruse Szene der Nazi-Okkultisten, in der nach wie vor diverse Versatzstücke – real oder erfunden – der „Ahnenerbe“-SS-Expedition nach Tibet herumirrlichtern und immer wieder in wechselnder Form und Verkleidung zu neuen Mythologien verarbeitet werden. Die Geschichte dieser Expedition bliebe unvollständig, ohne einen Blick in die Phantasie-Welten dieser bizarren Subkultur zu werfen.

Ernst Schäfer und auch Bruno Beger besaßen trotz aller Verbundenheit mit der SS-Ideologie und Heinrich Himmler ein Selbstverständnis als Naturwissenschaftler. Schäfer insbesondere versuchte alle esoterischen Zielvorgaben für seine Tibetexpedition zu verhindern. Himmler wie auch Weisthor/Wiligut hatten zwar den jungen SSlern aufgetragen, im Glauben an die Welteislehre nach Spuren einer arischen Hochkultur auf dem Dach der Welt zu forschen, seien es prähistorische Artefakte aus dem vorbuddhistischen Tibet oder rassische Spuren der Arier in den Reihen des tibetischen Adels. Doch trotz aller anthropometrischen Messungen Begers an asiatischen Schädeln und trotz allen Raunens über vergangene kriegerisch-männliche Königreiche auf tibetischem Boden, die Resultate der arisch-indogermanischen Vorzeit waren ernüchternd dünn bzw. nicht vorhanden. Das Thema wurde dann in den Veröffentlichungen ab 1939 und im Expeditionsfilm auch nicht weiter strapaziert. Außerdem verlangte der beginnende Eroberungs- und Vernichtungskrieg bekanntlich neue Aufgaben und Lösungen, als indogermanische Spuren in zentralasiatischen Hochebenen und Wüsten zu suchen.

Aber die Verknüpfung der Schäfer-Expedition mit okkulten Weltbildern haftet der ganzen Unternehmung seither wie ein klebriger Kaugummi an. Und sie wurde nach 1945 mehrmals wiederbelebt, von Nazi-Okkultisten, Phantastik-Literaten mit Lust am Geraune, aber auch von der profanen Popkultur in Comics und Filmen. Nazis und okkulte Geheimnisse, Nazis und Tibet, das ging irgendwie immer, war spooky, bizarr oder skurril, eigentlich weit jenseits jeder historischen Wahrheit, aber wusste man es wirklich so genau?

Aus diesem leichten Schaudern des „es könnte ja auch ganz anders gewesen sein" speist sich ein ganzes Mystery-Genre. Das komplette Okkult-Inventar wurde in dieser neuen Nazi-Tibet-Connection verarbeitet und phantasievoll regelmäßig erweitert und rekombiniert, von Atlantis bis Agarthi, von der Welteislehre bis zur Wewelsburg. Natürlich besaß die NS- oder SS-Ideologie eine okkulte, magische oder mystische Dimension. Am deutlichsten wird diese sicherlich in den Himmler'schen Konzeptionen seines Schwarzen Ordens. Dieses Weltbild war antisemitisch, antidemokratisch, antirationalistisch und antichristlich. Oder positiv formuliert: patriarchal, elitär, autoritär, magisch. Eine antirationalistische magische Weltsicht war konstitutiv für das Weltbild des SS-Ordens, quasi der Gegenentwurf für das jüdisch-materialistische Weltbild. Auch wenn die seriöse Schulwissenschaft vor dieser Dimension der NS-Diktatur oft zurückgeschreckt ist, hat es keinen Sinn, so zu tun, als ob es sie nicht gäbe. Denn so wird nur das Feld bereitet für den unendlichen Strom neuer Mystifizierungen und damit auch neuer Attraktionen. Die okkulte Seite der SS den Pseudowissenschaften oder gar der Trivialliteratur zu überlassen, wäre fatal. Das Geheimnisvolle erzeugt erst neue Anziehung. Wenn sich Indiana Jones mit finsteren Nazis bei der Jagd auf magische Gegenstände wie der Bundeslade oder dem Heiligen Gral herumschlägt, mag das nett zu erzählen sein, aber leider glauben in der Tat weltweit Menschen daran, das überlebende SS-Kader in unterirdischen Festungen in der Antarktis (oder Tibet) mit ihren Wunderwaffen nur auf den richtigen Tag zum Rückschlag für das 4. Reich warten. Da verschwimmen Fantasy und Krypto-Historie zusehends. Ein erschöpfender Rundgang durch diesen Irrgarten ist oft eine intellektuelle Zumutung, trotzdem seien hier nun einige „Highlights“ dieser Nachkriegsgeschichte kurz skizziert. Etwas Aufklärung tut not.

1961 veröffentlichten die Autoren Louis Pauwels und Jacques Bergier in Frankreich ein Buch, das schnell zum Bestseller avancierte: „Le Matin des Magiciens“. Ein Jahr später erschien es unter dem Titel „Aufbruch ins Dritte Jahrtausend“ auch auf Deutsch. Pauwels (1920–1997) war ein konservativer Journalist, zeitweise Schüler des Esoterikers Gurdjieff und arbeitete später als Redakteur beim *Figaro*. Bergier (1912–1978) stammte aus Odessa, war Jude, kämpfte im Zweiten Weltkrieg in der Resistance und war zeitweise auch in KZs inhaftiert. Der Naturwissenschaftler arbeitete später für alliierte Geheimdienste. Auch wenn es nur einen Teil ihres Bestsellers ausmacht, sind Pauwels/Bergier vor allem für das Kapitel bekannt geworden, das sich unter der Überschrift „Einige Jahre im absoluten Anderswo“ mit der Zeit des Nationalsozialismus beschäftigt. Kurz gefasste Kernthese: Hinter der exoterischen, sichtbaren Geschichte des deutschen Faschismus gibt es eine verborgene, esoterische Ebene, die sogar die eigentlich steuernde, bestimmende gewesen ist, und deren Realität bis dato nicht erkannt wurde. Danach waren alle führenden Exponenten des „Dritten Reichs“ Anhänger eines magischen Weltbildes und ausführende Agenten eines quasi großen (Heils-)Plans, dessen wahre Ziele nur den Eingeweihten ersichtlich seien. Die Mischung aus Halbwahrheiten, Vermutungen und schlichten Behauptungen trug vor allem dazu bei, dass das Werk förmlich als Nährboden für viele weitere Elaborate nun aber aus der Ecke des Nazi-Okkultismus diente. Von Pauwels/Bergier erstmals formulierte (Nazi-)Mythen wurden in den folgenden Jahrzehnten fröhlich und ohne jegliche Prüfung weiterkolportiert. Zwar bezeichneten die beiden selbst ihre Methode als „phantastischen Realismus", doch leider blieb der gut gemeinte, aufklärerische Impetus so größtenteils auf der Strecke.

Und dazu gehört auch das Thema Tibet: Karl Haushofer soll immer wieder an die Bedeutung der Eroberung Zentralasiens und Tibets erinnert haben, da ja dort die letzten Vertreter der hohen Arier-Kultur nach den prähistorischen Katastrophen (Welteislehre!) überlebt und sich in große unterirdische Höhlensysteme unter dem Himalaya zurückgezogen hätten. In Berlin hätte es Kolonien von Hindus und „Tibetanern" gegeben, die einmarschierenden Russen hätten 1945 „unter den Leichen etwa tausend Todesfreiwillige in deutscher Uniform ohne Ausweise und Abzeichen, die sichtlich der Himalaya-Rasse angehörten", gefunden.

Einer der ersten deutschen Epigonen von Pauwels/Bergier war 1964 der Historiker Dietrich Bronder mit seinem Buch „Bevor Hitler kam". Da kombiniert er bereits bekannte Versatzstücke der Nazi-Tibet-Connection zu einem geheimnisvollen Konstrukt, mit dem Ergebnis, dass dies seitdem immer wieder kolportiert wird. Kurze Kostprobe:

> „Durch Gurdjew wurde Haushofer mit den okkultistischen Geheimlehren Tibets befreundet und zu ihrem eingeweihten Mysten. Durch ihn unmittelbar angeregt, lernte er das Hakenkreuz in seiner rückläufigen und also dämonischen Fassung kennen und empfahl es Hitler als Parteisymbol ... 1928 soll die Thule-Gesellschaft über die starke tibetanische Kolonie in Berlin, zu der Haushofer laufend Kontakt hielt, die Verbindung zu den mönchischen Geheimgesellschaften Tibets aufgenommen haben, die selbst während des Zweiten Weltkrieges nie abgerissen sind. Als Schlüssel für die in dieser Zeit zwischen Berlin und Lhasa gewechselten Funksprüche diente das Buch „Dzyan", ein geheimes Zauberbuch tibetanischer Weiser."

Alles hübsch für einen Mystery-Film-Plot, aber – wie wir bereits ausführlich gesehen haben – ohne jeden Realitätsgehalt. Das besonders Perfide an solchen Fiktionen und Projektionen: So werden die Tibeter zu ideologischen Gehilfen und Stichwortgebern der Nazis instrumentalisiert, einer Verbindung, an der auch noch andere, neonazistische Autoren strickten.

Die Schwarze Sonne

Wir sind – mal wieder – in Wien, dem Wien der 50er-Jahre, der Stadt, die nicht nur dem jungen Adolf Hitler prägende Erfahrungen bescherte, sondern immer wieder einen sehr fruchtbaren Nährboden für antisemitische, rassistische und ariosophische Sektierer bot. So auch jetzt, trotz des gerade erst in Trümmern untergegangenes „Dritten Reichs". In einem Atelier im 4. Bezirk treffen sich regelmäßig einige frühere SS-Männer und ungebrochene Gläubige des Nationalsozialismus. Die prägenden Figuren in diesem Zirkel sind Rudolf J. Mund (Jg. 1920) und Wilhelm Landig (Jg. 1909). Seine besondere Bedeutung für die esoterische Neonazi-Szene bis heute erlangte Landig durch seine Romantrilogie „Götzen gegen Thule" (1971), „Wolfszeit um Thule" (1980) und „Rebellen für Thule" (1991). Diese 1800 Seiten Nazi-Phantastik besitzen eine Kernbotschaft: Die esoterische SS hat überlebt und ist ihrer Ideologie und ihrem Auftrag treu. Sie lebt verborgen weiter – etwa in geheimen unterirdischen Basen in der Antarktis – und bereitet sich vor auf das Wiedererwachen im „Vierten Reich". Im Namen der arischen Urheimat „Ultima Thule" sammeln sich im Geheimen die Kräfte zum entscheidenden Kampf gegen Juden und Freimaurer. Mit dem „Thule"-Symbol schlägt Landig einmal den ideologischen Bogen zu ariososphischen Vorkriegsgruppen und kreiert gleichzeitig ein Erkennungszeichen der aktuellen europäischen Rechts-Szene („Thule-Netz"). Aber er führt noch ein mittlerweile sogar mächtigeres und weit verbreitetes Zeichen ein: die Schwarze Sonne! Und die wiederum ist verbunden mit Tibet und Ernst Schäfer.

Die Schwarze Sonne ist Symbol und Hoheitszeichen zugleich. Eine „Ronde", eigentlich tiefpurpur, Erkennungszeichen dieser überlebenden SS-Elite auf ihren „Flugscheiben", gleichzeitig „das geheime Zeichen für Thule", das „unsichtbare Feuer von dem ein kleiner Funken noch in der Wolfszeit um Thule glüht und einer neuen Entfachung harrt".

Und dann kommt ein tibetischer Lama „der Schwarzmützensekte" in die geheime Thule-Kommandozentrale am Pol, „um dem Deutschen Reich zu helfen". Was für ein Interesse haben die Tibeter daran, lässt Landig einen „Uneingeweihten" fragen?!

> „Ein sehr großes!", lächelte Gutmann. „Vor allem hat der Besuch der deutschen Tibet-Expedition unter Professor Schäfer eine günstige und wertvolle Fühlungnahme zwischen Deutschen und Tibetern hergestellt. Wenn es auch den Beauftragten der Expedition nicht gelang, gewisse esoterische Bücher der Bibliothek im Potala zu erhalten, die u. a. auch geheime Weissagungen über ein Wiedererstehen des einstigen mongolischen Großreichs enthalten sollen, so hat der Besuch doch genug Erwartungen erfüllt. Er hat auch dazu geführt, daß Tibet große politische Möglichkeiten sah, weil es durch eine Unterstützung des neuen Deutschland eine Entlastung vom englischen und sowjetischen Druck erwartete ..."
>
> „Schwarzmützenlamas kommen in das Reich der Schwarzen Sonne", flüsterte Reimer grübelnd mehr zu sich selbst. Doch Gutmann hatte die leisen Worte vernommen. „Ja, es ist das Reich der Schwarzen Sonne! Es ist der Sammelpunkt der esoterischen Kreise der Schutzstaffeln, deren Wissen auch Herr Himmler ahnte, aber nicht teilhaftig wurde ..."

Im Wirken des „Wiener Kreises" um Landig und Mund wurden die Motive des frühen theosophischen Tibet-Mythos nun verknüpft mit dem gescheiterten NS-Projekt und einer schon messianisch aufgeladenen Erzählung über die Wiederauferstehung des „Vierten Reichs" im Zeichen von Thule und Schwarzer Sonne. Die barbarische NS-Ära schrumpfte zu einer Epoche im ewigen magischen Weltenkrieg zwischen Agarthi und Shambhala, rechts und links, unten und oben, Licht und Schatten, Materialismus und Mythologie, Judentum und Ariern.

Die Wewelsburg

Wer die bis hierher schon bekannten Ingredienzien der Nazi-Tibet-Okkult-Connection man möchte schon fast sagen virtuos zusammenrührte und damit einen Szene-Bestseller mit anhaltender Wirkung fabrizierte, ist 1991 der Autor Russel McCloud (angeblich ein Pseudonym des Österreichers Stephan Mögle-Stadel) mit „Die Schwarze Sonne von Tashi Lunpo“. McCloud kombiniert die Verbindung von Nazis und Tibet und Schwarzer-Sonne-Symbolik nun als Erster mit dem SS-Ordenszentrum Wewelsburg und dessen baulichen Besonderheiten. Er bedient sich aus dem Nazi-Okkult-Inventar und verquickt Legenden, Halbwahrheiten und Fakten in einer relativ flott erzählten Romanhandlung. Es treten auf: der Speer des Schicksals, Thule, Atlantis, „Ahnenerbe“, Welteislehre, Shambhala, Agarthi, selbstverständlich die Wewelsburg und natürlich Tibet.

Ein Wiener Journalist, Hans Weigert, der rein gar nichts mit Esoterik, Neonazis und Ähnlichem am Hut hat, wird in zwei mysteriöse Mordfälle verwickelt, bei denen der Präsident der Europäischen Zentralbank und kurz darauf ein hoher UNO-Mitarbeiter nicht nur umgebracht werden, sondern das Schwarze-Sonne-Symbol auf die Stirn gebrannt bekommen. Weigert gerät unfreiwillig und unwissend in einen Strudel aus Intrigen und Verdächtigungen, und schließlich wird wegen der beiden Anschläge nach ihm gefahndet. Seine Flucht und weitere Recherchen führen den ungläubigen Helden durch Zufälle und abenteuerliche Begegnungen erst zur Wewelsburg und dann nach Tibet, in die Nähe des Klosters Tashi Lunpo in Shigatse, Sitz des Panchen Lama.

In einer abgelegenen Eremitage begegnet der Journalist dann einem meditierenden Mann, der sich als ein 91-jähriger SS-Offizier namens Steiner entpuppt. Steiner scheint mediale Fähigkeiten zu besitzen und erklärt Weigert, dass er 1942 als junger Mann mit einer von Himmler, dem „Ahnenerbe“ und Haushofer ausgesandten Expedition nach Tibet gekommen sei. Dann folgt die in diesem Genre übliche Erklärung, dass die sichtbare Geschichte nur Illusion ist, der Eingeweihte die wahren Hintergründe erkennt und der SS-

Mann dem Journalisten die wahre, nämlich okkulte Beziehung zwischen dem Deutschen Reich und Tibet schildert. Denn die SS-Angehörigen hatten den Auftrag, die „Wesen von Thule" zu suchen. „Thule war das Reich einer Rasse, die von den Göttern abstammte. Diese Rasse verfügte über ein unbeschreibliches Wissen, das weit über das heute bekannte hinausging. Doch es war kein Wissen, wie wir es heute kennen. Der Mensch der Gegenwart ist degeneriert." Das Thule-Reich ging in einer großen Katastrophe unter (Sintflut), und einige Überlebende stießen dann auf die ersten Menschen und wurden natürlich als Götter verehrt.

Aber die Thule-Wesen spalteten sich. Die einen wollten weiterhin als Götter von den niederen Menschen verehrt werden, sie gingen den Weg der Linken Hand, Shambhala. Die anderen dagegen wollten den Menschen „den Hauch des Göttlichen verleihen und sie teilhaben lassen ... wenn die Zeit reif ist", das war Agarthi. Eine der größten Gruppen an Thule-Überlebenden ging in das Hochgebirge des Himalaya und bewahrte am längsten das ursprüngliche Wissen. Sie waren der Kern von Agarthi. Beide Gruppen vermischten sich im Laufe der Zeit weiter mit den Menschen, aber das Wissen der Thule-Wesen blieb erhalten. „Agarthi und Shambhala stehen seit Jahrtausenden im Kampf gegeneinander. Und das unterschiedliche Schicksal, das sie den Menschen zugedacht haben, ist der Grund dafür."

Wenig erstaunlich, dass Steiner nun enthüllt, er gehöre zu Agarthi und die Finsterlinge von Shambhala säßen etwa in der UNO und der Weltbank. „Die Männer von Agarthi leben seit Jahrtausenden unter den Menschen. 1945 war das Ende eines gescheiterten Versuchs, die Kräfte von Shambhala zu besiegen. Doch es war noch lange nicht das Ende der Ideen von Agarthi. Wir hatten vorgesorgt." SS-Steiner entpuppt sich als einer unter dem Zeichen der Schwarzen Sonne auf der Wewelsburg einst eingeweihten Agarthi-Oberen. Doch, um es kurz zu machen, den erneuten Anlauf zum Sieg für Agarthi, die Etablierung eines „Vierten Reichs" mithilfe eines esoterischen Rituals in der Wewelsburg-Krypta verhindert am Ende der Journalist Weigert in einem Bruce-Willis-reifen Actioneinsatz und versenkt das entscheidende magische Ritual-Objekt, den „Speer des Schicksals" in einem österreichischen Bergsee.[119]

Weltgeschichte als Geschichte eines unerbittlichen Kampfes von feindlichen Geheimgesellschaften – ein klassisches Sujet von Verschwörungstheoretikern jeglicher Provenienz. Und so muss die geprüfte Menschheit in dieser Weltsicht anscheinend weitere Scharmützel einer okkulten Dauerfehde erdulden.

„Die Schwarze Sonne von Tashi Lunpo“ ist kein Abenteuerroman für verhinderte SS-Fans oder neonazistische Erbauungsliteratur à la Landig und auch keine raunende Krypto-Historie im Stile von Pauwels/Bergier, sondern ein leidlich solide gestrickter Spionagekrimi mit dezent antisemitisch-rassistischem Grundrauschen. Dass das Buch nicht offen nazistisch daherkommt, ist sicher ein Grund für seinen Erfolg. Verlegt hat es zuerst der Arun-Verlag aus dem thüringischen Engerda (heute eher spezialisiert auf Schamanismus, Tribal-Culture, Neo-Paganismus etc.). Verlagsgründer Stefan Ulbrich – als Autor Björn Ulbrich – war früher Mitglied der rechtsextremen Wiking-Jugend und zeitweise auch Redakteur beim Rechtsblatt *Junge Freiheit*.[120]

Wichtig für die Ideengeschichte der Nazi-Tibet-Connection ist: In „Die Schwarze Sonne von Tashi Lunpo“ wird zum ersten Mal das Symbol der „Schwarzen Sonne“ direkt bezogen auf die Sonnenrad-Bodenintarsien im Obergruppenführersaal im Nordturm der Wewelsburg.[121] Und von hier beginnt nun die erstaunliche Karriere dieses Zeichens zu *dem* Code und Erkennungssymbol der (esoterischen) Neonazi-Szene weltweit. Die Schwarze Sonne als Nabel des arischen Kosmos, Erkennungszeichen des verborgenen Agarthi-Reiches im Himalaya, dessen Eingeweihte mit einer esoterischen SS immer noch im ewigen-mythischen Ringen die Finsterlinge Shambhalas bekriegen. Kein Fantasy-Abklatsch, kein Indiana-Jones-B-Movie, sondern Glaube vieler weißer „Rassenkrieger“. Gleichzeitig findet man die Schwarze Sonne auch in der aktuellen Pop-Kultur als das typische, von den modernen Nazis verwendete Erkennungssymbol, so in Comics, Computerspielen oder etwa dem Independent-Film „Iron Sky“, eine Nazi-Persiflage von 2012, in dem die Mondbasis der Nazis „The Black Sun“ heißt.

Und um den historisch letzten Bogen zu Ernst Schäfer und der Tibetexpedition zu schlagen: In einem einschlägigen Szene-Verlag werden neben rassistischen Klassikern und Nazi-Okkult-Literatur „T-Hemden" mit Motivaufdruck angeboten, in Kurz- oder Langarm, weiß auf schwarz, wahlweise: „Weisthor", das Logo des „Ahnenerbe" oder das des Schäfer-Films „Geheimnis Tibet" von 1943.

Und so geistern nun weiterhin die Schwarze Sonne, Tibet-Nazis oder Nazis in der Antarktis durch Verschwörungstheorien, B-Movies, Comics, Computerspiele und Fantasy-Literatur, als Code einer rechten politischen Subkultur oder eben beliebtes Sujet der Pop-Kultur, wenn es um Schauder und Erz-Bösewichte geht. Es mag skurril klingen, aber ohne Ernst Schäfers Unternehmung von 1938/39 und ihrer Vereinnahmung durch Heinrich Himmler und das „Ahnenerbe" wäre das nicht möglich. Eine Traditionslinie führt vom Besuch des Tibetforschers und frischgebackenen SS-Sturmbannführers im Sommer 1936 bei Heinrich Himmler zu den heutigen ariosophischen Pilgern zum Zeichen der Schwarzen Sonne auf der Wewelsburg.

Seit Langem gibt es eine Erinnerungs- und Gedenkstätte Wewelsburg mit einer Dauerausstellung, die über den Terror der SS und ihre Kultstätte bei Paderborn informiert. Der Nordturm mit dem Obergruppenführersaal und der daruntergelegenen Gruft (oder Krypta) kann besichtigt werden. Jeden Tag kommen Schulklassen und Besuchergruppen und durchstreifen das Burgareal. Die Wewelsburg ist nicht nur ein Stück der SS-Historie, sondern auch aktuelle Attraktion, geschuldet ihren zahlreichen Zuschreibungen als Geheimort, Gralsburg, Kraftort usw. Das sind ja alles erst relativ neue Phänomene, sagt die Museumsleiterin Kirsten John-Stucke. Sie schätzt die Zahl der rechtsradikalen Besucher auf nur ein paar Prozent. Öffentliche Gesinnungszurschaustellung oder gar nächtliche Rituale in der Burg, das gibt es nicht mehr. Neonazis, die hier Geist und Aura von Himmlers Ordensburg suchen, kommen eher unauffällig daher, vielleicht in Kleingruppen von zwei bis fünf Personen, weiß Kirsten John-Stucke.

Oft haben sie und ihre Mitarbeiter überlegt, wie man mit den eher ungebetenen Gästen umgehen sollte. Auf jeden Fall sollten deren Erwartungshaltungen nicht noch bestätigt werden, dass hier einst der Nabel der SS-Welt lag, oder „Himmlers Vatikan" gebaut wurde. Andererseits sind die baulichen Realitäten der Gruft und des Obergruppenführersaals samt ihrer von Himmler geplanten feierlich-sakralen Nutzung durch SS-Obere vorhanden und real. In diesem Spannungsfeld musste man handeln. Schließlich entschied man sich zu einer Art Entweihung: Über der Runde der 12 Betonpodeste in der Gruft/Krypta wurden Gemälde aus dem „Mahnmalszyklus“ von Josef Glahé aufgehängt, die NS-Verbrechen thematisieren, und im Stockwerk darüber im Obergruppenführersaal liegen auf der zwölfachsigen Sonnenrad-Intarsie bunte Sitzsäcke. Die wütenden Reaktionen in den Naziforen über diese profane Umgestaltung ihres Allerheiligsten zeigten den Museumsleuten auf der Wewelsburg, dass sie mit diesem „Gegenzauber“ nicht ganz falsch liegen.

Anmerkungen

1 Léon Poliakov, Der arische Mythos, Hamburg 1993, S. 198

2 Ebda., S. 197

3 Ebda., S. 218

4 Der Shambhala-Mythos geht auf indisch-tibetische Wurzeln zurück. Unter Shambhala wird ein rein spirituelles Reich verstanden, das keine geographische oder physikalische Realität besitzt, aber vom Eingeweihten oder Geschulten geistig erkannt und erreicht werden kann. Die westliche Vorstellung eines realen, verborgenen Königreiches Shambhala geht auf den ungarischen Tibetologen Sándor Csoma zurück, der sogar geographische Gradangaben zu wissen glaubte. Blavatsky kannte die Schriften Csomas und griff das Shambhala-Konstrukt auf. Die weiteren fiktiven Ausschmückungen des Shambhala-Mythos im Westen haben nichts mit den tibetischen Ursprüngen gemein.

5 Vgl. Nicholas Godrick-Clarke, Die okkulten Wurzeln des Nationalsozialismus, Wiesbaden 2004, S. 36 ff. und S. 83 ff.

6 Thule ist in der völkischen Szene seit Langem eine Chiffre für eine germanisch-arisch-nordische Hochkultur in der Antike.

7 Im Unterschied zu Shambhala ist der Agarthi-Mythos eine rein abendländische Erfindung, aber geht nicht auf Ossendowksi allein zurück. Zuerst erwähnt der französische Kolonialbeamte Louis Jacolliot 1873 in einem seiner phantastischen Romane ein geheimes spirituelles Weltzentrum namens Agarttha. Sein Landsmann Marquis Joseph-Alexandre Saint-Yves d'Alveydre greift diese Erzählung auf, um in seinem Buch von 1886 Agarthi nicht nur als geheimes Reich unter dem Himalaya auszumalen, sondern es als ein friedliches, spirituelles Utopia zu entwerfen („Synarchie"). Der amtierende Dalai Lama wurde einmal nach der Bedeutung des Begriffs ‚Agarthi' gefragt und musste gestehen, ihn nicht zu kennen, vielleicht läge eine Verwechslung mit dem ‚Mysterium Shambhala' vor?

Sven Hedin sah sich übrigens genötigt, angesichts der großen Erfolge von Ossendowskis Buch eine scharfe Polemik gegen dessen esoterische Erzählungen zu verfassen, die 1925 als „Ossendowski und die Wahrheit" erschien.

8 Ferdinand Ossendowski, Tiere, Menschen und Götter, Frankfurt a. M. 1924, S. 346 f.

9 Es ist bekannt, dass Hitler aus taktischen Erwägungen heraus öffentlich fast nichts sagte über seinen persönlichen Glauben oder sogar manchmal spottete über die Wiederbelebungsversuche einer germanischen Religion. Umso mehr wurden ihm später in wenig seriösen Quellen zu dieser Thematik Aussagen zugeschrieben, die ihn als Anhänger einer magischen Spiritualität und sich selbst als Eingeweihten/Auserwählten erscheinen lassen. Historisch stehen solche Spekulationen auf sehr wackligen Beinen. Sicher ist aber, dass er sich in kleinem Kreis manchmal positiv etwa zur Welteislehre geäußert hat. „Ich neige der Welteislehre von Hörbiger zu. Vielleicht hat um das Jahr 10 000 vor unserer Zeitrechnung ein Einbruch des Mondes stattgefunden ... Denkbar ist, daß es damals Wesen gab, die in jeder Höhe und Tiefe haben existieren können, weil es den Zwang des atmosphärischen Druckes noch nicht gegeben hat. Denkbar ist auch, daß die Erde aufgebrochen ist und daß der Einsturz von Wasser in die Krater zu ungeheuren Explosionen geführt hat und Regengüsse gebracht hat, vor denen sich nur ein Menschenpaar hat retten können, da es in einer höher gelegenen Höhle Unterschlupf gefunden hatte. Ich glaube, diese Fragen werden sich nur lösen, wenn eines Tages ein Mensch intuitiv Zusammenhänge schaut und der exakten Wissenschaft damit den Weg weist." (nach Picker „Hitlers Tischgespräche im Führerhauptquartier") Und auch Himmler erwähnt mehrmals Hitler als einen Anhänger der Hörbiger'schen Lehren. Außerdem plante Hitler bei Linz ein Denkmal für Hörbiger zu errichten, was nie realisiert wurde.

10 Bettina Nagel, Die Welteislehre, Diepholz 2000, S. 60

11 Ebda., S. 117

12 Michael Kater, Das „Ahnenerbe" der SS 1935–1945, München 2001, S. 20

13 Bundesarchiv Berlin, NS 19/3671

14 Peter Longerich, Heinrich Himmler – Biographie, München 2010, S. 295

15 Wilhelm Filchner, Om Mani Padme Hum, Leipzig 1929, S. 21

16 Walther Stötzner, Ins unerforschte Tibet, Leipzig 1924, S. 120

17 Ernst Schäfer, Unter Räubern in Tibet, Braunschweig 1952, S. 28

18 Peter Mierau, Nationalsozialistische Expeditionspolitik – Deutsche Asienexpeditionen 1933–1945, München 2006, S. 317

19 Ernst Schäfer, Unbekanntes Tibet, Berlin 1937, S. 11

20 Brooke Dolan kehrte noch einmal nach Tibet zurück. Nach einigen längeren Reisen im Auftrag verschiedener amerikanischer Museen, u. a. nach Grönland, Mexiko und Kanada, trat er im Zweiten Weltkrieg in die Dienste des amerikanischen Geheimdienstes OSS ein. Zusammen mit Major Ilya Tolstoi – ein Enkel von Leo Tolstoi – besuchten sie im Auftrag des amerikanischen Präsidenten Roosevelt im Frühjahr 1942 Lhasa und die tibetische Regierung, um danach über die alte Karawanenstraße Richtung Koko-Nor im Nordwesten Chinas zu reisen. Ihr Auftrag lautete, mögliche Nachschublinien für die Kuomintang-Armee im Kampf gegen die kommunistischen Einheiten zu erkunden. Die Erkundung brachte keine brauchbaren Ergebnisse. Dolan blieb trotzdem in Westchina als OSS-Agent tätig. Bei Kriegsende verschwand er, anscheinend wieder im tibetischen Grenzgebirge, für eine längere Jagdexpedition. Dann nach Monaten ein Lebenszeichen: In seinem letzten Brief vom 2. Juli 1945, geschrieben an einen Armee-Freund, freut er sich über einen erlegten Takin und erinnert sich an die Zeiten mit „Junge" Schäfer: „... du kannst dir vorstellen wie ich mich fühlte, wieder eines dieser phantastischen Tiere nach einer Spanne von elf Jahren zu erlegen. Wir präparierten den Schädel und das Fell sorgsam, genauso wie wir es damals getan hatten in den guten, alten Tagen." Einen Monat später starb Brooke Dolan II mit nur 37 Jahren in der chinesischen Stadt Chungking. Es war Selbstmord, man nahm an, bedingt durch seine nie überwundene Alkoholsucht. Zur gleichen Zeit wurde der internierte SS-Offizier Ernst Schäfer von Dolans Geheimdienst-Kollegen in Deutschland eingehend über seine Beziehungen zu Heinrich Himmler und seine Expedition nach Tibet verhört.

21 Ernst Schäfer, Unbekanntes Tibet, Berlin 1937, S. IV

22 Ernst Schäfer, Aus meinem Forscherleben, unveröffentlichte Autobiographie, S. 164

23 Ebda., S. 168 f

24 Ebda., S. 172

25 Ebda.

26 Bundesarchiv Berlin NS21/2252

27 Peter Mierau, Nationalsozialistische Expeditionspolitik, München 2006, S. 327

28 Bundesarchiv Berlin R 73/14198

29 Bundesarchiv Berlin R 135/43

30 Bundesarchiv Berlin ZM 1457 A.5

31 Ebda.
32 Ebda.
33 Ebda.
34 Ebda.
35 British Library/India Office Records L/P&S/12/4343
36 Bundesarchiv Berlin ZM 1457 A.5
37 D. h., neben den üblichen meteorologischen Messdaten sowie Breiten- und Längengradbestimmungen maß der Geophysiker die Abweichung des magnetischen Nordpols vom geographischen in der Horizontalen, die Deklination und auch die Missweisung in der Vertikalen, die sog. Inklination. In den 30er-Jahren gab es noch keine umfassenden Kartenwerke über die Areale gleicher und variierenden Missweisungen, „Feldlinien“ genannt, gerade Zentralasien war diesbezüglich noch ein teilweise weißer Fleck, den Wilhelm Filchner mit seinen Unternehmungen 1926/28 und 1934/38 bereits in großen Arealen ausgefüllt hatte. Die Inklinationsmessungen hielt man auch wesentlich für das Auffinden von Bodenschätzen oder tektonischen Verwerfungen. Außerdem war der Ursprung des erdmagnetischen Feldes durch Vorgänge im Erdinneren noch nicht bekannt.
38 Bruno Beger, Mit der deutschen Tibetexpedition Ernst Schäfer 1938/39 nach Lhasa, Wiesbaden 1998, S. 28
39 Die dafür notwendige Technik war 1926 durch den Wiener Mediziner Alfons Poller entwickelt worden. Für Abformungen von Körperteilen, sog. Moulagen, hatte er das Hydrokolloid *Negocoll* erfunden. Im erhitzten Zustand konnte *Negocoll* wie ein Brei auf die abzuformende Partie aufgetragen werden. Nach dem Abkühlen behielt es eine zähe, gummiartige Konsistenz und wurde vom Körper abgenommen. Dann wurde in diese Negativform das Präparat *Hominit* gegossen – ebenfalls nach Erhitzen –, durch Gaze und ein weiteres Präparat, *Celerit*, verstärkt und nach Abkühlen und Aushärten konnten dann Negativ- und Positivabdruck problemlos voneinander getrennt werden.
40 H. W. Tilman, Mount Everest 1938, Cambridge 1948, S. 135
41 Bundesarchiv Berlin ZM 1457 A.5
42 Ebda.
43 Bundesarchiv Berlin R 135/74
44 Ebda.
45 Beger, Mit der deutschen ..., S. 58
46 Schäfer, Aus meinem ..., S. 201
47 Schäfer, Geheimnis ..., S. 162

48 Ebda., S. 164
49 Im Juni 1934 gelang es Schäfer zu Beginn der zweiten Expedition, mit Brooke Dolan eine kurze Audienz beim Panchen Lama zu bekommen, als dieser sich für wenige Tage in der Stadt Hangzhou nahe Shanghai aufhielt. Der Zutritt gelang ihm über einen aus Polen stammenden Leibarzt des Panchen Lamas. Die Expedition erhielt danach für die Reise enorm hilfreiche Pässe für die Regionen Osttibets.
50 Tsepon W. D. Shakabpa, Tibet, a political history, New Haven 1967, S. 277 f.
51 Ernst Schäfer: Über den Himalaya ins Land der Götter, Braunschweig 1950, S. 151
52 Bundesarchiv Berlin R 135/30
53 Ebda.
54 India Office Records L/P&S/12/4343
55 Bundesarchiv Berlin R 135/58
56 Schäfer, Über den Himalaya ..., S. 181 u. S. 188
57 Ernst Schäfer, Fest der weissen Schleier, Braunschweig 1949, S. 45
58 Ebda., S. 49
59 Bundesarchiv Berlin R 135/75
60 Bundesarchiv Berlin R 135/30
61 Tsewang Y. Pemba, Young Days in Tibet, London 1957, S. 125 f.
62 Bundesarchiv Berlin R 135/30
63 Bundesarchiv Berlin R 135/71
64 India Office Records L/P&S/12/4343
65 Konrad v. Rauch, Die Erste Deutsche SS-Tibet-Expedition, in: „Der Biologe", 1939, Heft 4, S. 9 ff
66 Schäfer, Fest der ..., S. 143 ff.
67 Pemba, Young Days ..., S. 126
68 Bundesarchiv Berlin R 135/51
69 Bundesarchiv Berlin R 135/58
70 Beger, Mit der deutschen ..., S. 206
71 Bundesarchiv Berlin R 135/60
72 Bundesarchiv Berlin R 135/58
73 Bundesarchiv Berlin R 135/82
74 India Office Records L/P&S/12/4343
75 Ebda.
76 Ebda.
77 Ebda.
78 Bundesarchiv Berlin NS 19/2709

79 Kater, Das „Ahnenerbe“ ..., S. 47

80 Erster Leiter des „Ahnenerbe“ war der deutsch-niederländische Amateurforscher Hermann Wirth (Jg. 1885), der aber bereits wegen von der SS-Linie abweichenden Auffassungen, etwa zum Matriarchat bei den alten Germanen, von Himmler entmachtet wurde. Wirth erlebte erstaunlicherweise mit seinen Arbeiten zum germanischen Heidentum in Teilen der Ökobewegung der 1970er-Jahre ein kurzes Revival.

81 Bundesarchiv Berlin NS 19/2709

82 Bundesarchiv Berlin R 135/47

83 Sven Hedin, Ohne Auftrag in Berlin, Stuttgart 1953, S. 137

84 Ebda. S. 186 f.

85 Ebda. S. 258

86 Bundesarchiv Berlin R 135/84

87 Bundesarchiv Berlin Personalakte Ernst Schäfer, VBS 1, Sig. 1080052006

88 India Office Records L/P&S/12/4343

89 Bundesarchiv Berlin R 135/75

90 Bundesarchiv Berlin NS 19/2709

91 Gerald Lehner, Zwischen Hitler und Himalaya – Die Gedächtnislücken des Heinrich Harrer, Wien 2007, S. 185

92 Bundesarchiv Berlin R 135/45

93 Ebda. R 135/44

94 Schäfer behauptete später, es wäre bei diesem Kommando vor allem um eine „rassenkundliche Erfassung“ etc. der „Bergjuden“ gegangen, eine den Deutschen bis dahin unbekannte kaukasisch-jüdische Minderheit, die vor allem in Dagestan lebte. Das ist aber nicht durch Quellen belegbar.

95 Bundesarchiv Berlin NS 19/2681

96 Julien Reitzenstein, Himmlers Forscher – Wehrwissenschaften und Medizinverbrechen im „Ahnenerbe“ der SS, Paderborn 2014, S. 76 (dort Faksimile des Himmler Schreibens)

97 Bundesarchiv Berlin NS 21/904

98 Hans-Joachim Lang, Die Namen der Nummern, Frankfurt a. M. 2007, S. 153

99 Ebda., S. 115

100 Bundesarchiv Berlin R 135/45

101 Ebda.

102 Bundesarchiv R 135/44

103 Der Nürnberger Prozess gegen die Hauptkriegsverbrecher, München 1984, Bd. XX, S. 564 ff.

104 Reitzenstein, Himmlers Forscher ..., S. 301

105 Bundesarchiv R 135/31

106 Etwa in der aus muslimischen Freiwilligen bestehenden Handschar-Divison der Waffen-SS. Himmler hatte im Laufe des Krieges die rassischen Auswahlkriterien für die Aufnahme in die SS wegen des wachsenden Bedarfs an Soldaten stetig ausgeweitet bzw. gesenkt.

107 Institut für Zeitgeschichte, Archiv, München, Signaturen Sp 3, Ni14498 und ZS-1405. Die Vernehmungsprotokolle Schäfers sind auch zu finden in National Archive and Records Service, Washington, M1090, Roll 62 und M1270, Roll 27

108 Ebda.

109 Staatsarchiv München, SpkA K 1573: Schäfer, Ernst

110 Es gab damals Filmkritiken in vielen deutschen Tageszeitungen, in diesem Falle aus dem Weser Kurier, Bremen, 24. 11. 1950

111 Niedersächsisches Hauptstaatsarchiv, Hannover, Acc. 2010/082 Nr. 131

112 Das Museum besitzt daneben in seiner Tibet-Sammlung Stücke der Gebrüder Schlagintweit aus dem 19. Jahrhundert und die von Gordon T. Bowles gesammelten, der ja bereits 1931/32 als Ethnologe mit Hugo Weigold, Brooke Dolan und Schäfer als 21-jährigem Expeditions-Praktikanten in Osttibet gewesen war.

113 Reinhold Messner, Yeti – Legende und Wirklichkeit, Frankfurt a. M. 1998, S. 188

114 Ebda., S. 195

115 Bayerisches Hauptstaatsarchiv, München, MK 70024

116 Ebda.

117 Hessisches Hauptstaatsarchiv, Wiesbaden, Abt. 461 Nr. 34171

118 Bruno Beger, Meine Begegnungen mit dem Ozean des Wissens, Privatdruck, Königstein 1986, S. 10 f.

119 Der „Speer des Schicksals" ist ein in der rechten Okkultszene beliebtes Sujet. Gemeint ist die Heilige Lanze, ein Bestandteil der Reichskleinodien der Kaiser des Heiligen Römischen Reiches. Der mythologischen Überlieferung nach soll es sich um die Lanzenspitze handeln, mit der der römische Hauptmann Longinus Jesus am Kreuz in die Seite stach, um seinen Tod zu überprüfen. Hitler ließ 1938 nach dem Anschluss die Reichskleinodien von Wien nach Nürnberg schaffen. Die spätere rechte Mythologisierung behauptet, dass Hitler dies nur tat, um in den Besitz der Lanze zu gelangen, denn sie verleihe ihrem Besitzer Unbesiegbarkeit. Der neurechte Kult um die Lanze wurde vor allem durch das Buch von Trevor Ravenscroft „Der Speer des Schicksals" (1972) befördert. Die Lanze selbst befindet sich heute wieder in der Wiener Hofburg.

120 Der Vollständigkeit halber sei hier erwähnt, dass es auch eine fiktionale Adaption der Nazi-Tibet-Connection weitab jeder rechtsradikalen Mythologisierung gab, den Roman „Der Schneemensch“ vom Chemnitzer Autor Jens Sparschuh (1993). In dem Roman geht es um eine Ahnenerbe-Expedition zwei Jahre nach der Schäfer-Unternehmung, die sich unter äußerster Geheimhaltung nun auf die Suche nach dem Urahn der Germanen/Arier in Tibet macht, womöglich in Gestalt des Yeti/Schneemenschen? Die Schäfer-Expedition wird von den Protagonisten mehrfach als oberflächliches Unternehmen und Schäfer selbst als Plaudertasche abqualifiziert.

121 Der im Erdgeschoss des Nordturms der Wewelsburg gelegene Obergruppenführersaal ist eine von 12 Säulen samt Rundarkaden getragene runde Halle. Das zentrale Motiv in der Mitte des Raumes ist ein aus dunkelgrünem Marmor in den Boden eingelegtes Sonnenradmotiv, heute in der Szene als „Schwarze Sonne“ bekannt. Die Intarsie besteht aus zwölf symmetrisch angelegten, getreppten Speichen in Form spiegelverkehrter Sigrunen. „Als Vorbilder für die Gestaltung dieses Sonnerades gelten alamannische Bronzefibeln aus dem 7. Jahrhundert. „... weiterführende Gründe des Architekten hinsichtlich der Auswahl des Motivs oder andere authentische Interpretationen der SS für dieses Symbol sind nicht überliefert.“ (Kirsten John-Stucke)

Anmerkungen zu Literatur und Quellen

Der besseren Übersichtlichkeit und Lesbarkeit halber wurde für dieses Buch auf einen umfangreichen Anmerkungsapparat verzichtet. Doch sollen hier in aller Kürze verwendete Quellen benannt werden. Was das Leben Ernst Schäfers und seine Tibet-Expedition(en) im engeren Sinne betrifft, gibt es einerseits umfangreiches Archivmaterial an verschiedenen Orten und natürlich veröffentlichte wie unveröffentlichte Schriften, nicht zuletzt von Ernst Schäfer selbst. Verwendete Werke von Ernst Schäfer in der Reihenfolge ihres Erscheinens: „Berge, Buddhas und Bären", Berlin 1933; „Unbekanntes Tibet", Brlin 1937; „Dach der Erde", Berlin 1938; „Geheimnis Tibet", München 1943; „Fest der weißen Schleier", Braunschweig 1949 (Neuauflage Durach 1988); „Über den Himalaya in das Land der Götter", Braunschweig 1950 (Neuauflage Durach 1989); „Unter Räubern in Tibet", Braunschweig 1952; „Auf einsamen Wechseln und Wegen", Hamburg und Berlin 1961. Außerdem seine unveröffentlichten Lebenserinnerungen „Aus meinem Forscherleben" und daneben diverse Zeitschriftenartikel von Ernst Schäfer.

Bruno Beger veröffentlichte 1998 in Kleinstauflage seine Expeditions-Aufzeichnungen unter dem Titel „Mit der deutschen Tibetexpedition Ernst Schäfer 1938/39 nach Lhasa", außerdem 1986 die Broschüre „Meine Begegnungen mit dem Ozean des Wissens" im Privatdruck und bereits 1950 zusammen mit Edmund Geer „Wir ritten nach Lhasa".

Weitere Schriften der Protagonisten Schäfer und Beger bzw. über sie und die Tibet-Expedition sind in den Aktenbeständen verschiedener Archive, die für dieses Buch ausgewertet wurden. Der umfangreichste Materialbestand zur Tibet-Expedition befindet sich im Berliner Bundesarchiv. Wichtige Aktenbestände liegen auch im Institut für Zeitgeschichte in München, im Bayrischen Hauptstaatsarchiv und im Staatsarchiv München, dem Hessischen Hauptstaatsarchiv, dem Niedersächsischen Landesarchiv Hannover sowie in den India Office Records der British Library in London und der National Archives and Records Administration in Washington.

Wichtig für die Geschichte und Überlieferung der Tibetexpedition 1938/39 sind einige weitere Institutionen, die ich besucht bzw. mit denen ich korrespondiert habe. Interviews mit dortigen Experten, Besichtigung von Expeditions-Hinterlassenschaften bzw. weiteren zeitgenössischen Relikten vervollständigten vielfach die Recherche. Hier sind zu nennen: das Haus der Natur in Salzburg, die Verwaltung des Schloss Mittersill Hotel sowie das Stadtarchiv Mittersill, das Museum Fünf Kontinente in München, das Museum für Naturkunde in Berlin, das Landesmuseum Hannover, das Klingspor-Museum und Archiv in Offenbach, das Kreismuseum und die Gedenkstätte Wewelsburg bei Paderborn, die Gedenkstätte des KZ Natzweiler im Elsass und die Academy of Natural Sciences in Philadelphia.

Ich danke den vielen Mitarbeiterinnen und Mitarbeitern der vorgenannten Institutionen für bereitwillige Auskünfte, Hilfe und aufschlussreiche Gespräche, die wesentlich zur Realisierung dieses Buches beigetragen haben. Bedanken möchte ich mich auch für Unterstützung und Anregungen bei Isrun Engelhardt und Peter Mierau.

Neben den Schriften und Materialien zur Genese und Geschichte der Schäfer-Expedition(en) sollen noch einige ausgewählte Literaturhinweise zur Rahmenthematik des Buches – also Himmler, NS-Okkultismus, Nazi-Tibet-Connection – aufgeführt werden. Ein Standardwerk zum „Ahnenerbe" ist bis heute das Buch von Michael Kater „Das Ahnenerbe der SS 1935–1945", München 1997. Eine interessante neuere Arbeit über das „Ahnenerbe" ist das Buch der kanadischen Autorin Heather Pringle „The Masterplan", London 2006. Grundlegend für die Aufarbeitung der Verbindung von Nationalsozialismus/Neonazismus und okkulten Lehren sind die Bücher des englischen Historikers Nicholas Goodrick-Clarke „Die okkulten Wurzeln des Nationalsozialismus", Wiesbaden 2004 und „Im Schatten der Schwarzen Sonne", Wiesbaden 2002. Nicht minder grundlegend ist das Buch von Léon Poliakov zur Genese des Rassismus „Der arische Mythos", Hamburg 1993. Aus der umfangreichen Literatur über Heinrich Himmler sei die jüngste Biographie erwähnt, Peter Longerichs Werk „Heinrich Himmler – Biographie", München 2008. Die verbrecherischen Medizinversuche innerhalb des „Ahnenerbe" behandelt erschöpfend das Buch des Historikers Julien Reitzenstein: „Himmlers Forscher", Paderborn 2014. Das Schicksal der im KZ Natzweiler getöteten Auschwitz-Häftlinge hat Hans-Joachim Lang aufgearbeitet in „Die Namen der Nummern", Frankfurt a. M., 2007. Den für Himmlers okkultes Weltbild nicht unwesentlichen Aspekt der „Welteislehre" hat Brigitte Nagel in „Die Welteislehre. Ihre Geschichte und ihre Rolle im Dritten Reich", Berlin 2000, dargestellt.

Zwei Dissertationen seien abschließend noch erwähnt, die viele der bisher genannten Aspekte ebenfalls behandeln, einmal Peter Mierau „Nationalsozialistische Expeditionspolitik", München 2006 und Wolfgang Kaufmanns Arbeit „Das Dritte Reich und Tibet", Ludwigsfelde 2009. Schließlich sei ein Standardwerk empfohlen, wenn man sich mit der Geschichte Tibets im 20. Jahrhundert eingehender beschäftigen möchte: Melvyn Goldstein, „A History of Modern Tibet 1913–1951", Berkeley 1989 (ergänzt um den zweiten Band „A History of Modern Tibet 1951–1955" von 2007). Die diplomatischen Beziehungen zwischen Großbritannien und Tibet beleuchtet hervorragend „Tibet and the British Raj" von Alex McKay, Richmond 1997.

Dank

Abschließend möchte ich mich für die hilfreichen Anregungen und produktive Kritik meiner „Erstleser“ bedanken, bei meinem Freund und Kollegen Michael Weisfeld und ganz besonders bei meiner Frau Christa Beland.

Bremen, im Sommer 2016

Bildnachweis

akg-images / picture-alliance / dpa: 234; bpk / F. Bauer: 53; bpk / Bayerische Staatsbibliothek / Heinrich Hoffmann: 172; bpk / US-Army: 226; (c) dpa / Caroline Seidel: 256; Bundesarchiv: 10; Bundesarchiv / Bruno Berger: 108, 124, 132/133; Bundesarchiv / Ernst Krause: 48, 76, 82, 87, 95, 97, 111, 116, 122/123, 142, 159; Bundesarchiv / Ernst Schäfer: 120, 134; Ernst Schäfer. Berge, Buddhas und Bären. Berlin 1933: 30, 36; Peter Palm, Berlin: 74; picture alliance / Mary Evans Picture Library: 56; picture-alliance / Burkhard Juettner / Vintage: 174; Science Photo Library / akg-images: 84